AF598143

Cómo hablar con cualquiera

Autoayuda

Biografía

Leil Lowndes es una reconocida experta en comunicación y relaciones interpersonales, instructora y consultora. Ha impartido conferencias en todo el mundo, además de asesorar a empresas de la lista Fortune 500, entrenar a profesionales en liderazgo y oratoria, y colaborar con medios como *Time*, *Forbes*, *The New York Times* o CNN. Autora de varios *bestsellers*, se ha convertido en una de las voces más influyentes en el arte de la comunicación efectiva.

Leil Lowndes

Cómo hablar con cualquiera

92 trucos infalibles para persuadir, influir y comunicar con éxito

Traducción de Pilar de la Peña Minguell

Obra editada en colaboración con Editorial Planeta – España

Título original: *How to Talk to Anyone*

Bajo el sello editorial BOOKET M.R.
Avenida Presidente Masaryk núm. 111,
Piso 2, Polanco V Sección, Miguel Hidalgo
C.P. 11560, Ciudad de México
www.planetadelibros.com.mx

Primera edición impresa en España: enero de 2026
ISBN: 978-84-08-31358-8

Primera edición impresa en México en Booket: mayo de 2026
ISBN: 978-607-39-4251-5

Impreso en los talleres de Litográfica Ingramex, S.A. de C.V.
Centeno núm. 162-1, colonia Granjas Esmeralda, Ciudad de México
Impreso en México - *Printed in Mexico*

En esta vida, hay dos tipos de personas: las que llegan a un sitio y dicen: «¡Bueno, ya estoy aquí!» y las que, al llegar, dicen: «¡Ah, mira, aquí estás!».

ÍNDICE

Parte II
CÓMO SABER QUÉ DECIR DESPUÉS DE SALUDAR

Parte III
CÓMO HABLAR COMO UN VIP

Parte IV
CÓMO INTEGRARSE EN CUALQUIER GRUPO

Parte V
CÓMO HACER QUE PAREZCAN ALMAS GEMELAS

Parte VI
CÓMO DISTINGUIR EL ELOGIO AUTÉNTICO DE LA ADULACIÓN VACÍA

Parte VII
CÓMO LLEGAR DIRECTO AL CORAZÓN

Parte VIII
CÓMO DESENVOLVERSE EN UNA FIESTA IGUAL QUE UN POLÍTICO SE MUEVE POR LA SALA

Parte IX
CÓMO ROMPER EL TECHO DE CRISTAL MÁS TRAICIONERO DE TODOS

INTRODUCCIÓN

CÓMO CONSEGUIR LO QUE QUIERAS DE QUIEN SEA (¡O SALIRTE MÁS O MENOS CON LA TUYA!)

¿Alguna vez has admirado a esos triunfadores que parece que «lo tienen todo»? Los ves hablar con seguridad en las reuniones de empresa o parlotear como si nada en las fiestas. Son los que tienen los mejores trabajos, las parejas más atractivas, los amigos más especiales, las cuentas bancarias con más ceros o las casas más lujosas.

Pero ¡un momento! Muchos de ellos no son más listos que tú, ni tienen mejor formación, ¡ni siquiera mejor aspecto! Entonces, ¿qué pasa? (A quienes sospechan que lo heredaron, creen que tienen influencias o que simplemente tuvieron suerte, que lo piensen mejor). Todo se reduce a que se les da mejor relacionarse con otros seres humanos.

Nadie llega a la cumbre solo. Con los años, esas personas que parece que «lo tienen todo» han conquistado el corazón y la cabeza de centenares de semejantes que los han impulsado, peldaño a peldaño, hasta lo más alto de la escalera social o corporativa que hayan elegido, sea cual sea.

Los «quiero y no puedo» que andan merodeando al pie de la escalera a menudo los contemplan desde abajo y se quejan de que los pesos pesados de arriba son unos esnobs. Cuando esos peces gordos no les ofrecen su amistad, su amor o sus negocios, los llaman «elitistas» o los tachan de «apalancados». Algunos se quejan de haber tocado un «techo de cristal».

Esos pequeños quejumbrosos no se dan cuenta de que el rechazo es culpa suya. No saben que arruinaron la relación, la amistad o el negocio por sus propias carencias comunicativas. Es como si las personas de éxito tuvieran una bolsa de trucos, hicieran magia o, como Midas, convirtieran en oro todo lo que tocan.

¿Qué llevan en esa bolsa de trucos? Pues muchas cosas: una sustancia que consolida las amistades, un hechizo que conquista mentes y una magia que hace que los demás se enamoren de ellos. También poseen una cualidad que hace que los jefes los contraten y los asciendan, un don para que los clientes vuelvan a ellos y un no sé qué por el que les compran a ellos y no a la competencia. Todos llevamos algunos de esos trucos en nuestra bolsa, unos más que otros. Los que llevan muchos son los grandes triunfadores. *Cómo hablar con cualquiera* te proporciona noventa y dos truquitos de esos que usan a diario para que también tú puedas dominar el juego y conseguir lo que quieras en la vida.

CÓMO SE DESVELARON ESOS «TRUQUITOS»

Hace muchos años, un profesor de teatro desesperado con mis escasas dotes de interpretación en una función universitaria me gritaba: «¡No! ¡¡NO!! Tu cuerpo contradice tus palabras. Hasta el más mínimo movimiento, todas y cada una de tus posturas ponen de manifiesto tus pensamientos más íntimos —bramaba—. Tu rostro es capaz de adoptar siete mil expresiones distintas, y hasta la última de ellas expone con exactitud quién eres y lo que estás pensando en un momento concreto». Luego me dijo algo que jamás olvidaré: «¡Y tu cuerpo! Tu forma de moverte es una autobiografía andante».

¡Qué razón tenía! En el escenario de la vida real, todos tus movimientos físicos le cuentan subliminalmente la historia de tu vida a cualquiera que esté atento. Los perros son capaces de percibir frecuencias que el oído humano no detecta, los murciélagos detectan formas en la oscuridad que escapan a nuestros ojos y las personas hacemos movimientos que no registra nuestra consciencia, pero que tienen una gran capacidad de atracción o repulsión. Cada sonrisa, cada ceño fruncido, cada sílaba que pronuncias o cada elección arbitraria de palabra que escapa de tus labios puede hacer que los demás se acerquen a ti o salgan corriendo.

¿Alguna vez el estómago te ha dicho que abandonaras un negocio, o tu intuición te ha llevado a aceptar o rechazar una oferta? A nivel consciente, puede que no percibamos la corazonada, pero, como el oído del perro o la percepción del murciélago, los elementos que nos generan sensaciones subliminales son muy reales.

Imagina a dos humanos recluidos en un cubículo, conectados a un montón de cables que registran todas las señales que fluyen entre ambos. El flujo que se produce es de hasta diez mil unidades de información por segundo. Según calcula un experto en comunicaciones de la Universidad de Pensilvania: «Sería necesario seguramente el esfuerzo de toda una vida de más o menos la mitad de la población adulta de Estados Unidos para catalogar las unidades de una hora de interacción entre dos sujetos».[1]

Con las innumerables acciones y reacciones sutiles que tienen lugar entre dos seres humanos, ¿se pueden generar técnicas concretas para lograr que nuestra comunicación sea más clara, segura, creíble y carismática?

Decidida a encontrar la respuesta, he leído prácticamente todo lo que se ha escrito sobre habilidades de comunicación, carisma y química entre personas. He explorado cientos de estudios realizados en todo el mundo sobre las cualidades que conducen al liderazgo y a la credibilidad. Los intrépidos sociólogos no han dejado piedra sin levantar en su cruzada por hallar la fórmula. Por ejemplo, los optimistas investigadores chinos, convencidos de que el carisma podía deberse a la dieta, han llegado a relacionar los tipos de personalidad con el nivel de catecolaminas en la orina.[2] Huelga decir que su hipótesis no tardó en archivarse.

DALE CARNEGIE FUE GENIAL EN EL SIGLO XX, PERO YA ESTAMOS EN EL XXI

La mayoría de los estudios realizados confirman sin más las teorías del clásico de 1936 de Dale Carnegie *Cómo ganar amigos e influir sobre las personas*.[3] Su sabiduría eterna señalaba que el éxito reside en sonreír, en mostrar interés por los demás y en hacerlos sentir a gusto consigo mismos. «No me sorprende», pensé yo. Eso es tan cierto ahora como lo era hace más de sesenta años.

Así que, si Dale Carnegie y otro centenar de expertos posteriores a él ofrecen el mismo sabio consejo, ¿para qué necesitamos otro libro que nos cuente cómo hacer amigos e influir en la gente? Por dos razones descomunales.

Primera razón: supón que un sabio te dijera: «Cuando vayas a China, habla chino», pero no te diera clases de esa lengua. Dale Carnegie y muchos expertos en comunicaciones son como ese sabio: nos dicen qué hacer, pero no cómo hacerlo. En el mundo complicadísimo en el que vivimos, no basta con que te digan que sonrías o hagas cumplidos sinceros. Los empresarios cínicos ven hoy más sutilezas en tu sonrisa, más complejidades en tus cumplidos. Las personas atractivas o triunfadoras están rodeadas de aduladores que fingen interés y los lisonjean sin parar. Los clientes potenciales están hartos de que los vendedores les digan: «Ese traje te sienta de maravilla», mientras acarician con los dedos las teclas de la caja registradora. A no ser que deseen una aventura pasajera, las mujeres desconfían de los pretendientes que les dicen lo guapas que son sin quitarle el ojo a la puerta del cuarto.

Segunda razón: nuestro mundo es muy distinto al de 1936 y necesitamos una fórmula nueva para el éxito. Con el fin de encontrarla, he observado a las superestrellas de nuestros días. He explorado las técnicas empleadas por los vendedores para cerrar una venta, por los oradores para convencer, por los curas para convertir, por los actores para fascinar, por los *sex symbols* para seducir y por los atletas para ganar.

Conseguí aislar en bruto esas cualidades esquivas que conducen al éxito. Luego las desglosé en técnicas prácticas, fáciles de entender y aplicar. Le he dado a cada una un nombre que te vendrá enseguida a la cabeza cuando te veas en un dilema de comunicación. Mientras desarrollaba las técnicas, empecé a compartirlas con público de todo el país. Los participantes en mis seminarios de comunicaciones me ofrecieron sus ideas. Mis clientes, muchos de ellos directivos de empresas de la lista Fortune 500, me aportaron encantados sus observaciones.

Cuando estaba en presencia de los líderes más exitosos y queridos, analizaba su lenguaje corporal y sus expresiones faciales, prestaba atención a sus conversaciones informales, sus intervenciones oportunas y su elección de palabras. Los he visto tratar a su familia, a sus amigos, a sus socios y a sus adversarios. Cada vez que detectaba una chispita de magia en sus comunicaciones, les pedía que la extrajeran con pinzas y la expusieran a la luz intensa de la consciencia. La analizábamos juntos, y luego yo la convertía en un «truquito fácil» que otros pudieran replicar y del que pudieran beneficiarse.

Mis hallazgos y las aportaciones de algunos de esos individuos supereficientes están en este libro. Algunos son sutiles, otros son sorprendentes, pero todos son alcanzables. Cuando los domines, todo el mundo, desde la familia hasta los amigos y los socios de empresa, te abrirá encantado el corazón, la casa, la empresa y hasta la cartera para darte lo que pueda.

Y hay un extra. Surcando la vida con tus nuevas aptitudes para la comunicación, volverás la vista atrás y verás cómo te sonríen algunos de tus felicísimos benefactores.

PARTE I

CÓMO INTRIGAR A TODO EL MUNDO SIN DECIR UNA PALABRA

DISPONES DE DIEZ SEGUNDOS PARA DEMOSTRAR QUE ERES ALGUIEN

El instante en que dos seres humanos se miran posee un potencial asombroso. La primera impresión que das es como un holograma luminoso: se graba en la retina de la persona a la que acabas de conocer y puede quedar labrada en su memoria para siempre.

Los artistas a veces son capaces de captar esa respuesta emocional efímera y escurridiza como el mercurio. Mi amigo Robert Grossman es un caricaturista de éxito que dibuja habitualmente para *Forbes*, *Newsweek*, *Sports Illustrated*, *Rolling Stone* y otras publicaciones populares. Bob tiene un don único no solo para captar la apariencia física de sus sujetos, sino también la esencia de su personalidad. De su cuaderno de bocetos emanan el cuerpo y el alma de centenares de celebridades. Con solo un vistazo a sus caricaturas de famosos, se puede llegar a «ver» su personalidad.

En ocasiones, en una fiesta, Bob hace un boceto rápido de un invitado en una servilleta de papel. Los mirones que se asoman por encima de su hombro observan pasmados cómo se materializa ante sus ojos la imagen y la esencia de esa persona a la que conocen bien. Cuando él termina de dibujar, deja la pluma y entrega la servilleta al sujeto, que suele quedarse perplejo y murmurar con educación: «Ah, está muy bien, pero esa persona no soy yo».

El *crescendo* convincente del público, que exclama: «¡Claro que sí!», hace enmudecer al sujeto y acaba con cualquier duda que pudiera quedar. El sujeto, confundido, se queda contemplando en la servilleta la imagen que el mundo tiene de él.

Una vez que fui al estudio de Bob le pregunté cómo podía captar tan bien la personalidad de la gente, y me contestó:

—Es fácil: me limito a mirarla.

—No, digo que cómo haces para captar su personalidad. ¿No te hace falta saber más sobre su estilo de vida, su pasado?

—No, ya te lo dije, Leil, me limito a mirarlos.

—¿En serio?

—Casi todos los rasgos de la personalidad de un individuo se reflejan en su aspecto, en su pose, en su forma de moverse —siguió explicándome—. Te pongo un ejemplo... —me dijo, y me llevó a un archivo donde guardaba sus caricaturas de figuras políticas—. Mira... —Destacó elementos de la anatomía de diversos presidentes—. Ahí tienes la puerilidad de Clinton —añadió, mostrándome su media sonrisa—, el aire desmañado de George Bush padre —continuó, y me señaló sus hombros—, el encanto de Reagan —resaltó la mirada luminosa del expresidente—, la rigidez de Nixon —indicó su inclinación furtiva de la cabeza. Luego hurgó un poco más en el archivo, sacó a Franklin Delano Roosevelt y, llevando un dedo a aquella nariz levantada, comentó—: Y aquí tienes la altivez de Roosevelt.

Está todo en la cara y el cuerpo.

Las primeras impresiones son indelebles. ¿Por qué? Porque en este mundo acelerado y sobrecargado de información en el que vivimos, donde nos bombardean con múltiples estímulos cada segundo, a la gente le hierve la cabeza. Los seres humanos tenemos que formarnos un juicio rápido para darle sentido al mundo y poder seguir con lo nuestro. Por eso, cuando conoces a alguien, este te toma una instantánea mental, y esa imagen tuya se convierte en la información que maneja durante mucho tiempo.

TU CUERPO GRITA ANTES DE QUE HABLEN TUS LABIOS

¿Sus datos son fiables? Por sorprendente que parezca, sí. Antes incluso de que abras la boca y pronuncies la primera sílaba, tu esencia ya accedió a su cerebro. Tu aspecto y tu forma de moverte constituyen el 80 % de la primera impresión que produces en los demás. Sin necesidad de que digas una palabra.

He vivido y trabajado en países cuya lengua no hablaba. Sin embargo, sin que mediara una sola sílaba hablada entre mis interlocutores y yo, los años me han demostrado que mis primeras impresiones eran acertadas. Cada vez que me presentaban a un compañero nuevo, sabía de inmediato si yo le caía bien, si era una persona segura de sí misma y qué estatus tenía dentro de la empresa. Solo viéndolos moverse, ya sabía cuáles eran los pesos pesados y cuáles los pesos pluma.

No tengo capacidades extrasensoriales. Tú también lo sabrías. ¿Cómo? Porque, antes de que te dé tiempo a procesar un pensamiento racional, ya tienes una percepción de esa persona. Hay estudios que demuestran que las emociones se producen antes de que al cerebro le dé tiempo a registrar la causa de dicha reacción,[4] de modo que, en el momento en que alguien te mira, experimenta un choque brutal cuyo impacto sienta las bases de toda la relación. Bob me contó que él captura ese primer impacto creando sus caricaturas.

Pensando en *Cómo hablar con cualquiera*, le pregunté:

—Bob, si quisieras retratar a alguien genial, ya sabes, una persona inteligente, fuerte, carismática, recta, fascinante, cariñosa, interesada en los demás...

—Fácil —me interrumpió Bob, porque sabía adónde quería llegar—: le pones una postura excelente, la cabeza muy en alto, una sonrisa plena que proyecte seguridad y una mirada directa.

Es la imagen ideal de quien es alguien.

CÓMO PARECER ALGUIEN

Mi amiga Karen es una profesional muy respetada en el ámbito de la decoración de interiores. Su esposo disfruta del mismo prestigio en el campo de las comunicaciones. Tienen dos hijos pequeños.

Siempre que Karen asiste a algún evento del sector, todo el mundo la trata con respeto. Es una persona muy importante en ese mundo. En los congresos, sus colegas del gremio se pelean por que se les vea hablando casualmente con ella y, mejor aún, que los fotografíen junto a ella en biblias del sector como *Home Furnishings Executive* y *Furniture World*.

En cambio, cuando Karen acompaña a su esposo a algún acto de comunicaciones, se queja de que no es nadie. Cuando lleva a sus hijos a las funciones escolares, es una madre más. Una vez me preguntó: «Leil, ¿cómo podría destacar en una multitud para que la gente que no me conoce se me acerque y, al menos, dé por sentado que soy una persona interesante?». Con las técnicas de este apartado puedes conseguir precisamente eso. Cuando uses las nueve técnicas siguientes, parecerás especial para todas las personas que conozcas. Te tomarán por alguien en todos los grupos en los que te encuentres, aunque no sean de tu ámbito.

Empecemos por la sonrisa.

1

CÓMO LOGRAR UNA SONRISA ESPECIAL

En 1936, uno de los seis mandamientos de *Cómo ganar amigos e influir sobre las personas* de Dale Carnegie era ¡la sonrisa! Con los años, ese decreto lo han ido replicando casi todos los gurús de las comunicaciones que hayan recurrido al papel y la pluma o al micrófono y la voz. Sin embargo, ya en el siglo XXI, va siendo hora de revisar el papel de la sonrisa en las relaciones humanas de alto nivel. Si ahondamos en la máxima de Dale, descubrimos que la sonrisa fácil de 1936 no siempre funciona, sobre todo hoy en día.

La anticuada sonrisa instantánea ya no tiene peso en el público complejo de nuestros días. Fíjate en los gobernantes, negociadores y gigantes corporativos del mundo entero: no hay ni un solo adulador entre ellos. Los agentes clave de todos los ámbitos de la vida enriquecen su sonrisa de forma que, cuando brota al fin, posee más potencia y el mundo sonríe con ellos.

Los investigadores han catalogado montones de tipos distintos de sonrisas, que van desde la sonrisa tensa como la cuerda de un arco de un mentiroso descubierto con las manos en la masa hasta la tierna y esponjosa de un bebé al que le haces cosquillas. Algunas sonrisas son cálidas, y otras, frías. Hay sonrisas auténticas y sonrisas falsas. (Habrás visto muchas de esas en las caras de esos amigos que te dicen que «qué bien que hayas pasado por casa» y de los candidatos presidenciales que, cuando visitan tu ciudad, aseguran que «les encanta estar en... en... en...»). Los triunfadores saben que la sonrisa es una de sus armas más poderosas, y por eso la afinan de forma que produzca el máximo impacto posible.

CÓMO AFINAR TU SONRISA

El año pasado, sin ir más lejos, mi antigua amiga de la universidad, Missy, se hizo cargo del negocio de su familia, una compañía del Medio Oeste que suministra cajas de cartón corrugado a fabricantes. Un día me dijo que iba a venir a Nueva York a prospectar a nuevos clientes y me invitó a cenar con varios de ellos. Yo estaba deseando volver a ver esa sonrisa impredecible de mi amiga y oír su risa contagiosa. Missy era una de esas personas que se reían por todo, y eso formaba parte de su encanto.

Cuando falleció su padre, el año pasado, me contó que se encargaría de la empresa. Me pareció que la personalidad de Missy era un poco efervescente para ser CEO de un negocio difícil. Claro que ¿qué sé yo de la venta de cartón corrugado?

Ella, tres de sus clientes potenciales y yo nos reunimos en el bar de un restaurante del centro, y, cuando entrábamos en el comedor, Missy me susurró al oído: «Esta noche llámame Melissa, por favor». «Por supuesto, ¡no hay muchos CEO que se llamen Missy!», le contesté yo con un guiño. Poco después de que el jefe de sala nos sentara, empecé a notar que Melissa era una mujer muy distinta a la joven risueña que yo había conocido en la universidad. Era igual de encantadora, sonreía tanto como antes, pero algo había cambiado, y yo no acababa de ver qué era.

Aunque seguía siendo efervescente, me daba la sensación de que todo lo que decía era más profundo y honesto. Trataba con un afecto sincero a sus clientes potenciales, y yo veía que ella también les caía bien a ellos. Me tenía emocionada porque ella estaba logrando un exitazo esa noche. Al terminar la velada, Melissa tenía tres nuevos clientes de peso.

Luego, cuando estábamos solas en el taxi, le dije:

—¡Missy, cómo has mejorado desde que te pusiste al frente de la empresa! Tu personalidad ha adquirido..., bueno, una faceta corporativa muy aguda y genial.

—Solo ha cambiado una cosa —me contestó.

—¿Cuál?

—La sonrisa.

—¿Cómo? —pregunté incrédula.

—La sonrisa —repitió, como si yo no la hubiera oído—. Verás, es que —prosiguió, con la mirada perdida en el infinito— cuando enfermó mi padre y supo que, en cuestión de unos años, sería yo quien se ocupara del negocio, se sentó a hablar conmigo y tuvimos una conversación de esas que te cambian la vida. Nunca olvidaré sus palabras. Me dijo: «Missy, cielo, ¿te acuerdas de aquella canción que decía "Te quiero, cariño, pero tienes los pies muy grandes"? Bueno, pues, si quieres triunfar en el negocio de las cajas, déjame que te confiese que "Te quiero, cariño, pero tienes una sonrisa muy fácil"». Luego me mostró un artículo de prensa antiguo que había estado reservando para el momento oportuno. Hablaba de un estudio sobre la mujer en la empresa. El estudio demostraba que, en el ámbito corporativo, las mujeres a las que les costaba más sonreír resultaban más creíbles.

Mientras Missy hablaba, empecé a pensar en las mujeres que habían hecho historia, como Margaret Thatcher, Indira Gandhi, Golda Meir, Madeleine Albright y otras igual de poderosas. Ninguna de ellas era de sonrisa fácil.

—Según ese estudio —continuó Missy—, una sonrisa amplia y cálida es un activo, pero solo cuando tarda en llegar, porque entonces resulta más creíble.

A partir de entonces, me contó, dedicaba a sus clientes y socios su sonrisa amplia; sin embargo, había entrenado sus labios para que brotara más despacio. De ese modo, resultaba más sincera y personalizada.

¡Así de sencillo! Aquella sonrisa más lenta otorgaba a la personalidad de Missy más riqueza, profundidad y sinceridad.

Aunque la diferencia fuera de menos de un segundo, los destinatarios de su preciosa y amplia sonrisa tenían la sensación de que era especial y exclusiva para ellos.

Decidí investigar más sobre la sonrisa. Si trabajas en la industria del calzado, empiezas a fijarte en los pies de todo el mundo. Si decides cambiar de peinado, te llaman la atención todos los cortes de cabello. Bueno, pues durante varios meses me convertí en observadora permanente de sonrisas. Observaba las sonrisas de la gente en la calle, de las personas que salían en la tele, de los políticos, los curas, los grandes magnates y los líderes mundiales. ¿Qué descubrí? Entre tanto diente a la vista y tanta boca abierta, concluí que las personas a las que se juzgaba más creíbles e íntegras tardaban un poquito más en sonreír, y luego, cuando lo hacían, su sonrisa parecía propagarse hasta el último resquicio de su semblante e inundarlo poco a poco. Por eso a la siguiente técnica la llamo «la sonrisa desbordante».

Técnica 1
LA SONRISA DESBORDANTE

Cuando saludes a alguien, no sonrías de inmediato, como si esa sonrisa valiera para cualquiera que se te ponga enfrente. Mejor mira a la cara a la otra persona un segundo. Haz una pausa. Absorbe a la persona. Y luego deja que esa sonrisa amplia, cálida y receptiva te inunde el rostro y se desborde hasta los ojos. Engullirá al destinatario como una ola caliente. Esa demora de una décima de segundo convence a la gente de que tu sonrisa desbordante es auténtica y exclusiva para ellos.

Viajemos ahora unos centímetros hacia el norte hasta dos de las herramientas de comunicación más poderosas que posees: los ojos.

2

CÓMO PARECERLE INTELIGENTE Y PROFUNDO A TODO EL MUNDO USANDO SOLO LA MIRADA

Afirmar que Helena de Troya podía hacer zarpar los barcos con la vista y Davy Crockett tumbar a un oso con la mirada no es tan exagerado como parece. Los ojos son granadas personales capaces de detonar las emociones de los demás. Del mismo modo que los maestros de artes marciales registran sus puños como armas letales, tú podrás registrar tus ojos como armas psicológicas letales cuando domines las siguientes técnicas de contacto visual.

Quienes triunfan en el juego de la vida no se aferran al convencionalismo de «mantener el contacto visual». Para empezar, entienden que, a ciertas personas desconfiadas o inseguras, una mirada demasiado fija puede resultarles violenta o intrusiva.

Cuando era pequeña, mi familia tenía una asistenta haitiana cuyas fantasías estaban plagadas de brujas, hechiceros y magia negra. Zola se negaba a quedarse sola en una habitación con Louie, mi gato siamés. «Louie me atraviesa con la mirada, me ve el alma», me susurraba asustada.

En algunas culturas, el contacto visual intenso es cosa de brujería. En otras, mirar fijamente a alguien puede considerarse amenazador o irrespetuoso. Conscientes de esto, los grandes actores de la escena internacional prefieren llevar en la maleta un libro sobre diferencias culturales en el lenguaje corporal antes que un librito de frases hechas. En nuestra cultura, en cambio, los triunfadores saben que el contacto visual exagerado puede resultar sumamente ventajoso, sobre todo entre personas de distinto sexo. En los negocios, aunque no haya romance a la vista, un contacto visual intenso produce un fuerte impacto entre hombres y mujeres.

Un centro de Boston llevó a cabo un estudio para averiguar el efecto preciso.[5] Los investigadores pidieron a individuos de sexos opuestos que mantuvieran una conversación informal de dos minutos. Engañaron a la mitad de los sujetos del estudio para que mantuvieran un contacto visual intenso indicándoles que contaran el número de veces que parpadeaba la otra persona. A la otra mitad no le dieron instrucciones específicas respecto al contacto visual durante la charla.

Cuando interrogaron después a los sujetos, los que no habían recibido instrucciones manifestaron sentimientos mucho más notables de respeto y afecto por sus compañeros, que, sin que ellos lo supieran, habían estado contando sus parpadeos.

Yo he experimentado en primera persona la proximidad que genera un contacto visual intenso con un desconocido. Una vez que estaba impartiendo un seminario a varios cientos de personas me llamó la atención la cara de una mujer. Su aspecto no era particularmente llamativo, pero se convirtió en el centro de mi atención durante toda la charla. ¿Por qué? Porque no me quitó los ojos de encima ni un momento. Aun cuando terminaba de exponer un argumento y me quedaba callada, sus ojos seguían devorándome el rostro. Parecía impaciente por saborear la siguiente idea que fuera a manar de mis labios. ¡Me encantaba! Su concentración y su evidente fascinación me inspiraron para recordar anécdotas y señalar datos importantes olvidados hacía tiempo.

Justo después de la charla, decidí buscar a esa nueva amiga a la que tanto había embobado mi discurso. Cuando la gente salía de la sala, me acerqué enseguida a mi superfán. «Perdona», le dije, pero siguió caminando. «Perdona», repetí un poquito más alto, pero mi admiradora siguió camino de la puerta, sin detenerse. La seguí al pasillo y le di un toque en el hombro. Esa vez se giró sorprendida. Murmuré una excusa sobre lo mucho que apreciaba su concentración y le dije que quería hacerle unas preguntas.

—¿Te fue útil el seminario? —me aventuré a decir.

—Pues la verdad es que no —respondió con sinceridad—. Me estaba costando entender lo que decías porque no parabas de pasearte por el estrado, mirando a sitios distintos.

Entonces lo entendí: aquella mujer tenía problemas de oído. No era que yo la hubiera embelesado, como pensaba, ni que le fascinara mi charla, como esperaba. La única razón por la que no me quitaba los ojos de encima era ¡que estaba intentando leerme los labios!

No obstante, el contacto visual con ella me había producido tal satisfacción e inspiración durante la charla que, aunque estaba agotada, le propuse que se tomara un café conmigo. Pasé la siguiente hora resumiéndole el seminario entero. Es poderoso, esto del contacto visual.

HAZ QUE TU MIRADA PAREZCA AÚN MÁS INTELIGENTE

Hay otro argumento en favor del contacto visual intenso. Además de despertar respeto y afecto, quienes sostienen la mirada dan la impresión de ser pensadores inteligentes y abstractos. Como los pensadores abstractos asimilan los datos que les llegan con mayor facilidad que los pensadores concretos, pueden seguir mirando a alguien a los ojos durante los silencios. Sus procesos mentales no se ven interrumpidos por mirar fijamente a su interlocutor.[6]

Volvamos a nuestros intrépidos psicólogos. Unos investigadores de Yale, creyéndose en posesión de la verdad incontestable sobre el contacto visual, llevaron a cabo un estudio con el que daban por sentado que confirmarían que «a más contacto visual, más sentimientos positivos». Esa vez pidieron a los participantes en el estudio un monólogo muy personal y revelador, y a quienes escuchaban que reaccionaran con distintos grados de contacto visual mientras sus interlocutores hablaban.

¿Los resultados? Todo salió según lo esperado cuando una mujer le contaba a otra sus asuntos personales: un mayor contacto visual favorecía la intimidad. Pero ¡vaya!, con los hombres fue distinto. Que otro hombre los mirara a los ojos demasiado rato puso a algunos a la defensiva. Otros se sintieron amenazados. Hubo incluso quien sospechó que su interlocutor estaba más interesado de lo que debía y estuvo a punto de darle un puñetazo.

La reacción emocional de darle una mirada profunda tiene una base biológica. Cuando miras a alguien fijamente, le suben las pulsaciones y se le dispara una sustancia parecida a la adrenalina que le corre por las venas.[7] Es la misma reacción física que tienen las personas al empezar a enamorarse, y cuando aumentas de forma consciente el contacto visual —incluso durante una sesión de negocios o una interacción social común—, el otro individuo tendrá la sensación de haberte cautivado.

Hombres al hablar con mujeres que les gustan y mujeres al hablar con hombres o con otras mujeres que les suscitan interés: usen la siguiente técnica, a la que voy a llamar «la mirada pegajosa», para regocijo del destinatario, y en su propio beneficio. (Chicos, en breve les presento una variante de esta técnica para la conversación de hombre a hombre).

Técnica 2
LA MIRADA PEGAJOSA

Imagina que tienes los ojos adheridos a tu interlocutor por un caramelo blando y pegajoso. No interrumpas el contacto visual cuando él o ella haya terminado de hablar. Cuando tengas que apartar la mirada, hazlo muy despacio, a regañadientes, estirando ese caramelo chicloso hasta que se rompa por fin el último hilo finísimo.

¿Y QUÉ PASA CON LOS HOMBRES?

También los hombres pueden usar la «mirada pegajosa» al hablar con otros hombres. Basta con que la hagan menos pegajosa al tratar cuestiones personales para evitar que su interlocutor se sienta amenazado o malinterprete sus intenciones (esta posibilidad no es tan común entre las mujeres, pero también puede darse, claro). Aunque aumenten un poquito el contacto visual en las comunicaciones cotidianas, y mucho más cuando hablen con mujeres, porque, de ese modo, transmitirán un mensaje de comprensión y respeto.

Tengo un amigo, Sammy, que trabaja como vendedor y que, sin quererlo, da siempre la impresión de ser un tipo arrogante. No es su intención, pero, a veces, por sus ademanes bruscos, parece no tomar en cuenta los sentimientos de los demás.

En una ocasión, estábamos cenando juntos en un restaurante y le hablé de la técnica de la «mirada pegajosa». Supongo que se la tomó muy en serio. Cuando se acercó el mesero, Sammy, de manera inusitada, en vez de recitar su pedido sin apartar la vista de la carta, decidió mirarlo a los ojos. Sonrió, pidió el aperitivo y continuó mirando al mesero unos segundos más antes de volver a consultar la carta para elegir el plato principal. ¡Ni te imaginas lo distinto que me pareció Sammy en aquel momento! Lo vi como un hombre sensible y afectuoso, y para eso bastó con unos segundos más de contacto visual. También vi el efecto que tuvo en el mesero. Recibimos un servicio excepcional durante toda la velada.

Una semana después, Sammy me llamó para decirme: «Leil, la "mirada pegajosa" me ha cambiado la vida. La he estado usando rigurosamente: con las mujeres mantengo un contacto visual fuerte, y con los hombres, un poco menos. Y ahora todo el mundo me trata con deferencia. ¡Creo que por eso he vendido más esta semana que en todo el mes pasado!».

Si tratas con clientes en tu vida profesional, la «mirada pegajosa» es, sin duda, una gran ventaja a la larga. Para la mayoría de las personas de nuestra cultura, un contacto visual profundo es signo de confianza, de complicidad, de respaldo.

Llevemos la «mirada pegajosa» un paso más allá. Como un potente medicamento, que igual puede matar que curar, la siguiente técnica de contacto visual es capaz de cautivar o de aniquilar.

3

CÓMO ENAMORAR A ALGUIEN CON LA MIRADA

Vamos a sacar la artillería pesada del contacto visual: la mirada superpegajosa. Llamémosla la «mirada resina». Los jefes usan la «mirada resina» para evaluar a sus empleados; los inspectores de policía, para intimidar a posibles delincuentes; y los más persuasivos y avispados, para conquistar a la persona que les interesa (y si ese interés es romántico, está demostrado que la «mirada resina» es infalible).

Para aplicar esta técnica, hacen falta por lo menos tres personas: tu blanco, tú y un tercero. Funciona como explico a continuación.

Normalmente, cuando estás hablando con dos o más individuos, miras a quien habla. Esta técnica, en cambio, propone centrarse en quien escucha: tu blanco. Eso desconcierta un poco al blanco, que se pregunta para sus adentros: «¿Por qué me mira a mí en vez de a quien habla?». Tu blanco percibe que tienes un interés particular en sus reacciones, algo que puede resultar beneficioso en determinadas situaciones laborales en las que conviene juzgar a quien escucha.

Los profesionales de recursos humanos suelen usar la «mirada resina», pero no como técnica, sino porque les interesa de verdad la reacción de un posible futuro empleado ante determinadas ideas que se le presentan. Los abogados, los directivos, los inspectores de policía, los psicólogos y otras personas que deben valorar las reacciones de un sujeto también usan esa mirada con fines analíticos.

Cuando usas la «mirada resina», envías señales de interés mezcladas con una confianza absoluta en ti mismo, pero, como al usar esa mirada evalúas o juzgas a otro individuo, debes tener cuidado. No te excedas, porque podrías parecer arrogante o descarado.

Técnica 3
LA MIRADA RESINA

Esta técnica tan osada puede llegar a ser muy poderosa. Observa a la persona que te interese aun cuando esté hablando otra. Lleve quien lleve la conversación, tú sigue mirando a quien quieras impresionar.

A veces una «mirada resina» total es demasiado potente, así que te presento una modalidad más suave y eficaz: observa a quien habla, pero mira a tu blanco cada vez que la persona que está hablando termine de exponer un punto. De ese modo, el blanco de tu atención percibirá que te intrigan sus reacciones, pero la intensidad de tu escrutinio será menor.

USA LA «MIRADA RESINA» PARA ACTIVAR EL EROTISMO

Si hay romance en el horizonte, la «mirada resina» transmite otro mensaje. Dice: «No consigo quitarte los ojos de encima» o «Solo tengo ojos para ti». Los antropólogos consideran que los ojos son «el órgano inicial del romance», porque hay estudios que demuestran que un contacto visual intenso causa estragos en nuestro ritmo cardiaco.[8] Además, libera en nuestro sistema nervioso feniletilamina, una sustancia similar a una droga. Dado que se trata de la hormona que se detecta en el organismo durante la excitación erótica, el contacto visual intenso puede considerarse afrodisiaco.

4

CÓMO PARECER UN TRIUNFADOR ALLÁ ADONDE VAYAS

¿Te acuerdas de la letra de aquella antigua canción de Shirley Bassey: «*The minute you walked in the joint, I could see you were a man of distinction, a real big spender. Good looking, so refined. Say wouldn't you like to know what's going on in my mind?*» [«En cuanto entraste en el bar, vi a un hombre distinguido, un gran derrochador. Apuesto, refinado. Dime, ¿no te gustaría saber qué está pasando por mi cabeza?»]?

El objetivo de este primer apartado no es convertirte en un verdadero derrochador, sino más bien lograr que todos te consideren un pez gordo nada más verte. Por eso vamos a explorar la técnica fundamental para que parezcas una persona importantísima.

Cuando el médico te da un golpecito en la rodilla con ese martillito tan molesto, se te dispara el pie hacia delante. De ahí viene, en inglés, la expresión «acto reflejo» (*knee-jerk reaction*). Y hay otro acto reflejo del cuerpo: cuando algo te alegra de pronto y te sientes un triunfador, echas la cabeza y los hombros hacia atrás de forma automática, y asoma a tus labios una sonrisa que te ablanda la mirada.

Ese es el aspecto habitual de los triunfadores: rezuman seguridad, se desenvuelven con confianza, sonríen discretamente, con orgullo. No cabe duda de que una buena postura simboliza que eres alguien acostumbrado a estar en lo más alto.

Es evidente que el hecho de que millones de madres hayan clavado los nudillos entre los omóplatos a sus hijos e innumerables profesores hayan dicho a sus alumnos: «¡Párate derecho!» no ha servido de mucho. Somos una especie desgarbada. Nos hace falta una táctica más severa que la de nuestros profesores y más persuasiva que la de nuestras madres para parecer alguien.

Hay una profesión en la que la postura, el equilibrio y la armonía perfectos no solo son aconsejables, sino cuestión de vida o muerte. Un movimiento en falso, una bajada de hombros o una cabeza gacha pueden significar el fin de un funambulista.

Nunca olvidaré la primera vez que mi madre me llevó al circo. Cuando salieron a la pista central siete hombres y mujeres, el público se levantó como si estuvieran todos unidos por la cadera. Los vitorearon con entusiasmo. Mi madre se me acercó al oído y me susurró que aquellos eran los increíbles Wallenda, la única *troupe* del mundo que ejecutaba sin red la pirámide de siete personas.

La multitud enseguida guardó silencio. No se oyó ni una tos ni un solo sorbo de refresco en todo el circo mientras Karl y Herman Wallenda voceaban instrucciones a sus confiados parientes. Los distintos miembros de la familia fueron ocupando, de forma meticulosa a la vez que majestuosa, su posición en la pirámide humana. Luego mantuvieron un precario equilibrio sobre una cuerda fina a muchos metros por encima del duro suelo sin red alguna que los protegiera de una muerte repentina. La imagen permanece indeleble en mi memoria.

Como permanece indeleble la belleza y la elegancia de los siete Wallenda corriendo al centro de la pista para inclinarse ante el público. Todos perfectamente alineados, con la cabeza muy en alto y los hombros bien rectos, tan erguidos, tan altos que parecía que siguieran sin tocar el suelo con los pies. Hasta el último músculo de su cuerpo revelaba orgullo, éxito y alegría de vivir. (¡Aún!). A continuación te presento una técnica de visualización con la que conseguir que tu cuerpo parezca el de un triunfador acostumbrado a sentir ese orgullo, ese éxito y esa alegría de vivir.

LA POSTURA ES EL MAYOR INDICADOR DE ÉXITO

Imagina que eres un acróbata de renombre mundial, que dominas el número de la mandíbula de hierro y que aguardas entre bambalinas el momento de tu actuación en el Ringling Brothers and Barnum & Bailey Circus. En breve saldrás disparado a la pista central para cautivar al público con la precisión y el equilibrio de tu cuerpo.

Antes de cruzar cualquier puerta (la de tu despacho, la de una fiesta, la de una reunión o incluso la de la cocina de tu casa), imagina una pequeña bola de cuero colgada con un cable del marco de la puerta. Se balancea a unos tres centímetros por encima de tu cabeza. Cuando cruces la puerta, echa la cabeza hacia atrás y aprieta fuerte esa férula dental imaginaria que primero te hará esbozar una sonrisa y después erguirte. Mientras te elevas por encima del público boquiabierto, tu cuerpo se estira hasta lograr un alineamiento perfecto: la cabeza muy en alto, los hombros atrás, el torso adelantado con respecto a las caderas, los pies ingrávidos. Al llegar a lo más alto de la carpa, giras como un trompo con elegancia para asombro y admiración de los presentes, que estiran el cuello para verte. Ya pareces alguien.

Un día, para poner a prueba la técnica de «colgarse de los dientes», decidí contar el número de veces que cruzaba una puerta: sesenta, contando las de casa. Calcula: dos al salir de casa, dos al entrar, seis al baño, ocho a la cocina, más todas las del trabajo. Son unas cuantas. Cuando visualizas algo sesenta veces al día, ¡se convierte en hábito! La buena postura habitual es el signo principal de un triunfador.

Ya estás listo para entrar flotando en la sala y cautivar a tu público o cerrar una venta (o quizá, simplemente, parecer la persona más importante de la estancia).

Ahora dispones de los elementos esenciales que Bob el artista necesita para retratarte como a un triunfador. Como él mismo decía, buena postura, la cabeza muy en alto, una sonrisa de seguridad y una mirada directa. La imagen ideal para cualquiera que sea alguien.

Técnica 4
COLGARSE DE LOS DIENTES

Cada vez que cruces una puerta, visualiza colgada del marco la bola con la que los acróbatas ejecutan el número circense de la mandíbula de hierro. Muérdela y, al tiempo que la sostienes con fuerza, deja que te eleve hasta lo más alto de la carpa. Cuando te cuelgas de los dientes, todos los músculos se estiran en una postura perfecta.

Ahora, pongamos en práctica el número completo. Es el momento de volcar toda tu atención en tu interlocutor. Con las dos técnicas siguientes conseguirás que esa persona se sienta única.

5

CÓMO ROBARLES EL CORAZÓN APELANDO AL «NIÑO QUE LLEVAN DENTRO»

¿Conoces la típica broma del cómico que, nada más salir a escena, dice: «¿Les está gustando el espectáculo?»? El público estalla en risas. ¿Por qué? Porque todos nos hacemos esa pregunta para nuestros adentros. Siempre que conocemos a alguien, sabemos, de forma consciente o inconsciente, cómo está reaccionando a nuestra presencia.

¿Nos mira? ¿Sonríe? ¿Se inclina hacia nosotros? ¿Reconoce de algún modo lo maravillosos y especiales que somos? Esas personas nos caen bien; tienen buen gusto. ¿O da media vuelta, a todas luces insensible a nuestra grandeza? ¡Qué idiota!

En el momento de conocerse, dos personas son como un par de cachorros olisqueándose. No meneamos la cola ni se nos eriza el pelaje del lomo, pero enarcamos las cejas o abrimos los ojos más de la cuenta, o sin percatarnos apretamos los puños o aflojamos las manos y mostramos las palmas en señal de rendición. En esos primeros instantes de convivencia se producen montones de reacciones involuntarias.

Los abogados encargados de la selección del jurado son perfectamente conscientes de esto. Prestan muchísima atención a las reacciones corporales instintivas. Se fijan en si los miras a la cara y en si te inclinas hacia delante o te retraes cuando respondes a sus preguntas. Te estudian las manos: ¿las tienes ligeramente abiertas, con las palmas hacia arriba, indicando que aceptas lo que te están diciendo, o aprietas un poco los puños en señal de rechazo? Te escudriñan la cara en busca de esas décimas de segundo en que dejas de sostener la mirada cuando se habla de temas importantes, como las indemnizaciones sustanciosas por daños y perjuicios o la pena de muerte. A veces, esos abogados llevan un asistente cuya única labor es sentarse al margen y tomar nota de todos y cada uno de los gestos del entrevistado.

Una curiosidad: los abogados defensores suelen elegir a mujeres para esta labor de escrutinio de gestos, porque, por lo general, detectan mejor que los hombres las pistas sutiles del lenguaje corporal. Es la mujer, más sensible a las emociones que el hombre, la que acostumbra a preguntar a su esposo: «¿Te preocupa algo, cariño?». (Estas mujeres superperceptivas acusan a sus esposos de ser tan insensibles a las emociones que no se percatarían de que algo va mal hasta que tuvieran la corbata empapada en lágrimas).

El abogado y su asistente repasan después tu «puntuación» basada en las docenas de señales subconscientes que has transmitido. En función del resultado, podrías acabar formando parte del jurado o sentado en la sala de espera, mano sobre mano.

Los abogados defensores están tan pendientes del lenguaje corporal que, en la década de 1960, en el célebre juicio de «los siete de Chicago», el abogado de la defensa, William Kuntsler, presentó una protesta formal a la postura del juez Julius Hoffman. Durante las conclusiones de la fiscalía, el juez se inclinó hacia delante, algo que, según Kuntsler, transmitía al jurado la idea de atención e interés. En cambio, mientras la acusación presentaba sus conclusiones, el juez se recostó en el asiento, haciendo llegar al jurado la idea subliminal de desinterés.

ESTÁS A PRUEBA... Y SOLO DISPONES DE DIEZ SEGUNDOS

Igual que un abogado que decide si te quiere en el juicio, todas las personas a las que conoces emiten juicios inconscientes sobre si te quieren en su vida. Suelen basar su veredicto siempre en lo mismo, en la forma en que tu cuerpo responde a la pregunta tácita de «¿Te estoy gustando?».

Tus primeros gestos preparan el escenario en el que tendrá lugar toda la relación. Si vas a querer algo de ese nuevo contacto, tu respuesta tácita a su pregunta implícita «¿Te estoy gustando?» debe ser: «¡Uf, me encantas!».

Cuando a un niño de cuatro años le da un ataque de timidez, se retrae, se lleva los brazos al pecho, retrocede y se esconde detrás de las faldas de su madre. En cambio, cuando el pequeño Johnny ve que papá vuelve a casa, sale corriendo a su encuentro, sonriente, con los ojos como platos y los brazos preparados para un abrazo. El cuerpecito de una criatura afectuosa es como una florecita que se abre al sol.

Veinte, treinta, cuarenta, cincuenta años de vida en la tierra suponen poca diferencia. Cuando a sus cuarenta años Johnny sufre un ataque de timidez, se retrae y cruza los brazos sobre el pecho. Cuando quiere rechazar a un vendedor o a un compañero de trabajo, da media vuelta y lo bloquea con un sinnúmero de señales corporales. En cambio, cuando recibe a su amada pareja en casa después de una ausencia, el Johnny adulto le abre su cuerpo como un narciso gigante que despliega sus pétalos al sol tras una tormenta.

TRATA A LOS DEMÁS COMO SI FUERAN NIÑOS GRANDES

Recuerdo una fiesta corporativa repleta de estrellas a la que asistí con una atractiva amiga mía, recién divorciada. Carla había sido redactora en una de las principales agencias publicitarias, que, como muchas otras empresas por aquel entonces, había hecho recortes de personal. Mi amiga estaba sin trabajo y sin pareja.

En aquella fiesta en concreto, Carla tenía todas las de ganar, tanto personal como profesionalmente. Mientras ella y yo hablábamos, varias veces se nos arrimó algún tipo bien parecido. Casi siempre, esos varones deseables dedicaban a Carla una amplia sonrisa. Ella, en ocasiones, se giraba un poco y obsequiaba al recatado conquistador con una sonrisa rápida, pero luego seguía con nuestra conversación mundana como si estuviera superpendiente de lo que yo decía. Yo sabía que Carla estaba procurando no parecer agobiada, pero para sus adentros se decía: «¿Por qué no se acerca a hablar con nosotras?».

Una de las veces que uno de esos grandes felinos corporativos sonrió, pero, debido a la reacción mínima de Carla, regresó despacio a la jungla social, tuve que decirle: «Carla, ¿sabes quién era ese? El director de Young & Rubicam en París. Andan buscando a redactores publicitarios dispuestos a trasladarse. ¡Y está soltero!». Ella gimoteó.

Justo entonces oímos una vocecita a la altura de la rodilla izquierda de Carla: «¡Holaaa!». Miramos hacia abajo las dos a la vez. El pequeño Willie, de cinco años, el adorable hijo de la anfitriona, le jalaba la falda a Carla, demandando visiblemente su atención.

—Vaya, vaya, vaya —le dijo Carla con una enorme sonrisa en el rostro, volviéndose hacia él—. ¿Te la estás pasando bien en la fiesta de mamá?

Willie sonrió de oreja a oreja.

Cuando el niño se fue, con sus pasitos torpes, a jalar de la ropa a otro grupo de posibles dadores de atención, Carla y yo seguimos con nuestra conversación de adultas. Mientras platicábamos, las bestias corporativas siguieron acosándola con la mirada y ella continuó dedicándoles medias sonrisas. No me cabía duda de que la desilusionaba que ninguno de ellos la abordara. Al final, ya a punto de irme, como casi me sangraba la lengua de tanto mordérmela, le dije:

—Carla, ¿te diste cuenta de que se te acercaron cuatro o cinco hombres y te sonrieron?

—Sí —me susurró, mirando nerviosa por toda la sala, por si nos oía alguien.

—¿Y que tú te limitaste a sonreírles sin mucho entusiasmo? —proseguí.

—Sí —murmuró, confundida por mi pregunta.

—¿Te acuerdas de cuando vino el pequeño Willie a jalarte de la falda? ¿Recuerdas que le regalaste una de esas sonrisotas tuyas maravillosas, te giraste hacia él y lo incluiste en nuestra conversación de adultas?

—Eeeh..., sí —contestó, indecisa.

—Pues te voy a pedir una cosa, Carla: que le dediques al próximo hombre que te sonría la misma sonrisa que le dedicaste a Willie, que te voltees hacia él como lo hiciste antes, incluso que le toques el brazo como se lo tocaste a Willie y lo incluyas en nuestra conversación de adultas.

—Pero, Leil, ¿cómo voy a hacer eso?

—¡Carla, hazlo!

Como era de esperar, a los pocos minutos se acercó a nosotras otro hombre atractivo y sonriente. Carla encarnó su papel a la perfección: exhibió una amplia sonrisa, se volteó completamente hacia él y le dijo: «Hola, únete a nosotras». Él aceptó la invitación de Carla sin pensarlo.

Al cabo de un rato, me retiré con una excusa. Ninguno de los dos lamentó mi partida, porque estaban enfrascados en una animada conversación. La última vez que vi a mi amiga esa noche fue cuando salía por la puerta, entusiasmada, del brazo de su nuevo amigo.

Y así nació la técnica a la que llamo «el giro del niño grande». Es una habilidad que te permitirá conseguir, a tu antojo, a cualquier tipo de bestia de la jungla social o corporativa.

Técnica 5
EL GIRO DEL NIÑO GRANDE

Aplica esta técnica a todas las personas que conozcas. En cuanto los presenten, recompensa a tu nuevo conocido. Dedícale una sonrisa cariñosa, gira el cuerpo por completo y concédele toda la atención sin reservas que le prestarías a un niño que se te agarrara a la pierna, levantara hacia ti su carita preciosa y te brindara su sonrisa. Girarte al cien por ciento hacia esa nueva persona es como gritarle: «Me pareces muy muy especial».

Recuerda que, en el fondo, todos llevamos dentro a ese niño grande que sacude la cuna, lloriqueando para que sepamos lo superespecial que es.

La siguiente técnica refuerza la sospecha del niño grande de que, en efecto, es el centro del universo.

6

CÓMO LOGRAR QUE ENSEGUIDA TE CONSIDEREN UN AMIGO DE SIEMPRE

Un hombre muy sabio que se hacía llamar Zig[9] me dijo una vez: «A nadie le importa mucho cuánto sabes hasta que sabe cuánto te importan... ellos». Y tenía razón. ¡El secreto para caerle bien a alguien es demostrarle lo bien que ese alguien te cae a ti!

Tu cuerpo es una emisora que transmite veinticuatro horas al día y revela a cualquiera que ande cerca cómo te sientes en un momento dado. Aunque con la «postura de ir colgado de los dientes» te ganes su respeto, con la «sonrisa desbordante» y el «giro del niño grande» los estés haciendo sentirse especiales, y con la «mirada pegajosa» te estés apoderando de su corazón y de su pensamiento, el resto de tu cuerpo podría manifestar alguna incongruencia. Hasta el último ápice de tu ser, desde la arruguita de la frente hasta la posición de los pies, debe ofrecer una actuación impecable si quieres transmitir con eficacia una actitud de «me importas».

Por desgracia, cuando conocemos a alguien, nuestro cerebro mete la superdirecta. En *Julio César*, Shakespeare decía de Casio que «es un hombre de mirada dura y voraz [...], piensa demasiado [...], los hombres como él son peligrosos». Eso le pasa a nuestro cerebro cuando conversamos con alguien a quien acabamos de conocer: que se vuelve duro (en algunos casos, por timidez; en otros, porque la situación nos desborda) y voraz (tratamos de decidir qué esperamos de esa posible relación, si es que esperamos algo). Así que pensamos demasiado en vez de reaccionar con una simpatía espontánea y sincera. Y eso es peligroso para cualquier amistad, romance o negocio en ciernes.

Cuando nuestro organismo dispara diez mil balas de estímulos por segundo, es posible que unos cuantos tiros no den en el blanco y transmitan timidez u hostilidad disimulada. Nos hace falta una técnica que garantice que cada disparo acierta en el corazón a nuestro sujeto, engañar al cuerpo para que reaccione de manera perfecta.

Para encontrarla, exploremos la única ocasión en que no debemos preocuparnos por que a nuestro lenguaje corporal se le escape algo de timidez o negatividad, porque no las sentimos, y eso ocurre cuando hablamos con amigos íntimos. Cuando vemos a alguien a quien queremos o con quien estamos a gusto, reaccionamos con una simpatía absoluta sin pensarlo siquiera: sonreímos felices, le tendemos los brazos, abrimos mucho los ojos y ablandamos la mirada, y hasta volteamos las manos hacia arriba y giramos el cuerpo completamente hacia esa persona querida.

CÓMO ENGAÑAR A TU CUERPO PARA QUE LO HAGA BIEN

A continuación te presento una técnica con la que lograr todo eso, y que te garantiza que cualquier persona con la que te encuentres perciba tu afecto. La llamo «Hola, viejo amigo».

Cuando conozcas a alguien, hazte una trampa mental: imagina que esa persona es un amigo o una amiga de hace tiempo, alguien con quien tenías una relación maravillosa hace años, pero a quien le perdiste la pista. Hiciste todo lo posible por localizar a ese colega, pero su número no salía en la guía telefónica, no había datos en internet, ninguno de sus amigos comunes tenía noticias de esa persona.

De pronto, ¡ZAS! ¡Sorpresa! Después de tantísimos años, se reencuentran. Y tú te alegras muchísimo.

Ahí termina el fingimiento. Obviamente, no intentarás convencer a la otra persona de que en verdad son viejos amigos. Tampoco la abrazarás ni besarás ni le dirás: «¡Qué alegría volver a verte!», ni: «¿Cómo te ha ido estos años?», sino que te limitarás a saludar con un «Hola», «¿Qué tal?», «Encantado de conocerte», aunque, para tus adentros, la cosa sea muy distinta.

Te sorprenderás. La alegría del reencuentro te inundará el rostro y estimulará tu lenguaje corporal. A veces digo que, si fueras una luz, deslumbrarías a la otra persona, y de ser un perro, menearías la cola. Harás que esa persona se sienta muy especial.

Técnica 6
«HOLA, VIEJO AMIGO»

Cuando conozcas a alguien, imagina que esa persona es un viejo amigo (o un antiguo cliente, un ser querido o cualquiera a quien le tuvieras muchísimo cariño). Lástima que las vicisitudes de la vida los hayan distanciado, pero ¡qué casualidad!, esa fiesta (reunión, convención...) te ha permitido reencontrarte con ese viejo amigo al que habías perdido la pista hacía tiempo.

Esa experiencia gozosa desata una asombrosa reacción en cadena en tu cuerpo, desde la relajación de las cejas hasta la posición de los dedos de los pies... y todo lo que hay entre ellos.

En mis seminarios hago que los participantes se presenten a otros antes de que aprendan esta técnica. El grupo conversa como si estuviera en una agradable reunión medio informal.

Luego les pido que se presenten a otro desconocido imaginando que son viejos amigos. La diferencia es extraordinaria. Cuando usan la técnica de «Hola, viejo amigo», la sala cobra vida. Se crea un ambiente de buena vibra. El aire se impregna de la energía intensa y más positiva de los participantes. Se sitúan más cerca, ríen de forma más sincera y se tienden la mano. Y yo me siento como si asistiera a un fiestón que hubiera empezado hace ya horas.

NO HACE FALTA DECIR NI UNA PALABRA

Con la técnica de «Hola, viejo amigo» sobra el lenguaje. Úsala cuando viajes a países cuya lengua no hables. Cuando te encuentres en medio de un grupo de personas que conversan en un idioma que no conoces, limítate a imaginar que son un pequeño grupo de amigos de toda la vida. Todo va bien, solo que, de pronto, se les ha olvidado tu idioma. Aunque no entiendas una palabra, todo tu cuerpo seguirá respondiendo con simpatía y aceptación.

Yo la uso cuando viajo por Europa, y a veces mis amigos europeos que viven allí pero hablan mi idioma me dicen que, según sus compañeros, soy la estadounidense más simpática que han conocido en su vida. ¡Aun sin haber intercambiado una sola palabra con ellos!

UNA PROFECÍA AUTOCUMPLIDA

Una de las ventajas añadidas de la técnica de «Hola, viejo amigo» es que se convierte en una profecía autocumplida. Cuando te comportas como si alguien te cayera bien, te empieza a caer bien de verdad. Un estudio de la Universidad de Adelphi, en Nueva York, titulado muy oportunamente «Creer que le caes bien o mal a alguien: comportamientos con los que lo que crees se hace realidad», lo demuestra.[10] Los investigadores les pidieron a los voluntarios que trataran a los sujetos, que no estaban al tanto, como si les cayeran bien. Al revisar después los resultados, se vio que a los voluntarios terminaron cayéndoles muy bien los sujetos del estudio. También se sondeó a esos sujetos no informados previamente, que manifestaron un respeto y un afecto mayores por los voluntarios que fingían que les caían bien. La conclusión es que el amor genera amor, la simpatía genera simpatía, y el respeto genera respeto. Si usas la técnica de «Hola, viejo amigo», pronto tendrás montones de «viejos amigos» nuevos a los que terminarás cayéndoles bien de verdad.

Ya dispones de lo básico para presentarte ante todas las personas a las que conozcas como un alguien, un alguien simpático. Pero tu labor no ha concluido aún. Además de caer bien, debes parecer creíble, inteligente y seguro de ti mismo. Con las tres técnicas siguientes, podrás lograr esos objetivos.

7

CÓMO RESULTAR CIEN POR CIENTO CREÍBLE A TODO EL MUNDO

Mi amiga Helen es una cazatalentos respetadísima. Como encuentra unos perfiles increíbles para sus clientes, una vez le pregunté por el secreto de su éxito.

—Será porque casi siempre sé si un candidato miente —me contestó.

—¿Y cómo lo sabes?

—Pues, mira, justo la semana pasada entrevisté a una mujer joven para un puesto de director de marketing de una empresa pequeña. Se pasó toda la entrevista con la pierna izquierda cruzada sobre la derecha y las manos cómodamente colocadas en el regazo, mirándome directamente.

»Le pregunté cuánto esperaba cobrar. Me respondió sin dejar de mirarme a los ojos. Luego le pregunté si le gustaba su trabajo y, sosteniéndome aún la mirada, me dijo que sí. A continuación, quise saber por qué había dejado el trabajo anterior. En ese momento, apartó unos segundos la mirada y después, mientras contestaba, se recolocó en el asiento y cruzó la pierna derecha sobre la izquierda. Al cabo de un momento, se llevó las manos a la boca.

»Con eso me bastó —me dijo Helen—. Sus palabras me decían que le parecía que no tenía "muchas oportunidades de crecer" en la empresa anterior, pero su cuerpo me indicaba que no estaba siendo sincera del todo.

Helen me explicó que el mero hecho de que la joven se mostrara inquieta no era prueba de que mentía, pero fue suficiente para querer ahondar en el asunto.

—Así que la puse a prueba. Cambié de tema y abordé un terreno más neutral. Le pregunté por sus objetivos para el futuro. Volvió a tranquilizarse. Cruzó las manos en el regazo mientras me contaba que siempre había querido trabajar en una empresa pequeña para poder tener una experiencia directa con más de un proyecto.

»Luego le repetí la pregunta anterior. Le pregunté si había sido solo la falta de oportunidades de crecimiento lo que la había llevado a abandonar su puesto anterior. Como era de esperar, se revolvió de nuevo en el asiento y rompió un instante el contacto visual. Mientras hablaba de su último trabajo, empezó a masajearse el antebrazo.

Helen siguió sondeándola hasta que por fin descubrió la verdad. A la candidata la habían corrido por un desagradable desencuentro con el director de marketing para el que trabajaba.

Los profesionales de recursos humanos que entrevistan a distintos candidatos y los agentes de policía que interrogan a posibles delincuentes están entrenados para detectar mentiras. Saben bien qué señales buscar. El resto de los mortales, aunque no tengamos claro qué pistas concretas implican engaño, poseemos un sexto sentido que nos alerta cuando alguien no nos está contando la verdad.

Hace poco, una compañera se planteaba contratar un agente de reservas en nómina. Tras entrevistar a una persona, me dijo:

—No sé. Dudo que le haya ido tan bien como dice.

—¿Crees que te mintió? —le pregunté.

—Por supuesto. Y lo curioso es que no sé por qué. Me miraba a los ojos, contestaba a mis preguntas sin rodeos... Pero vi algo que no me acabó de convencer.

Esto pasa a menudo. Tienes una corazonada con alguien, pero no la certeza.

OJO, QUE NO PAREZCA QUE MIENTES CUANDO DICES LA VERDAD

Los problemas surgen cuando no mentimos, pero nos alteramos igual o la persona con la que hablamos nos intimida. Un hombre joven quizá alterne el peso de un pie al otro al hablar de su éxito profesional a una mujer carismática. Una mujer podría sentir de pronto la necesidad de frotarse el cuello al hablar a un cliente importante del historial de su empresa.

El ambiente puede generar problemas adicionales. Por ejemplo, un empresario, aun sin sentirse nervioso, podría aflojarse el cuello de la camisa solo porque hace demasiado calor en la sala. Al pronunciar un discurso al aire libre, un político podría pestañear demasiado porque hay mucho polvo en el aire. Aunque sea una percepción errónea, esas alteraciones físicas dan a quien escucha la sensación de que algo no está bien o activa la intuición de que esa persona está mintiendo.

Los comunicadores profesionales, conscientes de ese peligro, evitan de forma deliberada cualquier gesto que pueda tomarse por nerviosismo. Miran fijamente a quien los escucha, nunca se llevan las manos a la cara, ni se masajean el brazo cuando se notan un hormigueo ni se rascan la nariz si les pica; tampoco se aflojan el cuello de la camisa aunque haga calor, ni parpadean porque el aire arrastre polvo; no se limpian ni la más mínima gota de sudor en público ni se protegen del sol haciéndose sombra con la mano. Sufren porque saben que esos gestos minan su credibilidad. Pensemos, por ejemplo, en el infame debate presidencial televisado del 25 de septiembre de 1960 entre Richard Milhous Nixon y John Fitzgerald Kennedy. Los analistas políticos consideran que fue quizá la ausencia de maquillaje de Nixon, su nerviosismo y la forma en que se enjugaba la frente delante de la cámara lo que le hizo perder las elecciones.

Si quieres resultar un alguien completamente creíble, procura evitar cualquier movimiento superfluo cuando la comunicación sea vital. A eso lo llamo la técnica de «nervios, los necesarios».

Técnica 7
NERVIOS, LOS NECESARIOS

Cuando la conversación que estés manteniendo sea importante de verdad, resiste si te pica la nariz, sientes un hormigueo en la oreja o te arde un pie. No te muevas, no te estremezcas, no te menees, no te retuerzas y no te rasques. Y por nada del mundo te toques la cara. Los movimientos de las manos cerca del rostro y cualquier muestra de nerviosismo pueden producir en tu interlocutor la sensación de que le estás contando una mentira.

Abordemos ahora la inteligencia. «¿Qué? —preguntarás—. ¿Uno puede parecer más listo de lo que es en realidad?». ¿Nunca has oído hablar de Hans, el caballo que sabía contar? Se le consideraba el caballo más listo de la historia, y se valía de la técnica que estoy a punto de proponerte.

8

CÓMO CONECTAR CON LA GENTE COMO SI TUVIERAS UN SEXTO SENTIDO

Hans, un caballo listísimo, me inspiró la siguiente técnica. Hans era propiedad de herr Wilhelm von Osten, un berlinés que lo había entrenado para que resolviera operaciones matemáticas sencillas dando golpes con el casco de la pata delantera derecha. Tan prodigiosa era la habilidad de Hans que la fama del caballo se propagó por toda Europa a comienzos del siglo XX. Se dio a conocer como Hans el Listo, el caballo que hacía cuentas.

Herr Von Osten enseñó a Hans a algo más que sumar. El animal no tardó en empezar a restar y multiplicar. Con el tiempo, Hans el Listo dominó incluso la tabla de multiplicar. Se convirtió en todo un fenómeno. Sin que su dueño dijera una sola palabra, el caballo contaba el número de personas que había en el público, señalaba cuántos llevaban lentes o respondía a cualquier pregunta de cálculo que le hicieran.

Al final, Hans adquirió la habilidad definitiva que separa al hombre de los animales: el habla. Hans «aprendió» el abecedario y, asignando una serie de golpes con el casco a cada letra, respondía a cualquier pregunta sobre cualquier cosa que los humanos hubieran leído en la prensa u oído en la radio. Hasta sabía contestar a preguntas corrientes sobre historia, geografía y biología humana.

Hans salió en los periódicos y se convirtió en tema de conversación de las cenas en toda Europa. El «caballo humano» pronto llamó la atención de científicos, profesores de psicología, veterinarios y hasta oficiales de caballería. Como es lógico, todos ellos se mostraban escépticos, así que crearon una comisión oficial para averiguar si lo de aquel animal era un engaño muy astuto o, en efecto, se encontraban ante un genio equino. Fueran cuales fuesen sus sospechas, todos coincidían en que Hans era un caballo muy listo. Comparado con otros, Hans era alguien.

Pero volvamos a nuestros días. ¿Cómo es que, al hablar con ciertos individuos, sabemos enseguida que son más inteligentes que los demás, que son alguien? No es que hablen de temas complicadísimos ni usen palabras rimbombantes, pero todo el mundo lo sabe. La gente dice cosas como: «Es una *crack*», «A ese no se le escapa una», «Es un tipo muy inteligente» o «Es muy sensata». Lo que nos lleva de vuelta a Hans.

Llegó el día de la gran prueba. Todos estaban convencidos de que se trataba de un truco ideado por herr Von Osten, el dueño de Hans. El auditorio estaba abarrotado de científicos, periodistas, videntes, médiums y amantes de los caballos que aguardaban impacientes el veredicto. Los astutos miembros de la comisión tenían la certeza de que aquel sería el día en que desvelarían que lo de Hans era un engaño, porque también ellos escondían un as en la manga: prohibirían a Von Osten la entrada en la sala para que el caballo hiciera la prueba él solo.

Reunida la multitud, pidieron a Von Osten que abandonara el auditorio. El dueño del caballo, sorprendido, se fue, y Hans se quedó solo en una sala repleta de personas recelosas e impacientes.

El presidente de la comisión, muy seguro de sí mismo, le propuso a Hans la primera operación matemática, y el caballo respondió correctamente con la pata. Luego llegó una segunda, y también acertó. Después, una tercera. Acto seguido, se le plantearon las preguntas de lengua. ¡Se las supo todas!

La comisión estaba desconcertada; los críticos, mudos.

El público, en cambio, no. Con gran alboroto, pidieron insistentemente una nueva comisión. El mundo aguardó hasta que, una vez más, las autoridades reunieron a científicos, profesores, veterinarios, oficiales de caballería y periodistas de todo el planeta.

Solo cuando aquella segunda comisión puso a prueba a Hans salió a la luz la verdad. La segunda comisión inició la prueba mecánicamente con una suma sencilla, pero en esa ocasión, en vez de hacer la pregunta en voz alta para que la oyeran todos, uno de los investigadores le susurró al oído una cifra, y un segundo investigador le susurró otra. Todos esperaban que el animal hiciera el cálculo enseguida, pero ¡Hans no respondió! ¡Ajá! Los investigadores revelaron la verdad al impacientado mundo.

¿Te imaginas cuál era? Te doy una pista: cuando el público o el investigador sabía la respuesta, Hans también. ¿Lo adivinas ya?

Los presentes manifestaban sutiles señales externas en cuanto el casco de Hans había dado el número de golpes correcto. Cuando el animal empezaba a responder pateando el suelo, el público mostraba ligeros indicios de tensión, y cuando llegaba a la cifra correcta, esas personas soltaban el aire y se relajaban un poco. Von Osten había entrenado al caballo para que dejara de dar golpes en ese punto, con lo que parecía que sabía la solución.

Hans usaba la técnica a la que yo llamo «el sentido común de Hans»: observaba muy atentamente la reacción del público y respondía en consecuencia.

SI UN CABALLO PUEDE, TÚ TAMBIÉN

¿Alguna vez te han llamado por teléfono mientras veías la tele y te han pedido que la pusieras en silencio para poder hablar? Como ya no hay sonido, prestas mayor atención a la imagen.

Ves a la gente sonreír, fruncir el ceño, hacer una mueca, enarcar las cejas y montones de cosas más. No se te escapa nada de lo que pasa porque, por la expresión, sabes lo que piensan. El sentido común de Hans es justo eso: observar a la gente, ver cómo reacciona y actuar en consecuencia. Aunque estés hablando, mantén la mirada fija en tus interlocutores y fíjate en cómo reaccionan a lo que dices. No te pierdas nada.

¿Sonríen? ¿Asienten? ¿Tienen las palmas de las manos hacia fuera? Entonces es que les gusta lo que oyen. Si, por el contrario, fruncen el ceño, miran a otro lado y aprietan los puños, es que no. ¿Se frotan el cuello? ¿Retroceden? ¿Sus pies apuntan a la puerta? A lo mejor quieren salir corriendo.

Tampoco te hace falta un curso completo de lenguaje corporal para esto. Tus propias vivencias ya te proporcionan una base más que suficiente. Casi todo el mundo sabe que si su interlocutor retrocede o mira a otro lado, es porque no le interesa lo que dices. Si les resulta molesto, se frotan el cuello. Si se sienten superiores, juntan las manos como si fueran a rezar.

Exploraremos más a fondo el lenguaje corporal en la técnica 77, la de la venta a ojo. De momento, basta con que sintonices el canal mudo por el que emite tu interlocutor.

Técnica 8
EL SENTIDO COMÚN DE HANS

Acostúmbrate a activar una doble vía cuando hables: exprésate sin perder de vista las reacciones de tu interlocutor a lo que dices, y luego actúa en consecuencia.

Si un caballo puede hacerlo, un humano también. La gente te dirá que estás en todo, que no se te escapa una, que eres muy vivo.

Ya cuentas con ocho técnicas con las que parecer una persona segura, creíble y carismática, y con las que lograr que quienes interactúan contigo se sientan especiales. Veamos una técnica más en este apartado con la que aglutinarlo todo y asegurarte de que no se te escapa una.

9

CÓMO ASEGURARTE DE QUE NO SE TE ESCAPA UNA

¿Alguna vez has visto esquí profesional en la televisión? ¿A ese atleta en lo alto de la pista, con todos los músculos preparados y dispuestos, aguardando la señal que lo propulse hacia la victoria definitiva? Si lo miras fijamente a los ojos, verás que está teniendo una experiencia extracorpórea. En su cabeza, el esquiador desciende por la pendiente, zigzagueando entre los postes, y cruza la línea de meta más rápido de lo que el mundo creía posible. Lo está visualizando.

Lo hacen todos los deportistas: buceadores, corredores, saltadores, lanzadores de jabalina, pilotos de luge, nadadores, patinadores, acróbatas... Visualizan su magia antes de obrarla. Ven cómo se dobla, retuerce, gira o vuela por los aires su cuerpo. Oyen el rugido del viento, el chapoteo del agua, el murmullo de la jabalina, el golpe seco de su aterrizaje. Huelen la hierba, el cemento, la piscina, el polvo. Antes de mover un músculo, los atletas profesionales ven la película entera, que, por supuesto, termina con su victoria.

Según los psicólogos, la visualización no es solo para atletas de alto rendimiento. Los estudios demuestran que el ensayo mental ayuda a los deportistas de fin de semana a afinar su técnica con el golf, el tenis, el atletismo..., su actividad favorita, sea cual sea. Los expertos coinciden en que, si ves las imágenes, oyes los sonidos y sientes los movimientos de tu cuerpo en la cabeza antes de realizar la actividad, el efecto es poderoso.

«CUARENTA Y DOS KILÓMETROS EN EL COLCHÓN»

¿Palabrería psicológica? ¡En absoluto! Mi amigo Richard corre maratones. Hace varios años, apenas tres semanas antes del gran maratón de Nueva York, un vehículo descontrolado se estampó contra el de Richard y mi amigo acabó en el hospital. No fue grave, pero a sus amigos les dio pena, porque, después de pasar en cama dos semanas, como es lógico, no podría participar en el gran acontecimiento.

La sorpresa que se llevaron fue mayúscula cuando aquella fría mañana de noviembre en que se celebraba el maratón, Richard se plantó en Central Park con sus pantalones minúsculos y sus grandes tenis.

—Richard, ¿te volviste loco? No estás en condiciones de correr. ¡Te has pasado en cama las últimas semanas! —le gritamos todos.

—Puede que mi cuerpo haya estado postrado —respondió él—, pero yo he estado corriendo.

—¿Qué? —exclamamos al unísono.

—Que sí. Todos los días. Cuarenta y dos kilómetros y ciento noventa y cinco metros, sin moverme del colchón.

Richard nos contó que, en su imaginación, se veía recorriendo cada paso de la carrera. Veía el entorno, oía los sonidos y sentía la contracción de sus músculos. Se visualizaba corriendo el maratón.

No lo hizo tan bien como el año anterior, pero el milagro es que terminó la prueba, sin lesiones y sin demasiada fatiga, gracias a su visualización. Funciona con casi cualquier tarea a la que se aplique, incluida la de ser un excelente comunicador.

La visualización da mejores resultados cuando estás completamente relajado. Solo cuando estás sereno logras imágenes claras y nítidas. Llévala a cabo en la quietud de tu hogar o en el coche, antes de ir a la fiesta, la convención o a la firma de ese contrato tan importante. Repásalo todo mentalmente con antelación.

Técnica 9
CONTEMPLA LA ESCENA ANTES DE INTERPRETARLA

Ensaya con antelación la forma de ser ese superalguien. IMAGÍNATE caminando erguido y con la cabeza muy en alto, estrechando manos, sonriendo de oreja a oreja y sosteniendo la mirada. ÓYETE hablando a gusto con todo el mundo. EXPERIMENTA el placer de saber que estás en plena forma y que todos gravitan hacia ti. VISUALÍZATE como un superalguien, y todo lo demás fluirá.

Ahora ya dispones de los recursos necesarios para empezar con buen pie con cualquier persona nueva que entre en tu vida. Imagínate en esos primeros instantes como un cohete a punto de ser lanzado. Cuando el personal del Centro Espacial Kennedy manda una nave a la Luna, un error de una millonésima parte de un grado al comienzo, cuando la nave aún está en tierra, podría significar que no aterrice en la Luna por una diferencia de miles de kilómetros. Del mismo modo, una falla minúscula de lenguaje corporal al comienzo de una relación podría hacer que jamás llegues a congeniar con esa persona. Sin embargo, con las técnicas que hemos visto hasta ahora, dispondrás de las herramientas necesarias para conseguir lo que quieras de cualquiera, ya sea en el trabajo, en la amistad o en el amor.

Pasemos ahora del mundo del silencio al de la palabra hablada.

PARTE II

CÓMO SABER QUÉ DECIR DESPUÉS DE SALUDAR

Del mismo modo que el primer vistazo debería complacer los ojos de tus interlocutores, las primeras palabras tendrían que deleitar sus oídos. Tu lengua es una alfombra de entrada en la que llevas grabado «Bienvenido» o «¡Lárgate!». Para que la otra persona se sienta bienvenida, debes dominar la conversación informal.

¡La conversación informal! ¿No oyes el temblor? Esas dos palabritas son como una estaca clavada en el corazón de infinidad de almas por lo demás audaces e intrépidas. Si invitas a esas personas a una fiesta en la que no conozcan a nadie, será como inyectarles el nerviosismo en las venas.

Si esto te resulta familiar, consuélate pensando que cuanto más brillante es el individuo, más detesta la conversación informal. Cuando trabajaba como consultora de empresas de la lista Fortune 500, me quedé atónita. Algunos altos cargos, que se sentían perfectamente a gusto hablando de cosas sesudas con los miembros de sus juntas directivas o dirigiéndose a los accionistas, confesaban que se sentían como niños perdidos en fiestas en las que la conversación no era brillante.

Quienes odian la conversación informal se consuelan pensando que forman parte de una empresa repleta de estrellas. El miedo a la conversación informal y el miedo escénico son lo mismo. Ese cosquilleo que tú notas en el estómago cuando estás en una sala repleta de desconocidos lo sienten también los peces gordos. Pau Casals se quejaba de que toda su vida había sufrido miedo escénico. Carly Simon abreviaba las actuaciones en directo por ese motivo. Un amigo mío que trabajaba con Neil Diamond me contaba que el cantante se empeñaba en que le pusieran en el *teleprompter* la letra de «Song Sung Blue», un tema que llevaba cantando cuarenta años, por si, con el miedo, se quedaba en blanco.

¿SE CURA LA FOBIA A LA CONVERSACIÓN INFORMAL?

Según los científicos, algún día el miedo a la comunicación podrá tratarse con medicamentos. Lo bueno es que, cuando el ser humano piensa, y experimenta de verdad determinadas emociones (como la confianza en que cuenta con técnicas concretas a las que recurrir), el cerebro fabrica sus propios antídotos. Si el miedo y la aversión a la conversación informal son la enfermedad, conocer técnicas sólidas como las que vamos a ver en este apartado es la cura.

Curiosamente, la ciencia está empezando a reconocer que no es casualidad, ni siquiera cosa del desarrollo emocional de la persona, que unas sientan ese hormigueo en el estómago y otras no. En el cerebro humano, las neuronas se comunican mediante unos agentes químicos llamados neurotransmisores. Algunos individuos presentan un nivel excesivo de un neurotransmisor denominado noradrenalina, primo químico de la adrenalina. A algunos niños, el mero hecho de entrar en la guardería les produce unas ganas tremendas de salir corriendo o esconderse debajo de una mesa.

De niña, yo pasaba mucho tiempo debajo de la mesa. De adolescente, en un internado de chicas, me temblaban las piernas cada vez que tenía que hablar con un chico. Con trece años, una vez tuve que invitar a un chico al baile de graduación de nuestra escuela. Todos los candidatos vivían en la residencia de la escuela hermanada con la nuestra, y yo solo conocía a uno, Eugene. Lo había conocido en el campamento de verano del año anterior. Haciendo de tripas corazón, decidí llamarlo.

Dos semanas antes del baile me empecé a notar las manos sudorosas. Pospuse la llamada. Una semana antes, tenía el corazón acelerado. Pospuse la llamada. Al final, tres días antes del gran acontecimiento, ya me costaba hasta respirar. Se me agotaba el tiempo.

Llegué a la conclusión de que el momento crítico me resultaría más fácil si disponía de un guion. Escribí lo siguiente: «Hola, soy Leil. Nos conocimos en el campamento el verano pasado, ¿te acuerdas? —Conté con una pausa donde confiaba en que me contestara que sí—. Pues resulta que el baile de graduación de la National Cathedral School es este sábado por la noche y me gustaría que fueras mi pareja». Y ahí dejé espacio para otra pausa, con la esperanza de que me dijera que sí.

Llegado el jueves, ya no podía demorar lo inevitable. Le marqué por teléfono. Aferrada al auricular, mientras aguardaba a que Eugene respondiera la llamada, seguí con la mirada las gotas de sudor que me corrían por el brazo y me caían por el codo. A mis pies se iba formando un charquito de líquido salado.

—¿Diga? —respondió en la residencia una voz de hombre, grave y sexi.

Como una bala, más nerviosa que una operadora telefónica novata, le dije de golpe: «Hola, soy Leil. Nos conocimos en el campamento el verano pasado, ¿te acuerdas? —Y, olvidándome de la pausa, seguí, acelerada—: Pues resulta que el baile de graduación de la National Cathedral School es este sábado por la noche y me gustaría que fueras mi pareja».

Para alivio y regocijo míos, oí un «Ah, ¡qué bien! ¡Me encantaría!» sonoro y feliz. Respiré con normalidad por primera vez en todo el día, y él añadió: «Te recojo en la residencia de chicas a las siete y media. Te llevo un clavel rosa. ¿Te combina con el vestido? Y, por cierto, me llamo Donnie».

¿Donnie? ¡Donnie! ¿Quién había dicho algo de Donnie?

Donnie resultó ser la mejor cita que tuve esa década. Tenía dientes de conejo, una melena roja siempre alborotada y un don de gente que consiguió relajarme de inmediato.

El sábado por la noche, Donnie se plantó en la puerta de la residencia con el clavel en la mano y una sonrisa en el rostro. Bromeó con humildad sobre las ganas que tenía de ir al baile de graduación y me dijo que por eso, aun sabiendo que lo había confundido con otro, había aceptado la invitación. Me confesó que le había entusiasmado que llamara «la chica de la voz bonita», y se reconoció culpable de haberme «engañado» para que fuera con él. Mientras hablábamos, Donnie me hizo sentir a gusto y segura. Primero hablamos de cosas intrascendentes y luego fue sacando temas que me interesaban. Llegué a estar enamoradísima de Donnie, que se convirtió en mi primer novio.

Donnie poseía de forma innata esas aptitudes necesarias para hablar con naturalidad de cualquier cosa, aptitudes que vamos a exponer a continuación en forma de técnicas para que te deslices por la exposición informal como un cuchillo caliente por mantequilla. Cuando las domines, podrás, como él, derretir el corazón a cualquier persona con la que entres en contacto.

Como es lógico, el objetivo de *Cómo hablar con cualquiera* no es convertirte en un as de la conversación informal y ya, sino que seas un conversador dinámico y un comunicador convincente. Aun así, la conversación informal es el primer paso esencial para alcanzar ese objetivo.

10

CÓMO INICIAR UNA BUENA CONVERSACIÓN INFORMAL

Lo has vivido. Te presentan a alguien en una fiesta o en una reunión de empresa. Le estrechas la mano, se miran a los ojos y..., de pronto, todos tus conocimientos se esfuman y tus procesos mentales se detienen por completo. Buscas un tema con el que llenar ese silencio incómodo. Ante tu fracaso, tu nuevo contacto se escabulle en dirección a la bandeja de los quesos.

Queremos que las primeras palabras que broten de nuestros labios tengan chispa, que sean ingeniosas y profundas, que nuestros interlocutores vean de inmediato lo fascinantes que somos. Una vez estuve en una reunión en la que todo el mundo tenía chispa, era ingenioso, profundo y fascinante, y me sacó de quicio que todas esas personas pretendieran, además, demostrarlo con sus primeras diez palabras ¡o menos!

Hace varios años, Mensa, la asociación de individuos brillantísimos que forman parte de ese 2% cuyo cociente intelectual está muy por encima de la media nacional, me invitó a dar una ponencia en su congreso anual. Cuando llegué al hotel, el coctel de bienvenida que se celebraba en el vestíbulo estaba en plena ebullición. Después de registrarme, me dirigí a los ascensores, abriéndome paso con las maletas entre las hordas de miembros de la asociación que disfrutaban del ágape. Llegué al ascensor y me metí en él junto con muchos asistentes a la fiesta. Cuando iniciábamos el trayecto de subida a nuestras respectivas plantas, el ascensor dio varias sacudidas lentas.

«Uy, parece que falla un poco», dije, al ver que se trababa. Acto seguido, cada uno de los allí presentes, sintiéndose obligado a exhibir su cociente intelectual de más de ciento treinta, lanzó una explicación abrumadora. «Es obvio que la alineación de las guías es deficiente», anunció uno. «El sistema de tracción no funciona correctamente», sentenció otro. De pronto me sentí como un saltamontes atrapado en un altavoz estéreo. Estaba deseando escapar de aquellos descomunales intelectos.

Luego, en la soledad de mi habitación, recordé lo sucedido y llegué a la conclusión de que las respuestas de los miembros de Mensa eran, en efecto, interesantes. Pero ¿por qué me habían producido rechazo? Caí en la cuenta de que había sido demasiado y demasiado pronto. Yo estaba cansada. Su exceso de energía y de intensidad desentonaban con mi flojera.

La conversación informal no se trata de datos ni de palabras. Trata de música, de melodía. Se trata de relajar a los demás, de poder emitir ruiditos reconfortantes juntos, como el ronroneo de un gato, el balbuceo de un bebé o los cánticos grupales. Primero hay que sintonizar con el estado de ánimo de tu interlocutor.

Como cuando se repite la nota que el profesor de música toca con su armónica, los grandes comunicadores captan el tono de voz de su interlocutor y lo replican. En vez de asaltarme con semejante intensidad, los ocupantes del ascensor podían haber sintonizado momentáneamente con mi estado de ánimo letárgico diciendo algo del estilo de «Sí, va lento, ¿verdad?». Si hubieran precedido su despliegue de información con un «¿Nunca se ha planteado por qué va lento un ascensor?», yo habría respondido con un sincero «Pues sí», y, tras un instante de niveles energéticos igualados, habría recibido encantada sus explicaciones sobre la alineación de las guías o lo que demonios fuera. E igual hasta nos habríamos hecho amigos.

Seguramente has vivido un choque violento de estados de ánimo. A lo mejor estabas relajado y un compañero sobreexcitado y acalorado ha empezado a bombardearte con preguntas. O al revés: llegas tarde a una reunión y vas a toda prisa cuando un socio te para y empieza a contarte una historia larga con toda su parsimonia, una que, por muy interesante que sea, no quieres oír en ese momento.

El primer paso para entablar una conversación sin estrangularla es sintonizar con el estado de ánimo de tu interlocutor, aunque solo sea durante una o dos frases. Para la conversación informal, piensa en clave musical, no verbal. ¿La otra persona está en modo *adagio* o *allegro*? Adáptate a su ritmo. Yo lo llamo «sintonizar el ánimo».

LA EMPATÍA PUEDE LLEVARTE AL ÉXITO O AL FRACASO

Para un vendedor, es importantísimo sintonizar con el estado de ánimo del cliente. Hace unos años, decidí organizar una fiesta sorpresa para una buena amiga, Stella. Sería un festejo triple, porque celebraba que era su cumpleaños, que acababa de prometerse y que por fin había conseguido el trabajo de sus sueños. Éramos amigas desde la escuela y yo estaba entusiasmada con aquella celebración.

Había oído decir que uno de los mejores restaurantes franceses de la ciudad tenía un reservado para fiestas. Una tarde, hacia las cinco, entré contentísima en el local y me encontré al jefe de sala repasando con tranquilidad el libro de reservas. Yo empecé a hablarle emocionada de la celebración de Stella y le pedí que me enseñara aquel reservado fabuloso del que tanto había oído hablar. Sin mover un solo músculo ni esbozar una sonrisa, me dijo con acento francés: «El reservado está al fondo. Pase a verlo si quiere».

¡ZAS! ¡Qué aguafiestas! Su ánimo sombrío me quitó de golpe la emoción por la fiesta y las ganas de reservar aquel condenado sitio. Sin que yo llegara a ver la sala siquiera, perdió la oportunidad de alquilarla. Salí del restaurante decidida a encontrar un establecimiento cuyo encargado supiera al menos fingir que compartía el gozo de la feliz ocasión.

Eso lo saben instintivamente todas las madres. Para que un bebé deje de lloriquear, la madre no tiene que gritarle amenazadora: «¡Cállate ya!». No, lo toma en brazos y le dice: «Ya, ya, yaaa...», sintonizando, empática, con la tristeza del bebé unos segundos. Luego pasa poco a poco a los arrullos agradables. Tus interlocutores son todos como bebés grandes. Si quieres que dejen de llorar, o empiecen a comprar o a pensar como tú, sintoniza con su estado de ánimo.

Técnica 10
SINTONIZAR EL ÁNIMO

Antes de abrir la boca, toma una «muestra de voz» de tu interlocutor para detectar su estado de ánimo. Toma una «foto mental» de su expresión y deduce si está animado, aburrido o ebrio. Si quieres que otras personas se alineen con tus ideas, debes sintonizar con su estado de ánimo y su tono de voz, aunque sea solo un momento.

11

CÓMO SONAR COMO SI TUVIERAS UNA SUPERPERSONALIDAD (¡DIGAS LO QUE DIGAS!)

Una vez, en una fiesta, vi a un tipo rodeado de un montón de personas que lo escuchaban embobadas. El tipo sonreía, gesticulaba y, obviamente, cautivaba a su público. Me acerqué a aquel orador fascinante. Me sumé a su multitud de seguidores y agucé el oído uno o dos minutos. De pronto lo entendí: las cosas que contaba eran de lo más banales. Su discurso era aburridísimo. Pero, ay, presentaba sus prosaicas observaciones con tanta pasión que tenía al grupo hechizado. Aquello me convenció de que no se trata solo de lo que dices, sino de cómo lo dices.

¿UNA BUENA FRASE PARA EMPEZAR A HABLAR CON ALGUIEN A QUIEN ACABAS DE CONOCER?

Me lo preguntan a menudo y yo contesto lo mismo que me decía a mí siempre una mujer que trabajaba en mi oficina. Dottie no salía a comer, normalmente comía en su mesa. Cuando yo iba a comprarme un sándwich, le preguntaba: «Dottie, ¿te traigo algo de comer?», y ella me decía: «Sí, cualquier cosa». A mí me daban ganas de gritarle: «¡No, Dottie, dime lo que quieres! ¿Jamón y queso en pan de centeno? ¿Mortadela en pan integral de trigo y sin mayonesa? ¿Mantequilla de cacahuate con mermelada y rodajas de plátano? Concreta, porque "cualquier cosa" es un fastidio».

Por frustrante que pueda resultar, mi respuesta a la pregunta sobre la frase con la que entablar conversación con alguien es «¡Cualquier cosa!», porque casi cualquier cosa que digas vale, siempre que lo hagas con entusiasmo y el comentario relaje a tu interlocutor.

¿Y cómo relajas a tu interlocutor? Convenciéndolo de que te cae bien y de que se parecen mucho. Al hacerlo, rompes las barreras del miedo, el recelo y la desconfianza.

¿POR QUÉ LO BANAL CREA VÍNCULOS?

Samuel I. Hayakawa, rector de una universidad, senador y brillante analista lingüístico estadounidense de origen japonés, nos cuenta la siguiente historia, que muestra el valor de «la conversación trivial», como la llama él.[11]

A principios de 1943, tras el ataque a Pearl Harbor, en un momento en que se rumoreaba sobre la presencia de espías japoneses, Hayakawa tuvo que esperar varias horas en una estación de tren de Oshkosh (Wisconsin). Observó que otros que también aguardaban lo miraban con recelo. Debido a la guerra, les incomodaba su presencia. Más tarde escribiría: «Una pareja con un niño pequeño me miraba fijamente. Parecían los dos especialmente inquietos y cuchicheaban entre sí».

¿Y qué hizo Hayakawa? Hablar de trivialidades para relajarlos. Le dijo al esposo que era una lástima que el tren se retrasara en una noche tan fría, y el otro coincidió.

«Continué —escribió Hayakawa— comentando que debía de ser complicadísimo viajar con un niño en invierno cuando los horarios de los trenes eran tan poco fiables. El esposo volvió a coincidir conmigo, y entonces le pregunté cuántos años tenía el niño y les dije que estaba muy grande y fuerte para su edad. El hombre asintió de nuevo, esa vez con una leve sonrisa. La tensión iba remitiendo».

Tras dos o tres comentarios más, el hombre le dijo a Hayakawa: «Perdone que le pregunte, pero es usted japonés, ¿verdad? ¿Cree que los japoneses tienen alguna posibilidad de ganar esta guerra?». «Bueno —respondió Hayakawa—, sé tanto como usted: lo que leo en los periódicos, pero, en mi opinión, no sé cómo Japón, que no tiene carbón ni acero ni petróleo, va a derrotar a un país superindustrializado como Estados Unidos».

Hayakawa prosigue: «Mi comentario, desde luego, ni era original ni estaba bien documentado. En aquellas semanas, centenares de locutores de radio decían más o menos lo mismo. Sin embargo, como al hombre de Wisconsin mis palabras le resultaron familiares y acertadas, no le costó asentir».

Y lo hizo, al parecer, con verdadero alivio. Lo siguiente que dijo fue:

—Pues espero que su familia no ande por allí en plena guerra.

—Sí, claro que están allí —respondió Hayakawa—. Mis padres y mis dos hermanas pequeñas.

—¿Tiene noticias de ellos? —preguntó el hombre.

—¿Cómo voy a tenerlas? —contestó el otro.

Tanto el hombre como la mujer se miraron preocupados y compasivos.

—O sea, que no podrá volver a verlos ni saber de ellos hasta que termine la guerra...

La conversación fue más larga, pero el caso es que, al cabo de diez minutos, habían invitado a Hayakawa, de quien al principio sospechaban que era un espía japonés, a que fuera a verlos alguna vez y cenara en su casa. Y todo gracias a la supuesta conversación informal corriente y trivial de aquel brillante académico. Los grandes comunicadores saben que las primeras palabras más tranquilizadoras y oportunas deben ser siempre, como las del senador Hayakawa, triviales, y hasta banales. Pero no indiferentes. Hayakawa expresó sus sentimientos con sinceridad y pasión.

ABANDONA, SI ES PRECISO, LA BANALIDAD

No es necesario, por supuesto, quedarse en los comentarios mundanos. Si descubres que tu interlocutor exhibe inteligencia o ingenio, ponte a su nivel. La conversación, entonces, escala de forma natural, compatible. No fuerces, porque, como los miembros de Mensa, parecerá que quieres lucirte. En resumen: para tus primeras palabras, lo importante es no tener miedo de caer en la trivialidad. Porque, no lo olvides, la gente sintoniza más con tu tono que con tu texto.

Técnica 11
PROSAICO APASIONADO

¿Te preocupa cómo empezar una conversación? No temas, porque, de todas formas, un 80 % de las impresiones que causas en tu interlocutor no tienen nada que ver con tus palabras. Casi cualquier cosa que digas al principio estará de maravilla. Por prosaico que sea el texto, la empatía, el optimismo y la pasión te harán parecer fascinante.

«¡CUALQUIER COSA MENOS QUESO AZUL O DE ESOS CON MOHO!»

Volviendo a Dottie, a la espera de un sándwich que comerse en la mesa de trabajo, a veces, mientras yo salía por la puerta devanándome los sesos sobre qué llevarle, me gritaba: «¡Cualquier cosa menos queso azul o de esos con moho!, quiero decir». Gracias, Dottie, eso me ayuda un poco.

Aquí va mi «cualquier cosa menos queso azul o de esos con moho» en la conversación informal. Cualquier cosa que digas vale siempre que no te quejes, seas grosero o desagradable. Como salga por tu boca una queja, ZAS, te ponen la etiqueta de quejoso. ¿Por qué? Porque esa queja constituirá el cien por ciento de la muestra de ti que la persona a la que acabas de conocer tendrá de momento. Aunque seas la alegría de la huerta, ¿cómo van a saberlo? Si tu primer comentario es una queja, te conviertes en un llorón. Si tus primeras palabras son groseras, eres un patán. Si tus primeras palabras son desagradables, un canalla. Caso cerrado.

Salvo por esas excepciones, cualquier cosa vale. Puedes preguntarle de dónde es, cómo conoció al anfitrión, dónde se compró ese traje tan bonito que lleva... y montones de cosas más. El truco está en hacer esa pregunta prosaica con entusiasmo para animar a la otra persona a que hable.

¿Aún te da un poquito de miedo la primera aproximación a un desconocido? Demos un breve rodeo en nuestro trayecto hacia la comunicación significativa. Te voy a proponer tres técnicas rápidas para conocer gente en las fiestas, y luego nueve más para que la conversación trivial deje de ser tan trivial.

12

CÓMO CONSEGUIR QUE LA GENTE ESTÉ DESEANDO HABLAR CONTIGO

Los solteros a los que se les da bien conocer a posibles amores sin que nadie se los presente (lo que suele llamarse «ligar», vamos) han desarrollado una técnica maravillosamente retorcida que funciona igual de bien con fines sociales y corporativos. Esa técnica no precisa de ninguna aptitud excepcional por tu parte, solo la valentía de exhibir un elemento visual llamado «esoqués».

¿Qué es un «esoqués»? Un «esoqués» es cualquier cosa que te pongas o lleves que sea inusual: un pasador peculiar, una bolsa interesante, una corbata rara o un sombrero divertido. Un «esoqués» es cualquier objeto que atraiga la atención de la gente y la inste a acercarse a preguntarte: «¡Ah!, ¿y eso qué es?». Tu «esoqués» puede ser tan sutil o tan descarado como tu personalidad y la ocasión lo permitan.

Yo llevo colgados del cuello unos lentes pasados de moda que parecen un monóculo doble y, en eventos públicos, se me han acercado muchos curiosos a preguntarme: «¿Y eso qué es?». Yo les cuento que son unos impertinentes que me dejó en herencia mi abuela, algo que, claro, da pie a hablar del odio a los lentes, del deterioro progresivo de la agudeza visual, de lo mucho que queremos a nuestras abuelas o del tiempo que hace que se nos fueron, de la adoración por las joyas antiguas..., de cualquier cosa que se le ocurra al curioso de turno.

Quizá, sin darte cuenta, ya hayas sido presa de esta técnica que no tardará en hacerse legendaria. ¿No te ha pasado nunca que, en un evento, has visto a alguna persona con quien realmente querías hablar y te has devanado los sesos buscando una excusa para abordarla? ¡Y qué suerte descubrir que él o ella llevaba algo raro, inusual o maravilloso digno de comentar!

EL «ESOQUÉS» EN EL AMOR

Tu «esoqués» es una herramienta social, tanto si buscas una recompensa profesional como un nuevo romance. Mi amigo Alexander siempre lleva encima un komboloi, uno de esos «rosarios» griegos antiestrés. Él no está estresado, pero sabe que cualquier mujer que quiera platicar con él se va a acercar y le va a preguntar: «¿Y eso qué es?».

Piénsalo bien si eres hombre. Imagina que estás en una fiesta y una mujer atractiva te ve desde la otra punta de la sala. Le gustaría hablar contigo, pero se dice: «Vaya, no estás nada mal, pero ¿qué te cuento yo? No llevas "esoqués"».

BUSCA ACTIVAMENTE EL «ESOQUÉS»

Habitúate a escudriñar el atuendo de las personas a las que desees abordar. ¿Por qué no manifestar interés en el pañuelo que lleva en la bolsa del chaleco el magnate de turno, en el broche que lleva prendido de la solapa la divorciada rica o en el anillo de graduación que luce en el dedo ese CEO en cuya empresa quieres trabajar?

Ese gran comprador del que sospechas que podría comprarte un centenar de los productos que vendes ¿lleva en la solapa un pin diminuto de un club de golf? Pues dile: «Perdona, me llamó la atención ese pin tan bonito que llevas. ¿Juegas al golf? Yo también. ¿En qué campos has jugado?».

Tus tarjetas de visita y tus «esoqués» son herramientas esenciales para socializar. Tanto si tomas el ascensor como si cruzas el umbral de la puerta o recorres el camino que conduce a la fiesta, procura llevar siempre tu «esoqués» bien visible.

Técnica 12
LLEVA SIEMPRE UN «ESOQUÉS»

Siempre que vayas a algún evento, ponte o lleva algo inusual con lo que ofrecer a quienes te consideren la novedad llamativa al fondo de la sala una excusa para abordarte con un «Perdona, me llamó la atención tu... ¿Eso qué es?».

La siguiente técnica rápida nace gracias a los políticos supertenaces que no dejan escapar a nadie de una fiesta si consideran que esa persona podría contribuir a su campaña. La llamo «esequienés».

13

CÓMO CONOCER A QUIEN DE VERDAD QUIERES CONOCER

Supongamos que ya examinaste con detalle a ese importante contacto profesional al que quieres conocer. Lo miraste de arriba abajo y no lleva ni un solo «esoqués».

Si no encuentras nada que comentar, recurre a la técnica de «esequienés». Como si fueras un político insistente, acércate a quien organice la fiesta y dile: «Ese hombre/esa mujer de allí parece interesante. ¿Quién es?». Luego pide que te presenten. No titubees. Al anfitrión o la anfitriona le gustará saber que has encontrado interesante a uno de sus invitados.

Si te fastidia tener que apartar al anfitrión de sus otros invitados, no pasa nada, porque puedes seguir usando la técnica «esequienés». En ese caso, no pidas una invitación formal. Basta con que te faciliten datos suficientes para presentarte por tu cuenta. Infórmate sobre el trabajo, los intereses y las aficiones del desconocido.

Imagina que el que organiza la fiesta te dice: «Ah, ese es Joe Smith. No tengo claro en qué trabaja, pero sé que le encanta esquiar». Pues ya está, ya tienes algo con lo que romper el hielo. Ve directamente hacia Joe Smith. «Hola. Eres Joe Smith, ¿verdad? Susan me acaba de contar lo bien que se te da el esquí. ¿Dónde esquías?». Algo de ese estilo.

Técnica 13
«ESEQUIENÉS»

El «esequienés» es la herramienta más eficaz y menos usada (salvo por los políticos) para conocer a gente jamás concebida. Basta con que pidas a tu anfitrión que te presente o le saques algo de información con la que romper el hielo de inmediato.

A continuación, veremos el tercer elemento de nuestro pequeño trío de trucos para conocer a quien quieras.

14

CÓMO ENTRAR EN UN GRUPO CERRADO

¿La mujer a la que estás decidido a conocer no lleva un «esoqués»? ¿No encuentras al anfitrión y no puedes usar la técnica de «esequienés»? Y, para colmo, ella está hablando animadamente con un grupo de amigos suyos, y te parece casi imposible encontrar un modo de presentarte, ¿verdad? Porque no le vas a soltar un «Perdona, es que se me ocurrió venir a poner la antena y saludar».

No hay obstáculo que valga para el político resuelto, que siempre guarda un as (o diez) bajo la manga. Ese tipo recurriría a la técnica de la escucha disimulada, que nos hace pensar, como es lógico, en actividades clandestinas: teléfonos pinchados, intromisiones como las del Watergate o espías ocultos entre las sombras tenebrosas. La escucha disimulada tiene precedentes históricos en la política; por eso, en caso de apuro, te viene a la cabeza de forma natural.

En una fiesta, plántate cerca del grupo de personas en el que quieras infiltrarte y espera a encontrar una o dos palabras que puedas usar como entrada para introducirte en el grupo. «Perdona, me pareció oírte decir que...», y después añades lo que toque ahí, por ejemplo: «Me pareció oírte hablar de las Bermudas. Voy allí por primera vez el mes que viene. ¿Algún consejo?».

Ahora ya estás dentro del círculo y podrás dirigir tus comentarios a la persona que te interesa.

Técnica 14
ESCUCHA DISIMULADA

¿No hay «esoqués» ni anfitrión que te asista con un «esquienés»? ¡No pasa nada! Sitúate detrás del enjambre de personas en el que quieras infiltrarte y aguza el oído. Después aguarda cualquier excusa para intervenir de pronto con un «Perdona, pero me pareció oírte decir que...».

¿Se quedarán desconcertados? Un instante.

¿Se les pasará? Enseguida.

¿Entrarás en la conversación? ¡No lo dudes!

Ahora subámonos de nuevo al tren que recorre la ciudad de la Conversación Informal y viajemos por la tierra de la Comunicación Competente.

15

CÓMO LOGRAR QUE «¿DE DÓNDE ERES?» SUENE EXCITANTE

Jamás se te ocurriría ir desnudo a una fiesta, ¿verdad? Por eso confío en que tampoco seas capaz de dejar la conversación en paños menores e indefensa frente a los dos asaltos inevitables: «¿De dónde eres?» y «¿A qué te dedicas?».

Casi todo el mundo, cuando le preguntan eso, contesta con un topónimo o un cargo sin más, y luego se pone el bozal.

Estás en un congreso y, como es lógico, todas las personas a las que conozcas te preguntarán: «¿Y tú de dónde eres?». Si respondes con un simple topónimo, tipo «Ah, soy de Muscatine, en Iowa» (o de Millinocket, en Maine; de Winnemucca, en Nevada; o de cualquier otro sitio que no conozcan), no esperes más que una mirada inexpresiva. Aunque seas de una ciudad relativamente grande, como Denver, en Colorado, Detroit, en Michigan, o San Diego, en California, te mirará con cara de pánico cualquiera que no sea profesor de Geografía. Los verás procesando la información a toda velocidad y pensando: «¿Y ahora qué digo?». Hasta los nombres de urbes mundialmente conocidas como Nueva York, Chicago, Washington y Los Ángeles inspiran respuestas nada apasionantes. Si le digo a la gente que soy de Nueva York, ¿qué espero que me respondan?: «¿Cómo van los atracos por allí?».

Hazle un favor a la humanidad, y de paso a ti mismo: nunca, jamás, respondas con una sola frase a la pregunta «¿De dónde eres?». Dale a quien pregunta un poco de gasolina para su depósito, un poco de pienso para su comedero. Dale al comunicador hambriento un poco de contenido. Bastará con una o dos frases más sobre tu localidad de origen, algún dato interesante, alguna observación ingeniosa con los que entablar conversación.

Hace varios meses, una asociación comercial me invitó a dar una ponencia sobre relaciones profesionales para enseñar a la gente a conversar mejor. Justo antes de mi intervención, me presentaron a la señora Devlin, la presidenta de la asociación.

—¿Qué tal? —me dijo.

—¿Qué tal? —dije yo también.

Entonces la señora Devlin sonrió, aguardando nerviosa una muestra de mi estimulante sabiduría conversadora. Le pregunté de dónde era. Me soltó un gélido «De Columbus, en Ohio» acompañado de una enorme sonrisa. Tuve que descongelar a toda prisa su respuesta y convertirla en conversación digerible. La cabeza se me activó enseguida. El patrón de pensamiento de Leil: «Uf, Columbus, en Ohio. No he estado nunca. Cielos, ¿qué sé yo de Columbus? Tengo un colega, Jeff, un ponente de éxito, que vive allí. Pero Columbus es demasiado grande para preguntarle a esta mujer si lo conoce. Además, eso de "¿Conoces a Fulanito o a Menganito?" es cosa de niños. —Mi búsqueda aterrada prosiguió—: Me parece que el nombre le viene de Cristóbal Colón, pero no estoy segura, así que mejor me callo». Me pasaron cuatro o cinco posibilidades más por la cabeza, pero las descarté todas porque me parecieron demasiado obvias, demasiado adolescentes o demasiado disparatadas.

Entonces caí en la cuenta de que habían pasado ya unos segundos y la señora Devlin seguía allí plantada, exhibiendo una sonrisa que iba diluyéndose poco a poco. Esperaba que yo (la «experta» que, en breve, enseñaría a los miembros de su asociación a tener conversaciones chispeantes) dijera alguna frase sabia o ingeniosa.

«Ah, Columbus, caray», mascullé desesperada, viendo cómo su semblante adquiría la expresión preocupada del paciente al que el cirujano le pregunta, bisturí en mano: «¿Dónde tienes el apéndice?».

No se me ocurrió nada estimulante que decir sobre Columbus, pero, justo entonces, bajo la amenaza del bisturí, creé para la posteridad la siguiente técnica, a la que llamo «nunca el topónimo a secas».

Técnica 15
NUNCA EL TOPÓNIMO A SECAS

Cuando alguien te pregunte lo inevitable, «¿Y tú de dónde eres?», nunca, jamás, pongas a prueba injustamente su ingenio respondiendo con una sola palabra.

Memoriza algún dato interesante sobre tu localidad natal que tus interlocutores puedan comentar. De ese modo, si muerden el anzuelo y responden algo inteligente, pensarán que eres un gran conversador.

NO ES EL MISMO CEBO PARA UN CAMARÓN QUE PARA UN TIBURÓN

Un pescador no usa el mismo cebo para capturar un róbalo que un atún rojo y, como es lógico, también tú lanzarás un anzuelo conversacional distinto para atrapar a un simple camarón que para capturar a un complejo tiburón. El gancho dependerá del tipo de persona con la que estés hablando. Yo soy originaria de Washington D. C. Si alguien, por ejemplo, me pregunta en una galería de arte de dónde soy, quizá responda: «De Washington D. C., diseñada por el mismo urbanista que diseñó París».

Eso nos permitiría hablar de la planificación artística de las ciudades, de París, de otras ciudades, de viajes por Europa y cosas así.

En una fiesta de solteros, optaría por otra respuesta: «Soy de Washington D. C., y me fui de allí porque, cuando era joven, tenía la impresión de que todo el mundo estaba ya emparejado». De ese modo, la conversación podría desviarse hacia el placer o la agonía de estar soltero, la sensación de que faltan personas deseables por todas partes o incluso las posibilidades de coquetear.

En un grupo político, arrojaría un dato actual sobre el siempre cambiante panorama político de Washington. Huelga especular sobre la multitud de posibilidades de conversación que eso desataría.

¿Y de dónde sacas el cebo? Internet es una mina de información para futuras conversaciones estimulantes. Busca aquellas webs especializadas en tu localidad, ya sean de entidades oficiales (museos, archivos...) o bien otras más centradas en el ocio y el turismo. Aprende algo de historia, geografía, estadísticas empresariales o quizá datos curiosos con los que intrigar a futuros amigos.

La debacle de Devlin me llevó a investigar aún más. Al llegar a casa, llamé a la Cámara de Comercio y a la Sociedad Histórica de Columbus. Supongamos que tú también eres de Columbus, en Ohio, y esa persona a la que acabas de conocer te pregunta de dónde eres. Si hablas con un empresario, tu respuesta podría ser: «Soy de Columbus, en Ohio. Ya sabes que muchas grandes empresas ponen a prueba sus productos allí porque es una ciudad más estereotípica desde el punto de vista comercial. De hecho, se le conoce como "la ciudad más estadounidense de Estados Unidos". Dicen que si algo triunfa o fracasa en Columbus, triunfará o fracasará en todo el país».

¿Que estás hablando con alguien de apellido alemán? Pues háblale del German Village de Columbus, esa zona histórica fundada por inmigrantes alemanes y que conserva sus calles empedradas y esas casitas preciosas de mediados del siglo XIX. De seguro surgen anécdotas del viejo continente. ¿Que tu interlocutor tiene apellido italiano? Dile que la ciudad italiana de Génova está hermanada con Columbus. ¿Con un entusiasta de la historia de Estados Unidos? Cuéntale que la localidad de Columbus recibe su nombre de Cristóbal Colón y que, en el río Scioto, hay anclada una réplica de la Santa María. ¿Con un estudiante? Háblale de las cinco universidades de Columbus. Las posibilidades son infinitas. ¿Que sospechas que a tu interlocutor le gusta el arte? Pues le dices como si nada: «Ah, Columbus, la ciudad natal de George Bellows».

Si naciste en Columbus, prepara unos sabrosos aperitivos para quienes pregunten, aunque no sepas nada de ellos. Aquí va uno de regalo: cuéntales que siempre tienes que decir que eres «de Columbus, en Ohio» porque hay otros Columbus, en Arkansas, Carolina del Norte, Dakota del Norte, Georgia, Indiana, Kansas, Kentucky, Misisipi, Montana, Nebraska, Nueva Jersey, Nuevo México, Pensilvania, Texas y Wisconsin. Así amplían las posibilidades de conversación a otros quince estados. No olvides que, como dijo el ilustre novelista E. W. Howe: «Nadie va a escuchar lo que dices salvo que sepa que le toca hablar después».

Como colofón de la experiencia infernal que tuve con Columbus, meses después le comenté el trauma a mi amigo Jeff, el ponente que vive en esa ciudad, y me dijo que, en realidad, su casa estaba en un pueblecito de las afueras.

—¿Y qué pueblito es ese, Jeff?

—Gahanna. Gahanna significa «infierno» en hebreo —me dijo, y luego pasó a explicarme por qué pensaba que los antiguos historiadores hebreos eran adivinos.

Gracias, Jeff. Sabía que tú no le dirías a nadie un topónimo a secas.

16

CÓMO PARECER UN TRIUNFADOR CADA VEZ QUE TE PREGUNTAN «¿Y TÚ A QUÉ TE DEDICAS?»

Tan cierto e ineludible como la muerte y los impuestos es el hecho de que alguien a quien acabas de conocer acabará preguntándote con tono cantarín: «¿Y tú a qué te dedicas?». (¿Es oportuno y adecuado que te hagan esa pregunta? Más adelante volveremos sobre este espinoso tema). De momento, los movimientos defensivos que voy a enseñarte a continuación te ayudarán a mantener tus excelentes credenciales de comunicador cuando te llegue la pregunta de rigor.

Para empezar, no te despaches con una respuesta lacónica, como con tu lugar de procedencia, cuando alguien te pregunte entusiasmado a qué te dedicas. Si le respondes un simple «Soy contador/auditor/escritor/astrofísico», lo dejarás cortado al pobre. Ten piedad para que no se vea en la necesidad de añadir como un bobo desconcertado: «Eeeh..., ¿qué haces exactamente en el campo de la contabilidad (la auditoría, la escritura o la astrofísica)?».

Si eres abogado, no dejes que quienes no sepan de Derecho tengan que imaginar a qué rama en concreto te dedicas. Desarróllalo. Cuéntale a tu interlocutor algún detalle curioso al que pueda aferrarse. Por ejemplo, si hablas con una madre joven, dile: «Soy abogado. Nuestro despacho está especializado en derecho laboral. Curiosamente, ahora estoy con un caso de una empresa que despidió a una mujer que prolongó la licencia de maternidad por exigencias médicas». Una madre conectará bien con eso.

Técnica 16
NUNCA EL CARGO A SECAS

Cuando te pregunten lo inevitable, «¿Y tú a qué te dedicas?», quizá te parezca que con un «Soy economista/profesor/ingeniero» es suficiente para entablar una buena conversación. Sin embargo, para el que no es ni economista ni profesor ni ingeniero, es como si le dijeras: «Soy paleontólogo/psicoanalista/pornógrafo».

Desarróllalo. Proporciona a tus nuevos contactos datos sabrosos sobre tu trabajo que puedan saborear. De lo contrario, no tardarán en excusarse, más interesados en picar de la charola de los quesos.

¿Que hablas con un empresario? Dile: «Soy abogado. Nuestro despacho es especialista en derecho laboral. Ahora estamos llevando el caso de una empresaria a la que demandó uno de sus empleados por hacerle preguntas personales durante la entrevista de trabajo inicial». Eso interesará a un ejecutivo.

MALOS RECUERDOS DE RESPUESTAS ESCUETAS A «¿Y TÚ A QUÉ TE DEDICAS?»

Aún conservo recuerdos incómodos de situaciones en las que me quedé muda cuando me dieron una respuesta lacónica. Como aquella vez en que un tipo me dijo en una cena: «Soy físico nuclear». Mi «Ay, qué interesante» me redujo a una simple molécula mental a sus ojos.

El que tenía al otro lado sentenció: «Yo trabajo en el sector de los abrasivos industriales», y luego hizo una pausa, esperando dejarme pasmada. Yo tampoco estuve atinada con mi «Vaya, pues hay que tener muy buen ojo para dedicarse a eso». Nos quedamos los tres en silencio el resto de la cena.

Hace apenas un mes, alguien a quien acababa de conocer me dijo: «Tengo previsto dar clases de budismo tibetano en la escuela universitaria de Truckee Meadows», y acto seguido cerró el pico. Yo sabía menos de Truckee Meadows que del budismo tibetano. Cuando alguien te pregunte a qué te dedicas, dale a tu interlocutor un poco de oxígeno verbal para que pueda contestar sin quedarse en blanco.

17

CÓMO PRESENTAR A OTROS COMO LO HARÍA UN SUPERANFITRIÓN

Es importante asistir a quienes acaban de conocerse en sus primeros momentos de nerviosismo.

—Susan, te presento a John Smith. John, esta es Susan Jones.

A ver, ¿qué esperas que le diga John a Susan?

—¿Smith? Mmm, con hache final, ¿no?

—Vaya, Susan, qué nombre tan interesante.

Mejor no lo pruebes. Si ni John ni Susan se muestran entusiasmados, tampoco se lo tengas en cuenta. La culpa es de quien los presentó como casi todo el mundo presenta a sus amigos, con el nombre y ya, que es como lanzar el anzuelo sin cebo al que puedan hincarle el diente.

Puede que los grandes triunfadores no sean muy habladores, pero la conversación no se extingue irremediablemente entre ellos. De eso se aseguran con técnicas como «nunca la presentación a secas». Cuando presentan a alguien, aseguran la conversación con unos simples complementos: «Susan, te presento a John, el dueño de ese barco maravilloso en el que nos fuimos de viaje el verano pasado. John, esta es Susan, editora jefa de la revista *Shoestring Gourmet*».

Complementar así la presentación le da a Susan la oportunidad de preguntarle a John qué clase de barco tiene o adónde fue el grupo, y a John la de hablar por su afición a la escritura, o a la cocina o a la comida. De ese modo, luego se puede terminar hablando de forma natural de los viajes en general, la vida en los barcos, las últimas vacaciones, las recetas favoritas, restaurantes, presupuestos, dietas, revistas, políticas editoriales... y mil cosas más.

Técnica 17
NUNCA LA PRESENTACIÓN A SECAS

Cuando presentes a alguien, no lances la caña sin cebo y te quedes ahí pasmado, sonriente, dejando que los recién conocidos se las arreglen y busquen solos un tema de conversación. Dales un empujoncito poniéndole cebo al anzuelo de la conversación. Luego ya podrás quedarte allí o seguir con tu labor de relaciones públicas.

Si te incomoda hablar del trabajo de alguien durante la presentación, comenta sus aficiones o algún talento especial que posea. Hace unos días, en una reunión, la anfitriona me presentó a un tal Gilbert: «Leil, te presento a Gilbert. Tiene un don para la escultura. Hace unas tallas preciosas en cera». Recuerdo que pensé: «"Un don", ¡qué forma tan bonita de presentar a alguien y dar pie a una conversación!».

Ahora que dispones de dos potenciadores de la personalidad, tres generadores de conversación y tres pequeños magnificadores, va siendo hora de que empecemos a subir la escalera de las comunicaciones. Pasemos ya de la conversación informal a un diálogo más significativo. Con la siguiente técnica, te garantizo que lograrás que tu conversación fascine a tu interlocutor.

18

CÓMO RESUCITAR UNA CONVERSACIÓN MORIBUNDA

Cualquier persona con buenas intenciones sabe de sobra que no debe preguntarle a un compañero de trabajo: «¿Te está gustando la conversación?». Pese a ello, se lo plantea, como nos lo planteamos todos. La siguiente técnica te tranquilizará. Podrás mantener una conversación interesante hables con quien hables. Como Donnie, mi pareja del baile de fin de curso, encontrarás milagrosamente temas con los que cautivar a tus interlocutores.

ESTATE ATENTO A SUS LAPSUS

Por muy esquiva que sea la pista, Sherlock Holmes siempre está seguro de que pronto estará examinándola con su lupa. Como el infalible detective, los grandes triunfadores saben que, por esquiva que sea la pista, encontrarán el tema de conversación oportuno. ¿Cómo? Convirtiéndose en detectives de la palabra.

Tengo una amiga joven, Nancy, que trabaja en una residencia de ancianos. Nancy adora a los residentes, pero a menudo se queja de lo gruñones y lacónicos que son algunos y de lo mucho que le cuesta relacionarse con ellos.

Me contó el caso de una abuelita particularmente cascarrabias, la señora Otis, con la que nunca conseguía que se abriera.

«Un día —me confió Nancy—, justo después de aquellas tormentas de la semana pasada, por hablar de algo le comenté a la señora Otis: "¡Qué tormentas tuvimos la semana pasada!, ¿verdad?", y la anciana casi se me fue a la yugular con un seco "Está bien para las plantas"». Le pregunté a Nancy cómo había reaccionado ella.

—¿Qué iba a decirle? —me respondió—. Me estaba despachando, obviamente.

—¿No se te ocurrió preguntarle si le gustaban las plantas?

—¿Las plantas? —se extrañó.

—Sí —le dije yo—, aprovechando que ella sacaba el tema. —Le pedí a Nancy que me hiciera un favor—: Pregúntaselo. —Nancy se resistía a hacerlo, pero le insistí y, para que me callara, me prometió que averiguaría si a «la cascarrabias de la señora Otis» le gustaban las plantas.

Al día siguiente, Nancy me llamó estupefacta desde el trabajo. «Leil, ¿cómo lo supiste? No solo le encantan las plantas, sino que además estuvo casada con un jardinero. Hoy tuve un problema muy distinto con la señora Otis: ¡que no se callaba! Se puso a hablar de su jardín y de su esposo y no paraba...».

Los grandes comunicadores saben que las ideas no surgen de la nada. Si a la señora Otis se le ocurrió mencionar las plantas era porque tenía alguna relación con ellas. Es más, la sola mención de la palabra ya era un indicio de que quería hablar de plantas.

Supón, por ejemplo, que, en vez de responder al comentario de Nancy con un «Está bien para las plantas», la señora Otis hubiera dicho: «Por culpa de la lluvia, mi hijo no pudo sacar al perro». En ese caso, Nancy podría haberle preguntado por el perro. O si se hubiera quejado de que «Me hace muy mal para el reuma», ¿te imaginas de qué hubiera querido hablar la señora Otis?

Cuando hables con alguien, aguza el oído y, como un buen sabueso, busca pistas. Permanece alerta a cualquier referencia inusual, cualquier anomalía, desviación, digresión o invocación de otro lugar, otro tiempo u otra persona. Pregunta al respecto, porque es la clave para dar con eso de lo que tu interlocutor quiere conversar de verdad.

Si dos personas tienen algo en común, cuando ese interés compartido se pone de manifiesto, se abalanzan sobre él de forma natural. Por ejemplo, si alguien habla de jugar pádel (de observar a los pájaros o de coleccionar sellos) y su interlocutor comparte esa pasión, de pronto dice: «¡Ah, tú también juegas pádel (o a ti también te gusta la ornitología o la filatelia)!».

El truco es el siguiente: no hace falta ser jugador de pádel ni ornitólogo ni filatelista para despertar ese súbito interés. «Sé un sabueso de la palabra», con eso basta. Aludir al comentario como si te entusiasmara a ti también te integra de inmediato en esa conversación que emociona al desconocido. (Igual el tema te aburre soberanamente, pero eso ya es otra historia).

Técnica 18
SÉ UN SABUESO DE LA PALABRA

Como un buen detective, pon atención a todo lo que diga tu interlocutor para detectar su tema de conversación favorito. En algún momento se le escapará algún indicio. Entonces abalánzate sobre ese tema como el que está atento a cualquier lapsus. Al igual que Sherlock Holmes, tendrás la clave del tema que apasiona a esa persona.

Ahora que ya conseguiste entablar una conversación estimulante, veamos cómo mantenerla viva.

19

CÓMO CAUTIVARLOS ELIGIENDO EL TEMA DE CONVERSACIÓN: ¡ELLOS!

Hace varios años, una amiga y yo fuimos a una fiesta en la que había una barbaridad de gente elegante e interesante de todo tipo. Toda la gente con la que hablábamos parecía llevar una vida sensacional. Después, comentando la fiesta con ella, le pregunté: «Diane, de toda la gente apasionante de la fiesta, ¿con quién te gustó más hablar?».

—Uy, con Dan Smith —me contestó sin dudarlo.

—¿Y a qué se dedica? —quise saber.

—Pues no lo tengo claro.

—¿Dónde vive?

—Uf, no sé —respondió Diane.

—¿Cuáles son sus intereses?

—La verdad es que no hablamos de eso.

—Pero, Diane, y, entonces, ¿de qué hablaron?

—Supongo que hablamos sobre todo de mí.

«Ajá —me dije—, Diane se hizo amiga de un triunfador».

Casualmente, tuve el placer de conocer al triunfador de Dan varios meses después. Que Diane no supiera nada de su vida me dejó intrigada, así que le estuve sonsacando detalles. Resulta que vivía en París, tenía una casa de vacaciones en la costa del sur de Francia y otra en los Alpes. Viajaba por todo el mundo produciendo espectáculos de luz y sonido para pirámides y ruinas antiquísimas, y le encantaban el ala delta y el buceo. ¿No te parece interesantísima la vida de este hombre? En cambio, cuando Dan conoció a Diane, no le contó nada de sí mismo.

Le dije a Dan que a Diane le había encantado conocerlo, pero que sabía poquísimo de su vida. Él se limitó a responder: «Bueno, es que cuando conozco a alguien, aprendo mucho más si le pregunto por su vida. Por eso siempre procuro enfocarme en la otra persona». Los individuos que rebosan seguridad en sí mismos lo hacen a menudo. Saben que crecen más escuchando que hablando. Obviamente, también saben cautivar a sus interlocutores.

VÉNDETE CON UNA DE LAS MEJORES TÁCTICAS COMERCIALES

Hace unos meses, en un congreso, estaba hablando con un compañero de profesión, Brian Tracy. Brian es un excelente formador de vendedores de alto nivel. Les dice a sus alumnos que, si se enfocan en el producto, este no resulta tan interesante al cliente potencial, pero cuando lo hacen con en el cliente, consiguen la venta.

Si te dedicas a las ventas, esta técnica es crucial para ti. Aparta de ti el «foco giratorio» y oriéntalo ligeramente hacia el producto, pero, sobre todo, hacia el comprador. Así te venderás mejor y venderás mejor tu producto.

Técnica 19
EL FOCO GIRATORIO

Cuando conozcas a alguien, imagina que hay un foco giratorio gigante entre ambos. Mientras hablas, el haz de luz te ilumina a ti; mientras lo hace tu interlocutor, lo ilumina a él.

Si la luz es lo bastante potente, lo deslumbrarás y no verá que apenas has dicho nada de ti. Cuanto más tiempo tengas el foco apartado de ti, más interesante te encontrará la otra persona.

20

CÓMO LOGRAR NO VERTE NUNCA EN UN «¿Y AHORA QUÉ DIGO?»

Por supuesto, siempre hay momentos en los que hasta el conversador más hábil toca fondo. Los gruñidos monosilábicos de algunos dejan poco margen incluso a quienes dominan la técnica de «sé un sabueso de la palabra».

Si de pronto te encuentras intentando avivar en vano las brasas de una conversación moribunda (y, por razones políticas o por compasión humana, consideras que esa conversación debería continuar), el siguiente truco para resucitarla nunca falla. Yo lo llamo «repetir como un loro», por la hermosa ave tropical que le roba el corazón a todo el mundo con solo repetir las palabras que se le dicen.

¿Alguna vez has puesto un partido de tenis de fondo en la tele mientras hacías cosas por casa? Estás oyendo la pelota ir de un lado al otro de la pista, toc, tac, toc, tac... y de pronto ya no hay toc. La pelota no ha tocado el suelo. ¿Qué pasó? Levantas la vista enseguida.

Pasa lo mismo con las conversaciones: la pelota va de un lado al otro. Primero hablas tú, luego tu interlocutor, luego tú... y así van alternando. Cada vez, mediante una serie de asentimientos y expresiones reconfortantes tipo «ajá» o «mmm», le haces saber a la otra persona que la pelota cayó en tu campo. Es tu forma de decir: «La tengo». Ese es el ritmo normal de la conversación.

¿Y AHORA QUÉ DIGO?

Volvamos a ese momento terriblemente familiar en que te toca hablar a ti, pero te quedas en blanco. Que no cunda el pánico. En vez de hacer una señal verbal o no verbal de «te toca», limítate a repetir, como un loro, las dos o tres últimas palabras que dijo tu interlocutor, con tono empático o inquisitivo. De ese modo, la pelota volverá a su terreno.

Mi amigo Phil a veces viene a recogerme al aeropuerto. Por lo general, estoy tan agotada que, grosera de mí, me quedo dormida en el asiento del copiloto, y convierto a Phil en poco más que un chofer.

Hace unos años, después de un viaje particularmente agotador, metí el equipaje deprisa y corriendo en su cajuela y me instalé en el asiento delantero. Cuando empezaba a adormilarme, me comentó que había ido al teatro la noche anterior. En circunstancias normales, le habría soltado cualquier gruñido y me habría entregado a los brazos de Morfeo. Sin embargo, esa vez acababa de aprender la técnica de repetir como un loro y estaba deseando probarla.

—¿Al teatro? —repetí.

—Sí, me encantó la obra —contestó, convencido de que iba a ser mi última palabra sobre el tema antes de caer en mi habitual sopor.

—¿Te encantó? —repetí de nuevo.

Sorprendido agradablemente por mi interés, me dijo:

—Sí, es un espectáculo nuevo de Stephen Sondheim que se llama *Sweeny Todd.*

—¿*Sweeny Todd*? —continué con las repeticiones.

Entonces Phil me dijo entusiasmado.

—Sí, una música maravillosa y una historia rarísima...

—¿Una historia rarísima?

Y con eso bastó para que, durante la siguiente media hora, Phil me contara la trama del musical, que versaba sobre un barbero londinense que iba por ahí asesinando a gente. Me quedé medio traspuesta, pero no tardé en decidir que lo que me contaba de *Sweeny Todd* cortando la cabeza a la gente perturbaba mi sueño tranquilo. Así que retrocedí y repetí una de sus frases anteriores para reencauzarlo: «¿Y dices que la música es maravillosa?».

Funcionó. Durante el resto de los cuarenta y cinco minutos que duraba mi trayecto a casa, Phil me cantó «Pretty Women», «The Best Pies in London» y otros temas del musical, un acompañamiento mucho mejor para mi siesta a medias. Estoy convencida de que, hasta la fecha, Phil sigue pensando que aquella fue una de las mejores conversaciones que hemos tenido, y eso que yo no hice más que repetir como un loro algunas de sus frases.

Técnica 20
REPETIR COMO UN LORO

No vuelvas a quedarte sin palabras. Repite como un loro las últimas que haya pronunciado tu interlocutor. De esa forma, la pelota volverá a su campo y tú no tendrás más que escuchar.

Si eres vendedor, ¿para qué buscar en vano las verdaderas objeciones del cliente con lo fácil que es hacerlas caer de los árboles simplemente repitiendo como un loro?

CONSIGUE BENEFICIOS REPITIENDO COMO UN LORO

Esta técnica es, además, una forma fácil de destapar los verdaderos sentimientos de la gente. Los grandes vendedores la usan para llegar a las objeciones emocionales de sus posibles clientes, que a veces ni siquiera verbalizan para sí. Un amigo mío, Paul, vendedor de coches usados, me dijo que estaba seguro de que su venta reciente de un Lamborghini se había debido a la técnica del loro.

Paul daba vueltas por el concesionario con el posible cliente y la esposa de este, que ya había dejado claro que buscaba un «coche razonable». Mi amigo les estaba enseñando todos los vehículos razonables de Chevrolet y Ford de la exposición. Mientras inspeccionaban un coche familiar superrazonable, Paul le preguntó al esposo qué le parecía: «Bueno, no tengo claro que este coche sea adecuado para mí». En vez de pasar al siguiente vehículo razonable, Paul repitió: «¿Adecuado para usted?», y, con la entonación de pregunta, le dio a entender al posible cliente que debía explicarse.

—Sí, bueno, es que no sé si encaja con mi personalidad —masculló el hombre.

—¿No encaja con su personalidad? —repitió Paul.

—Igual necesito algo más deportivo.

—¿Algo más deportivo?

—Aquellos coches de allí parecen más deportivos...

¡Tarán! Repitiendo como un loro, Paul había conseguido saber qué vehículos enseñarle al cliente potencial. Mientras se acercaban a un Lamborghini de la exposición, Paul vio que al hombre se le iluminaban los ojos. Una hora después, se había embolsado una buena comisión.

¿Quieres descansar un poco la garganta? Pues, con la siguiente técnica, tu interlocutor comenzará a hablar por sí solo y tú solo tendrás que escuchar (e incluso retirarte con disimulo mientras la otra persona sigue parloteando feliz).

21

CÓMO CONSEGUIR QUE PARLOTEEN A GUSTO (¡PARA PODER LARGARTE CUANDO QUIERAS!)

Todos los padres sonríen cuando su pequeño intenta retenerlos a la hora de dormir: «Papá, papá, cuéntame otra vez el cuento de los tres cochinitos» (o el de las princesas bailarinas o la historia de cómo se conocieron mamá y tú). El padre sabe que al niño le gustó tanto la historia la primera vez que ahora quiere escucharla a todas horas.

Ese niño es quien me inspiró la siguiente técnica, a la que llamo «bises» y que cumple dos propósitos: hace que un compañero de profesión se sienta como un padre feliz y es fantástica para hacer un trasplante de corazón a una conversación moribunda.

Una vez trabajé en un barco en el que casi toda la tripulación era italiana, y los pasajeros, estadounidenses. Todas las semanas se exigía a los oficiales de cubierta que asistieran a un coctel con el capitán. Tras el discurso del capitán en un inglés precario pero encantador, los oficiales se juntaban y parloteaban invariablemente en italiano. Huelga decir que lo que la mayoría de los pasajeros sabía de italiano no pasaba de *macarroni*, *spaghetti*, *salami* y *pizza*.

Como directora del crucero, era responsabilidad mía conseguir que los oficiales socializaran con los pasajeros. Mi táctica nada sutil era agarrar a uno de los oficiales por los brazos y llevarlo, literalmente, a rastras hasta un grupo de pasajeros sonrientes y expectantes. Entonces presentaba al oficial y rezaba por que el gato no le hubiera comido la lengua o por que a algún pasajero se le ocurriera una pregunta más original que el típico «Vaya, toda la tripulación está aquí, ¿quién pilota el barco?». No pasó nunca. Me aterraba el coctel semanal del capitán.

Una noche, mientras dormía en mi camarote, me despertó el bamboleo violento del barco. Agucé el oído y advertí que los motores estaban apagados, mala señal. Agarré la bata y subí a toda prisa a cubierta. Entre la bruma densa, apenas pude adivinar el contorno de otra embarcación, a menos de un kilómetro de la nuestra. Había cinco o seis oficiales agarrados a la barandilla de estribor, asomados por la borda. Me acerqué corriendo justo a tiempo para ver, a la luz de la luna, a un hombre con un ojo vendado subiendo como podía por la escalera, que se sacudía con violencia. Los oficiales se lo llevaron de inmediato al centro médico de a bordo. Los motores se pusieron de nuevo en marcha y continuamos la travesía.

A la mañana siguiente me contaron lo que había ocurrido. Un trabajador del otro barco, un buque mercante, estaba perforando el cilindro de un motor. Mientras lo hacía, se le metió en el ojo derecho, como un misil, una esquirla metálica. Como el mercante no llevaba servicio médico a bordo, emitieron una señal de socorro.

Según la normativa marítima internacional, todo barco que reciba una señal de auxilio tiene la obligación de responder. El nuestro acudió en su ayuda, y al marinero, que iba apretándose con la mano el ojo ensangrentado, lo subieron a un bote salvavidas que lo llevó hasta nuestro barco. El doctor Rossi, el médico del crucero, pudo extraerle con éxito la esquirla del ojo, y le salvó, de ese modo, la vista.

«CUÉNTALES LO DE AQUELLA VEZ QUE...»

Y salto al siguiente coctel del capitán. De nuevo me vi en la tesitura, ya familiar, de conseguir que los oficiales socializaran y platicaran con los pasajeros de cosas intrascendentes. Me acerqué como todas las semanas al grupito de oficiales lacónicos para llevarme a uno o dos, y esa vez agarré al médico. Lo arrastré hasta el grupo más próximo de pasajeros sonrientes y se lo presenté. Y dije: «Justo la semana pasada, el doctor Rossi evitó que un marinero de otro buque se quedara ciego tras un dramático rescate en plena noche. Seguramente a estas personas les encantaría que se lo contara, doctor».

Fue como agitar una varita mágica. Para mi asombro, al instante el doctor Rossi parecía de pronto dotado de una elocuencia sobrenatural. Su inglés, antes monosilábico y titubeante, se convirtió en una verborrea con fuerte acento. Relató la historia completa con un número cada vez mayor de pasajeros agolpados a su alrededor. Yo abandoné a la muchedumbre a la que el doctor Rossi tenía cautivada para llevarme a otro de los oficiales con otro público que aguardaba.

Tomé al capitán del brazo repleto de galones, lo arrastré hasta otro grupo de pasajeros sonrientes y dije: «Capitán Cafiero, ¿por qué no les habla a estas personas del dramático rescate que tuvo que hacer en plena noche la semana pasada?». Al capitán se le soltó la lengua y empezó a hablar como perico.

Volví con los oficiales y me llevé a otro al siguiente grupo. Para entonces, ya tenía una jugada ganadora. «Señor Salvago, ¿por qué no les cuenta a estas personas cómo tuvo que despertar al capitán en plena noche la semana pasada por aquel dramático rescate?».

Llegó el momento de rescatar al médico del primer grupo de pasajeros y acompañarlo hasta el siguiente. La segunda vez fue incluso mejor. El doctor repitió encantado su número para su nuevo público. Mientras parloteaba, volví corriendo por el capitán para llevármelo a que contara lo mismo a otro grupo. Me sentía como el malabarista circense que tiene todos los platos en el aire a la vez, haciéndolos girar sobre los palos: en cuanto empezaba a girar uno, tenía que volver corriendo con el primero para darle otra vuelta con un público distinto.

Los cocteles del capitán fueron pan comido para mí el resto de la temporada. A los tres oficiales les encantaba contar el mismo relato de su heroicidad a los nuevos pasajeros de cada crucero. Lo malo fue que observé que la historia cada vez se alargaba y se complicaba más, con lo que yo tenía que calcular bien los cambios para que les diera tiempo a contarla entera antes de pasar al siguiente grupo.

TÓCALA OTRA VEZ, SAM

«Otra, otra, otra» es lo que corea un público agradecido cuando quiere otra canción de su cantante, otro baile de su bailarín, otro poema de su poeta y, en mi caso, otro relato de los oficiales. «Otra, otra, otra» es la técnica que puedes utilizar para pedirle a un posible cliente, jefe potencial o apreciado conocido que vuelva a contar algo. Cuando estén los dos hablando con un grupo de personas, voltea hacia él o ella y dile: «John, de seguro a todos les encantaría oírte relatar lo de aquella vez que pescaste un róbalo rayado de quince kilos», o: «Susan, cuéntales a todos lo que me acabas de contar a mí de cómo rescataste a aquel gatito de un árbol». Parecerán apocados, claro. ¡Insiste! A tu interlocutor, en el fondo, le está encantando, porque lo que estás diciendo es: «Eso que me contaste es increíble y quiero que lo oigan los demás». A fin de cuentas, solo se les pide un bis a quienes cautivan al público.

Técnica 21
OTRA, OTRA, OTRA

Lo más agradable que puede oír un intérprete entre aplausos es «¡Otra, otra, otra!», y lo más agradable que tu interlocutor puede oír cuando están hablando con un grupo de personas es «Cuéntales lo de aquella vez que...».

Cuando estés en una reunión o una fiesta con alguien que te importe, piensa en anécdotas que te haya contado esa persona, elige del repertorio una adecuada que creas que gustará, sube a esa persona al escenario y pídele que haga un bis.

La ventaja añadida de esta técnica es que, en cuanto consigas que se lancen, te puedes largar en busca de una compañía más interesante.

Una advertencia: asegúrate de que la anécdota elegida permitirá brillar a quien la cuente, ya que nadie quiere volver a hablar de esa vez que perdió una venta, estampó el coche o armó un pleito en un bar y pasó la noche en la cárcel. Procura que lo que vaya a contar sea algo agradable que lo deje en buen lugar, no como un bufón.

Verás claramente las ventajas de esta técnica la primera vez que la uses con alguien que esté aburriendo a otros con algún fiasco. Te vas con discreción y dejas que esa persona latosa se enrolle y se enrolle con tu amigo (claro que quizá ya no vuelve a hablarte, pero eso ya es harina de otro costal).

En el siguiente apartado veremos cómo compartir cosas positivas de tu vida.

22

CÓMO PARECER UNA PERSONA POSITIVA

Solemos creer que, cuando conocemos a alguien que nos gusta, tenemos que desvelarle algún secreto, revelarle alguna intimidad o hacerle alguna clase de confesión para demostrar que también somos humanos. Airear tus batallas de niño para dejar de mojar la cama, superar el bruxismo o dejar de usar el pulgar como chupón (o las actuales con la gota o el bocio) supuestamente te hace parecer más entrañable a las masas.

En ocasiones, así es. Hay un estudio que demuestra que si te topas con alguien más alto que tú, que esa persona manifieste alguna debilidad la acerca un poco.[12] Los agujeros que el candidato presidencial Adlai Stevenson llevaba en la suela de los zapatos enternecieron a todo un país, como pasó cuando George H. W. Bush reconoció de pronto que odiaba el brócoli.

Si, por ejemplo, ya eres una superestrella y quieres trabar amistad con algún fan, háblales a tus seguidores más devotos de aquella época en que no tenías trabajo y estabas sin un peso, pero, si no eres una superestrella, no te la juegues y deja la ropa sucia a buen resguardo hasta más adelante, porque la gente no te conoce lo suficiente para poner en contexto esa flaqueza tuya.

Cuando la relación esté más consolidada, puede que contarle a tu nuevo amigo que te has casado tres veces, que de adolescente te descubrieron robando en una tienda o que te rechazaron para un trabajo importante no tenga mucha importancia. Y esa puede ser la magnitud de lo que podrían considerarse manchas en una vida, por lo demás, impecable de relaciones sólidas, ausencia de delitos leves y un expediente profesional admirable. En cambio, al principio de una relación, la reacción instintiva es pensar: «¿Y qué dirá ahora? Si me cuenta eso tan rápido, ¿qué más oculta? ¿Un clóset repleto de excónyuges, antecedentes penales, una pared empapelada con cartas de rechazo?». Esa persona a la que acabas de conocer no tiene forma de saber que tu confesión ha sido un acto de generosidad, una revelación bienintencionada por tu parte.

Técnica 22
RE-SAL-TA LO PO-SI-TI-VO

Cuando conozcas a alguien, cierra con llave el clóset y guarda de momento los esqueletos. Más adelante, ese nuevo amigo y tú podrán invitarlos a salir, reírse y bailar sobre sus huesos. Ahora es el momento de resaltar lo po-si-ti-vo y olvidar lo ne-ga-ti-vo, como dice la canción de Van Morrison.

De momento, en este apartado te he mostrado formas asertivas de conocer a alguien y dominar la conversación intrascendente. Lo siguiente es un movimiento a la vez asertivo y defensivo con el que ahorrarte esa sonrisa forzada que solemos impostar cuando no tenemos ni idea de lo que está hablando la gente.

23

CÓMO TENER SIEMPRE ALGO INTERESANTE QUE DECIR

Seguramente has oído esta queja en boca de alguien: «No puedo ir a la fiesta, no sé qué ponerme», pero ¿cuándo has oído argüir: «No puedo ir a la fiesta, no sé qué decir»?

Cuando asistes a una reunión con grandes posibilidades de hacer contactos profesionales, lógicamente planificas lo que te vas a poner y te aseguras de tener zapatos que combinen, y, claro, hay que encontrar la corbata perfecta o el labial ideal. Te acomodas el cabello, tomas las tarjetas de visita y allá vas.

Bueno, bueno, espera un momento. ¿No se te olvida lo más importante? ¿Qué me dices de la conversación adecuada para realzar tu imagen? ¿En serio vas a decir lo primero que te venga a la cabeza (o no) en ese momento? Si jamás te pondrías lo primero que agarraras del clóset a oscuras, cuando te enfrentes a un grupo de rostros sonrientes y expectantes tampoco deberías dejar la conversación en manos del primer pensamiento que se te ocurra. Te dejarás llevar por la intuición, desde luego, pero al menos prepárate un poco por si las musas no llegan.

La mejor forma de asegurarte de que podrás hablar de cualquier cosa es ver o escuchar las noticias justo antes de salir. Lo que esté ocurriendo en esos momentos en el mundo (incendios, inundaciones, desastres aéreos, gobiernos derrocados y caídas de la bolsa) se convierte automáticamente en tema de conversación, al margen de la gente que te envuelva.

Me da un poco de vergüenza reconocer que le debo la siguiente técnica a una profesional del oficio más antiguo del mundo. Mientras escribía un artículo para una revista, tuve que entrevistar a una de las representantes más destacadas del sector, Sidney Biddle Barrows, la afamada madama Mayflower.

Técnica 23
NO SALGAS DE CASA SIN LAS NOTICIAS MÁS RECIENTES

Lo último que debes hacer antes de salir de casa para acudir a la fiesta, aun después de darte el visto bueno delante del espejo, es ver en el celular, la tableta o la computadora a las noticias más recientes. Cualquier cosa que haya sucedido ese día será buen material. Estar al tanto de las noticias importantes del momento también es un movimiento defensivo que evita que metas la pata preguntando de qué habla todo el mundo. Meter la pata en público no es muy agradable, sobre todo cuando viene acompañado de hacer el ridículo.

Sidney me contó que, cuando aún estaba en activo, imponía una norma de la casa. A todas sus «empleadas autónomas» se les exigía que estuvieran al día de la actualidad para que pudieran ser buenas conversadoras con los clientes. Esto no era solo un capricho de la madama: por sus propias empleadas, sabía que las chicas dedicaban un 60% de la hora de trabajo a hablar y solo un 40% a satisfacer las necesidades de sus clientes. Por eso les pedía que se pusieran al día con las últimas noticias antes de acudir a una cita. Sidney me contó que, cuando empezó a aplicar aquella norma, su negocio creció considerablemente. Los clientes le decían que las mujeres que trabajaban para ella eran fascinantes. La señorita Barrows, consumada empresaria, siempre se proponía superar las expectativas de sus clientes.

¿Ya estamos preparados para la conversación de alto nivel? Vamos.

PARTE III

CÓMO HABLAR COMO UN VIP

Bienvenido a la jungla humana. Cuando dos tigres que pasean por la selva se encuentran en un claro, se miran inmóviles e instintivamente calculan: «Si pasaras de mirarme fijamente a rugirme, luego a darme un zarpazo y después a atacarme, ¿cuál de los dos ganaría? ¿Cuál de los dos tiene mayores aptitudes para la supervivencia?».

Los tigres de la jungla natural difieren poco de los bípedos urbanos que habitan la jungla corporativa (o la jungla de la soltería o la jungla social). Los humanos inician el proceso mirándose y hablando. En el mundo de los negocios, cuando los individuos se sonríen y dicen: «¡Hola!», «¡Buenas!», «¿Qué tal?» o «¿Qué hay?», son como tigres que, de forma instintiva e instantánea, se miden el uno al otro.

No están calculando la longitud de las garras del otro ni lo afilados que tienen los colmillos. Se evalúan con un arma mucho más poderosa para la supervivencia, tal como la han definido ellos mismos. Los humanos evalúan las aptitudes comunicativas de los demás. Aunque no sepan qué estudios lo demostraron por primera vez, perciben la realidad: que un 85 % del éxito en la vida de una persona se debe directamente a sus aptitudes comunicativas.[13]

Puede que no estén al tanto del sondeo reciente de la Oficina del Censo estadounidense, que revela que las empresas eligen a candidatos con buena actitud y grandes dotes de comunicación antes que a otros con más estudios, experiencia o formación.[14] Porque saben que las dotes de comunicación llevan a la gente a la cumbre. Por eso, tras observarse con detenimiento durante una conversación informal, queda claro enseguida cuál de los dos es el mayor felino de la jungla.

A los seres humanos no nos cuesta mucho identificar a quienes son «importantes». Basta con un tópico, una observación desafortunada o una reacción exagerada para ser víctima de una degradación profesional o personal. Puedes perder una amistad o un contacto profesional potencialmente importante. Un solo movimiento en falso y te caes de la escalera corporativa o social.

Con las técnicas de este apartado, te garantizo que harás todo lo correcto para que eso no ocurra. Las siguientes habilidades de comunicación te impulsarán, de forma que puedas iniciar el ascenso a lo más alto de cualquier escalera que elijas.

24

CÓMO AVERIGUAR A QUÉ SE DEDICAN (¡SIN NECESIDAD DE PREGUNTARLO!)

Para medirse los unos a los otros, la primera pregunta que se hacen los felinos bípedos es: «¿Y tú a qué te dedicas?». Luego se quedan allí agazapados, moviendo los bigotes y arrugando la nariz con evidente cara de «En cuanto me contestes, te voy a juzgar en silencio».

Los felinos grandes jamás te preguntan directamente: «¿A qué te dedicas?». (Ah, lo averiguan igual, sí, pero de forma más sutil). Al no hacerte la pregunta, los felinos grandes parecen más íntegros, y hasta espirituales. «A fin de cuentas —dice su silencio—, una persona es mucho más que su trabajo».

Que se resistan a la tentadora pregunta demuestra, además, su sensibilidad. En la actualidad, con tanto redimensionamiento corporativo, el interrogatorio descarado produce inquietud y la pregunta sobre el trabajo no solo resulta desagradable a quienes están «entre empleos». Tengo varios amigos con trabajos muy dignos a los que les fastidia que les pregunten a qué se dedican (uno de ellos practica autopsias y el otro es inspector de Hacienda).

Los felinos grandes también deberían evitar preguntar a qué se dedican los demás por otra razón: que se abstengan de hacer la pregunta hace pensar a quienes hablan con ellos que están acostumbrados a relacionarse con individuos que vuelan alto. Hace poco asistí a una fiesta muy elegante en Easy Street. (Sospecho que me invitaron como representación simbólica de la clase trabajadora). Observé que ninguno de ellos preguntaba lo que hacían los demás porque aquellos peces gordos no hacían nada. Bueno, puede que alguno tuviera una tableta o incluso el celular en la mesita de noche de su mansión para hacer el seguimiento de sus inversiones, pero, desde luego, no trabajaban para ganarse la vida.

La ventaja definitiva de no preguntar «¿A qué te dedicas?» es que la gente baja la guardia. Los convences de que disfrutas de su compañía por quiénes son y no solo porque busques hacer contactos profesionales.

Técnica 24
«¿A QUÉ TE DEDICAS?». ¡NO!

Un indicio clarísimo de que eres alguien es la ausencia notoria de la pregunta «¿A qué te dedicas?». Al final lo averiguas, claro, pero no con esas cuatro palabras repelentes que te presentan como el típico arribista en busca de contactos, el típico cazador de pareja o alguien que en su vida se ha paseado por un barrio exclusivo.

LA FORMA ADECUADA DE AVERIGUARLO

Entonces, ¿cómo averiguas de qué forma se gana la vida alguien? (Creía que nunca me lo preguntarías). Te limitas a practicar esta otra pregunta: «¿En qué empleas la mayor parte de tu tiempo?».

«¿En qué empleas la mayor parte de tu tiempo?» es la forma elegante de liberar al que practica autopsias, recauda impuestos o ha naufragado profesionalmente. Es la forma de reforzar la decisión de una madre realizada, de garantizarle a un alma espiritual que ves su belleza interior, de hacer creer a un pez gordo que tú también vives en un barrio exclusivo.

Ahora supongamos que has conocido a alguien a quien le gusta hablar de su trabajo. «¿En qué empleas la mayor parte de tu tiempo?» también permite desahogarse a los adictos al trabajo. «Uf, yo me paso la vida trabajando», te dirán con fingida resignación. Eso, claro, es una invitación a que les sonsaques todo tipo de detalles. (Y luego te pondrán la cabeza como un bombo). Sin embargo, esa nueva formulación de la pregunta permite a quienes ni están ociosos ni son adictos al trabajo decidir si quieren o no hablarte de lo que hacen. Además, preguntar: «¿En qué empleas la mayor parte de tu tiempo?» en vez de «¿Y tú a qué te dedicas?» te otorga un estatus inmediato de gran felino.

25

CÓMO SABER QUÉ DECIR CUANDO TE PREGUNTAN «¿Y TÚ A QUÉ TE DEDICAS?»

Hoy en día, prácticamente el 99% de las personas a las que conoces te preguntan a qué te dedicas. Los grandes triunfadores, conscientes de que la pregunta caerá, están perfectamente preparados para el interrogatorio.

Muchos ya llevan en el celular su currículum actualizado, listo para enviar con un solo clic a posibles empleadores. En el currículum enumeran los puestos que han ocupado anteriormente, las fechas de dichos empleos y su formación académica. Solo les falta garabatear al final de la página: «Pues esto soy yo. Lo tomas o lo dejas». Y normalmente es lo segundo. ¿Por qué? Porque los posibles empleadores no encuentran en esos currículums suficientes datos concretos relacionados con lo que busca su empresa.

Los candidatos que apuestan fuerte, en cambio, tienen guardada en la computadora toda su experiencia laboral y, cuando se postulan para un empleo, seleccionan solo los datos pertinentes y los envían entonces.

Mi amigo Roberto estaba sin trabajo el año pasado. Se postuló para dos empleos: uno como jefe de ventas de una empresa de helados y otro como jefe de planificación estratégica de una cadena de comida rápida. Llevó a cabo una investigación exhaustiva y se enteró de que la empresa heladera tenía serias dificultades de ventas y la cadena de comida rápida, aspiraciones internacionales a largo plazo. ¿Mandó el mismo currículum a las dos? En absoluto. Su currículum no se desvió un ápice de la verdad sobre su bagaje profesional, pero con la heladera resaltó su experiencia doblando las ventas de pequeñas empresas en un plazo de tres años, y con la empresa de comida rápida destacó su experiencia laboral en Europa y su conocimiento de los mercados extranjeros.

Las dos empresas le ofrecieron el empleo, y entonces pudo confrontarlas. Fue a cada una de ellas a decirles que estaba deseando trabajar con ellos, pero que había otra compañía que le ofrecía mejor sueldo y mayores incentivos. Las dos empresas empezaron a pujar por Roberto, la una contra la otra. Al final eligió la de comida rápida con casi el doble del sueldo que le habían ofrecido en un principio.

Para extraer el máximo partido de cada encuentro, personaliza tu currículum verbal con el mismo esmero con que lo harías en el digital. En vez de tener una sola respuesta para la omnipresente «¿Y tú a qué te dedicas?», prepara una decena de variantes, dependiendo de quién te pregunte. Si quieres optimizar tus contactos profesionales, cada vez que alguien te pregunte por tu empleo, hazle un resumen oral y bien calculado de tu currículum. Y, antes de contestar, valora qué interés podría tener en ti y en tu trabajo quien te pregunta.

«ASÍ ES COMO MI VIDA PUEDE MEJORAR LA TUYA»

Los grandes vendedores hablan mucho de la «exposición de ventajas». Saben que, cuando se dirigen a un cliente potencial, deben iniciar la conversación con la exposición de ventajas. Cuando mi colega Brian hace llamadas no solicitadas, en vez de decir: «Hola, me llamo Brian Tracy y soy formador de vendedores», dice: «Hola, soy Brian Tracy, del Instituto de Empresa. ¿Le interesaría un método demostrado para incrementar sus ventas del 20 al 30% en los próximos doce meses?». Esa es su exposición de ventajas. Destaca al posible cliente las ventajas concretas de lo que quiere ofrecerle.

Mi estilista, Gloria, por lo que he sabido, le da a todo el que conoce una exposición de ventajas increíble. De hecho, así fue como me hice clienta suya. Cuando la conocí en un congreso, me contó que era estilista especializada en peinados versátiles para empresarias. Me mencionó, como si nada, que tiene muchas clientas a las que les gusta llevar en el trabajo un peinado conservador que después puedan transformar fácilmente en un estilo femenino para eventos sociales. «¡Eh, ese es mi caso!», me dije para mis adentros, toqueteándome la cola de caballo. Le pedí su tarjeta y Gloria se convirtió en mi estilista.

Unos meses después, volví a coincidir con ella en un evento, y la oí hablar con una mujer elegante de cabello cano junto a la mesa del bufet. Gloria le estaba diciendo: «... y estamos especializados en un abanico maravilloso de tintes azules». ¡Me dejó pasmada! No recordaba haber visto ni una sola cabellera cana en salón de belleza.

Cuando ya me iba de la fiesta, la vi en el jardín, hablando animadamente con las hijas adolescentes de la anfitriona. «Uy, sí —les decía—, nuestra especialidad son los cortes supermodernos». ¡Muy bien, Gloria!

Como hace ella, da un repaso a tus respuestas antes de contestar a la inevitable «¿Y tú a qué te dedicas?». Si te preguntan, nunca contestes con una sola palabra. Eso es para los formularios. Si tienes en mente hacer contactos profesionales, pregúntate: «¿Cómo podría mejorar yo la vida de esta persona con mi experiencia profesional?». Por ejemplo, aquí tienes algunas descripciones que diversas personas podrían poner en su declaración de la renta:

Agente inmobiliario

Asesor financiero

Instructor de artes marciales

Cirujano plástico

Estilista

Cualquiera que se dedique a esas profesiones debería reflexionar sobre lo que su trabajo puede aportar a la humanidad (todos los empleos aportan algo, porque, de lo contrario, no te pagarían). El consejo para esos profesionales sería:

> No digas: «Soy agente inmobiliario», di: «Ayudo a la gente que se muda a la zona a encontrar la vivienda adecuada»;
>
> no digas: «Soy asesor financiero», di: «Ayudo a la gente a planificar su futuro económico»;
>
> no digas: «Soy instructor de artes marciales», di: «Ayudo a la gente a defenderse enseñándoles artes marciales»;
>
> no digas: «Soy cirujano plástico», di: «Reconstruyo la cara desfigurada de personas que han sufrido accidentes graves» (o, si hablas con una mujer «de cierta edad», como dicen los franceses con su habitual elegancia, dile: «Ayudo a las personas a verse tan jóvenes como en realidad se sienten con la cirugía plástica»;
>
> no digas: «Soy estilista», di: «Ayudo a las mujeres a encontrar el corte perfecto para sus rasgos». (¡Bien hecho, Gloria!)

Incluir la exposición de ventajas en tu «currículum resumido» le da vida a tu trabajo y lo hace memorable. Aunque esa persona a la que acabas de conocer no precise de tus servicios, la próxima vez que se tope con alguien que acabe de mudarse a la zona, quiera planificar su futuro económico, esté pensando en la autodefensa, valorando la posibilidad de hacerse una cirugía plástica o necesite un estilista, ¿en quién pensará? No será en esas personas sin imaginación que hablan de su empleo como si estuvieran rellenando un formulario, sino en esos grandes triunfadores que se venden como alguien que satisface las necesidades de los demás.

UN CURRÍCULUM RESUMIDO PARA TU VIDA PRIVADA

El currículum resumido también vale en situaciones no profesionales. Dado que esas personas a las que vas a conocer siempre te preguntarán por tu vida, prepárate unas cuantas respuestas genéricas. Cuando te presenten a un posible amigo o pareja, haz que parezca que sería divertido conocerte.

De jovencita escribía novelas mentales sobre mi vida: «Leil, escrutando la lluvia torrencial, se asomó con valentía a la gélida tormenta para cerrar las contraventanas y mantener a salvo a la familia del huracán que se acercaba», cuando mi madre me pedía que cerrara las ventanas porque había empezado a llover. Aun así, mientras me dirigía muy digna a la ventana abierta, me imaginaba como la valerosa salvadora de los míos.

Tampoco hace falta que te pongas tan melodramático con tu imagen, pero, por lo menos, dale un empujoncito a tu vida para que suene interesante y consagrada.

Técnica 25
EL CURRÍCULUM RESUMIDO

Igual que un directivo en busca de empleo envía un currículum distinto para cada puesto al que se postula, cuéntale a cada uno de tus interlocutores un relato veraz distinto sobre tu vida profesional. Antes de contestar a «¿Y tú a qué te dedicas?», pregúntate: «¿Qué interés podría tener esta persona en la respuesta? ¿Podría recomendarme a otros? ¿Hacer negocios conmigo? ¿Contratarme? ¿Casarse con mi hermana? ¿Convertirse en mi mejor amigo?».

Vayas adonde vayas, prepara siempre un resumen de tu vida que puedas incluir en tu repertorio de habilidades comunicativas.

26

CÓMO PARECER AÚN MÁS INTELIGENTE DE LO QUE ERES

¿Alguna vez has visto a alguien intentando decir una palabra que le quedaba grande? Por la sonrisa de esa persona y el brillo de sus ojos al decir la palabra en cuestión, te quedó claro que se sentía orgullosísima de ello (para empeorar las cosas, seguramente la usó mal y en el contexto inadecuado, y la pronunció fatal, ¡uf!).

El mundo considera creativas y más inteligentes a las personas con un vocabulario más rico. Las contratan antes, las ascienden más rápido y se les presta mucha más atención. O sea, que los grandes triunfadores utilizan palabras ricas, plenas y que siempre suenan bien. Las frases brotan con elegancia de su boca y enriquecen su conversación. Las palabras encajan. Con el mismo esmero con que seleccionan una corbata o una blusa, los grandes triunfadores eligen las palabras que más se ajustan a su personalidad y a sus argumentos.

Lo más sorprendente de todo es que la diferencia entre un vocabulario respetado y uno mundano ¡es solo de unas cincuenta palabras! No hace falta mucho para sonar como un gran triunfador. Con unas decenas de palabras maravillosas conseguirás dar la impresión de que tienes una mente original y creativa.

Adquirir ese supervocabulario es fácil. No es necesario que te aprendas un diccionario de memoria ni que escuches grabaciones de oradores pomposos con una dicción exquisita.

Tampoco es necesario que te aprendas términos tan grandilocuentes que, si te los oyera, tu abuela te diría que pareces un necio.

Basta con que pienses en unas cuantas palabras trilladísimas de esas que usas a todas horas, como «genial», «chulo», «lo más» o «bueno», agarres un diccionario de sinónimos, busques todos esos términos que hasta tú estás harto de oírte emplear a todas horas y valores la larga lista de alternativas.

Por ejemplo, si eres muy de «genial», verás que tienes montones de sinónimos disponibles, palabras tan coloridas y sustanciosas como «ocurrente», «perspicaz», «formidable», «ingenioso» y muchas más.

Repasa la lista y pronúncialas en voz alta. ¿Cuáles encajan más con tu personalidad? ¿Cuáles son más de tu estilo? Elige unas cuantas y repítelas en voz alta hasta que formen parte natural de tu léxico. La próxima vez que quieras decirle a alguien que es genial, suéltale, por ejemplo:

> «¡Vaya, qué ocurrente!».
> «¡Uy, qué ingenioso!».
> «Muy perspicaz por tu parte».
> «Una observación formidable».

Y ESTO, SOLO PARA LOS HOMBRES

Aunque ustedes, caballeros, también lo hacen cada vez más, nunca deben olvidar que las mujeres pasamos mucho tiempo delante del espejo. Cuando estaba en la universidad, tardaba quince minutos en arreglarme para una cita. Desde entonces, cada año he ido añadiendo minutos. Ahora me lleva ya como hora y media acicalarme para salir por la noche.

Cuando tu mujer baje la escalera muy arreglada para salir de noche o recojas a una dama para llevarla a cenar, ¿qué le dirás? Si no le sueltas más que un «¿Ya estás lista?», ¿cómo crees que se sentirá?

Mi amigo Gary, que es todo un caballero, de vez en cuando me lleva a cenar. Lo conocí hace unos doce años, y nunca se me olvidará la primera vez que se plantó en mi puerta para una cita y me dijo: «¡Leil, estás preciosa!». ¡Me encantó su reacción!

Volví a verlo como un mes después, de nuevo ante la puerta de mi casa: «¡Leil, estás preciosa!», exactamente las mismas palabras que la primera vez, pero se las agradecí igual.

Hace ya doce largos años que ese hombre y yo somos amigos. Lo veo cada dos meses más o menos, y todas las malditas veces me comenta la mismo de siempre: «¡Leil, estás preciosa!». (Me parece que un día de estos apareceré con una piyama de franela y una mascarilla de barro en la cara; estoy segura de que me diría: «¡Leil, estás preciosa!»).

PROPUESTAS MÁS UNISEX

Imagina que has estado en una fiesta y ha sido maravillosa. No les digas a los anfitriones que ha sido «maravillosa», porque eso es lo que dice todo el mundo. Diles que ha sido «espléndida», «soberbia», «extraordinaria»... Abrázalos y diles que la pasaste «estupendamente», que ha sido un rato «inolvidable», que has estado «de lujo».

Puede que la primera vez que uses una de esas expresiones no te salga con naturalidad; en cambio, «maravillosa» te sale sola. No es que las otras tengan más sílabas ni sonidos más difíciles de pronunciar. El léxico es una cuestión de familiaridad. Si usas esas nuevas palabras unas cuantas veces, como cuando estrenas unos zapatos nuevos, verás que les agarras el gusto.

Técnica 26
TU DICCIONARIO DE SINÓNIMOS PARTICULAR

Busca en el diccionario de sinónimos algunas de esas palabras corrientes que usas a diario. Luego, como quien estrena zapatos, estrena esas palabras para ver qué tal te quedan. Si te gustan, ve reemplazando las antiguas de forma permanente.

Recuerda que entre un vocabulario rico y creativo y uno mediocre y corriente solo hay una diferencia de cincuenta palabras. Si reemplazas una palabra al día durante dos meses, estarás en la élite verbal.

27

CÓMO LOGRAR NO PARECER IMPACIENTE (QUE TE DESCUBRAN LOS DEMÁS)

Los tigres se juntan con los tigres; los leones, con los leones, y los gatitos callejeros, con otros gatitos callejeros. Las semejanzas generan atracción. Pero, en la jungla humana, los grandes felinos conocen un secreto: cuando tardas en manifestar tu semejanza, o dejas que la descubran los demás, causa mucho más impacto. Sobre todo, no te conviene parecer ansioso por hacer contactos.

Cuando alguien mencione un interés o una experiencia común, no te lances enseguida a decir: «¡Guau, como yo! ¡Yo también lo hago!», ni: «Yo sé mucho de eso»; deja que tu interlocutor disfrute explayándose. Que hable de ese club de campo antes de que le digas que tú también eres socio. Que analice el golpe de Arnold Palmer antes de ponerte a comparar como si nada los de otros golfistas como Greg, Jack, Tiger y Arnie. Que te cuente cuántos partidos de tenis ha ganado antes de que le hables con soltura de tu *ranking* en la Asociación Tenística Estadounidense.

Hace varios años, le estaba contando a alguien a quien acababa de conocer que me encanta esquiar. Me escuchó con interés mientras me recreaba detallándole todos los sitios a los que había ido a esquiar. Parloteé sobre las distintas estaciones de esquí, analicé el estado de cada una, comenté las ventajas e inconvenientes de la nieve artificial frente a la natural... No fue hasta casi el final de mi monólogo cuando se me ocurrió preguntarle a mi interlocutor si él esquiaba. «Sí —me contestó—, tengo un pequeño departamento en Aspen».

¡Genial! Si se hubiera lanzado a hablarme de su casita en la nieve en cuanto le comenté lo mucho que me gustaba esquiar, me habría dejado impresionada. Un poco. En cambio, esperando al final de nuestra conversación para revelarme que era un gran esquiador y que tenía una vivienda en Aspen, aquel dato se volvió inolvidable.

Te presento una técnica a la que yo llamo «Acaba con el "¡Yo también!" inmediato». Cuando alguien mencione una actividad o un interés que compartas, deja que se deleite hablando de su pasión. Luego, en el momento oportuno, menciona de pasada que a ti también te interesa.

AY, TE ESTOY ABURRIENDO

Esperé semanas a que se diera la ocasión para ponerla en práctica y, por fin, se presentó en un congreso. Una mujer con la que acababa de contactar empezó a hablarme de su reciente viaje a Washington D. C. (sin tener ni idea de que yo me había criado allí). Me habló del Capitolio, del monumento a Washington y del Kennedy Center, y me contó que su esposo y ella habían ido a andar en bicicleta por Rock Creek Park. Por un momento, se me olvidó que me estaba mordiendo la lengua para poner en práctica mi nueva técnica, porque estaba disfrutando muchísimo oyéndola hablar de aquellos sitios que conozco tan bien desde la perspectiva de un turista.

Le pregunté dónde se habían alojado, dónde habían cenado y si habían podido pasarse por alguno de los preciosos barrios periféricos de Maryland o Virginia. Llegó un momento en que, visiblemente complacida por mi interés en su viaje, me dijo:

—Parece que sabes mucho de Washington.

—Sí —contesté—, es mi ciudad natal, pero hace años que no voy por allí.

—¡Tu ciudad natal! —exclamó—. ¡Dios mío!, ¿por qué no me lo dijiste? Debo de estar aburriéndote.

—No, qué va —contesté con sinceridad—. Me estaba gustando tanto oírte hablar de tu viaje que me daba miedo que pararas si te lo decía.

Su enorme sonrisa y su «¡Ay, Dios!» apenas audible me dejaron claro que había hecho una nueva amiga.

Cuando alguien empiece a hablarte de alguna actividad que ha practicado, un viaje que hizo, un club al que pertenece o un interés que tiene, cualquier cosa que tú compartas, muérdete la lengua. Deja que la otra persona disfrute con su monólogo. Relájate y disfruta tú también, a sabiendas de lo mucho que le complacerá descubrir que compartes esa experiencia. Luego, cuando llegue el momento, revela como si nada la semejanza. Y no olvides mencionar cuánto te ha deleitado oír hablar de ese interés común.

Técnica 27
ACABA CON EL «¡YO TAMBIÉN!» INMEDIATO

Siempre que tengas algo en común con otra persona, cuanto más esperes para revelarlo, más conmovida (o impresionada) la dejarás. Quedarás como un gran felino, no como un triste gatito callejero, ávido de conectar enseguida con un desconocido.

Y otra cosa: tampoco tardes demasiado en revelar ese interés común, porque parecerá calculado.

28

CÓMO SER DE LOS DE «TÚ PRIMERO» PARA GANARTE SU RESPETO Y SU AFECTO

«¡SEXO! Ahora que tengo tu atención...». Los cómicos de poca monta han estado usando ese gag desde tiempos inmemoriales. Sin embargo, los grandes triunfadores saben que hay un monosílabo más potente que esa palabra de cuatro letras para atraer la atención de la gente, y esa palabra es «TÚ».

¿Y por qué «tú» es una palabra tan poderosa? Porque de muy pequeños nos creíamos el centro del universo. No importaba nada más que YO, MI, MÍO. El resto de las formas nebulosas que pululaban a nuestro alrededor (y que después descubrimos que eran otras personas) solo existían por lo que pudieran hacer por nosotros. Como cachorritos egocéntricos que éramos, nuestro cerebro minúsculo traducía cada acción, cada palabra en un «¿Y eso cómo me afecta a MÍ?».

Los grandes triunfadores saben que no hemos cambiado nada. Los adultos camuflamos nuestro egocentrismo disfrazándolo de civismo y de educación. Sin embargo, el cerebro humano sigue traduciéndolo todo, de forma inmediata, instintiva e infalible, en un «¿Y eso cómo me afecta a MÍ?».

Por ejemplo, supongamos, caballero, que quieres pedirle a tu compañera Jill que cene contigo, así que le dices: «Abrieron un restaurante indio buenísimo. ¿Quieres cenar conmigo esta noche?».

Antes de contestar, Jill piensa para sus adentros: «Con lo de "buenísimo", ¿se referirá a la comida, al ambiente o a las dos cosas?». Y continúa dándole vueltas: «Comida india..., no sé. Dice que el sitio es bueno, pero ¿me gustará?». Mientras piensa, Jill titubea. Tú seguramente te tomarías esa vacilación como algo personal, y eso mermaría el disfrute de la conversación.

Supón que, en cambio, le hubieras dicho: «Jill, te va a encantar ese restaurante indio nuevo. ¿Vienes a cenar conmigo allí esta noche?». Formulándolo de ese modo, ya has resuelto, de forma subliminal, las dudas de Jill, y es más probable que te responda «Sí» de inmediato.

El principio del placer-dolor es una de las fuerzas que guían nuestra existencia. Los psicólogos nos dicen que todos gravitamos automáticamente hacia lo que nos produce placer y nos apartamos de lo que nos resulta doloroso. A muchas personas, pensar les resulta doloroso.

Por eso, los grandes triunfadores, cuando desean controlar, inspirar, ser queridos, vender algo o llevar a cenar a una persona, piensan por ella. Traducen todo a los términos de la otra persona, empezando todas las frases posibles con ese monosílabo tan poderoso: «TÚ». A esa técnica la llamo «com-TÚ-nicación».

CUANDO QUIERAS UN FAVOR, ¡RECURRE A LA «COM-TÚ-NICACIÓN»!

Poner el «tú» por delante es mejor opción, sobre todo cuando quieres pedir un favor, porque es una forma de pulsar el botón del orgullo del que pide. Supón que quieres disfrutar de un fin de semana largo. Decides preguntarle a tu jefe si puedes tomarte el viernes libre. ¿A qué propuesta crees que reaccionará mejor?: «¿Puedo tomarme el viernes libre, jefe?», o: «Jefe, ¿puedes prescindir de mí el viernes?».

En el primer caso, tu jefe tiene que traducir tu «¿Puedo tomarme el viernes libre?» a «¿Puedo prescindir de este empleado el viernes?». Eso es un pensamiento de más (¡y ya sabes lo que les cuesta pensar a algunos jefes!).

En cambio, en el segundo caso, «Jefe, ¿puedes prescindir de mí el viernes?», has pensado por él directamente. La segunda formulación convierte arreglárselas sin ti en una cuestión de orgullo para tu jefe. «Pues claro —se dice—. Puedo prescindir de su ayuda el viernes».

LA «COM-TÚ-NICACIÓN» CON CUMPLIDOS

Esta técnica enriquece también tu conversación social. Caballero, supongamos que a una dama le gusta tu traje. ¿Qué te complacería más, que te diga «Me gusta tu traje» o «Te queda muy bien ese traje»?

Los grandes triunfadores que hacen presentaciones de negocios obtienen grandes beneficios de la técnica de la «comTÚ-nicación». Imagina que estás dando una presentación y uno de los asistentes te hace una pregunta. Querrá que le digas «Muy buena pregunta», pero piensa en cuánto preferiría un «Esa pregunta que me haces es muy buena». Si eres vendedor, no te limites a decir a tus posibles clientes: «Es fundamental que...». Convéncelos diciéndoles: «Verás que es fundamental que...». Cuando negocies, en vez de «El resultado será...», usa «Verás el resultado en cuanto...».

Empezar las frases con la segunda persona del singular funciona incluso cuando hablas con desconocidos por la calle. En una ocasión, daba vueltas en coche por San Francisco, perdida y preguntando a los transeúntes cómo llegar al Golden Gate. Paré a una pareja que subía cansada una cuesta: «Disculpen —les dije por la ventanilla—, no encuentro el Golden Gate». Se miraron, se encogieron de hombros y me pusieron cara de «¡Qué idiotas son estos turistas!». «Por allí», dijo él, señalando al frente.

Perdida aún, grité a la siguiente pareja que me encontré: «Disculpen, ¿dónde está el Golden Gate?». Sin sonreírme, me señalaron en la dirección opuesta.

Entonces, cuando me crucé con la siguiente pareja, decidí usar la técnica de la «com-TÚ-nicación» y voceé por la ventanilla: «Disculpen, ¿podrían decirme dónde está el Golden Gate?». «Claro», me respondieron, contestando literalmente a mi pregunta. Como ves, al formular así la pregunta, les planteé un pequeño desafío. Básicamente les estaba preguntando si eran capaces de darme indicaciones, y con eso pulsé el botón de su orgullo. Se acercaron a mi coche y me dieron indicaciones precisas.

«Vaya —me dije—, esto de la segunda persona funciona de verdad». Para probar mi teoría, lo probé unas cuantas veces más. Seguí haciendo a los transeúntes mi pregunta de tres formas distintas y, de forma muy clara, cada vez que preguntaba: «¿Podrían decirme dónde...?», la gente era mucho más agradable y servicial que cuando empezaba con un simple «dónde» o un «no encuentro» en primera persona.

Técnica 28
LA «COM-TÚ-NICACIÓN»

Si empiezas las frases con la segunda persona, atraes de inmediato la atención de tu interlocutor. Y obtienes una respuesta más positiva, porque pulsas el botón del orgullo y le ahorras tener que traducirla en términos de «yo».

Cuando aderezas la conversación con «tú» tan generosamente como con la sal o la pimienta, tus interlocutores la encuentran de lo más sabrosa.

Estoy segura de que, cuando recuperen la caja negra de la caída de la humanidad debajo de una hoja de parra en el Jardín del Edén, el mundo se convencerá del poder del «tú», porque Eva no le pidió a Adán que se comiera la manzana, ni le ordenó que lo hiciera, ni siquiera le dijo: «Adán, quiero que te comas esta manzana», sino (como lo haría cualquier gran triunfador): «Te va a encantar esta manzana». Y por eso él le dio un mordisco a la fruta.

LA «COM-TÚ-NICACIÓN» ES UNA MUESTRA DE CORDURA

Los psicólogos calculan que los internos de los centros psiquiátricos usan «yo» y «mí» unas doce veces más a menudo que los que estamos fuera. Según va mejorando el estado del paciente, el número de veces que usa los pronombres de primera persona disminuye.

Si seguimos subiendo por la escala de cordura, cuantas menos veces uses «yo», más cuerdo parecerás a tus interlocutores. Si oyeras hablar entre sí a los grandes triunfadores, verías que, en sus conversaciones, usan más el «tú» que el «yo».

La siguiente técnica está relacionada con la orientación silenciosa de los grandes triunfadores hacia el «tú».

29

CÓMO HACERLES SENTIR QUE NO SONRÍES A CUALQUIERA

¿Te has fijado alguna vez en esas webs de marcas de moda de bajo presupuesto que usan a la misma modelo para todas las prendas? Tanto si va enfundada en un vestido de novia como apenas cubierta por un bikini, en su rostro siempre luce la misma sonrisa de plástico. Al mirarla, te da la sensación de que si le dieras unos golpecitos con los nudillos en la frente, oirías una vocecita decir desde dentro: «Aquí no hay nadie».

En cambio, las modelos de marcas más sofisticadas logran dominar infinidad de expresiones distintas: la sonrisa coqueta de «¿Te cuento un secreto?» de una fotografía, la perpleja de «Creo que me gustaría conocerte mejor, pero no estoy segura» de la siguiente, y una misteriosa sonrisa de Mona Lisa en la tercera. Te da la sensación de que hay un cerebro dirigiendo la operación dentro de esa bonita cabeza.

Una vez, estaba yo entre el grupo de recepción del crucero en el que trabajaba junto al capitán, su mujer y varios oficiales más, cuando un pasajero con una sonrisa radiante empezó a estrecharnos la mano uno a uno. Al llegar a mí, ensanchó la sonrisa y me enseñó unos dientes tan perfectos y blancos como las teclas de un piano nuevo. Me hipnotizó. Fue como si una luz intensa hubiera inundado el salón de baile escasamente iluminado. Le deseé un feliz crucero y tomé la determinación de localizar más adelante a aquel caballero encantador.

Luego le presentaron a la siguiente persona. Con el rabillo del ojo, lo vi esbozar aquella misma sonrisa deslumbrante. Y lo mismo con la siguiente. Mi interés empezó a mermar. Cuando le dedicó una sonrisa idéntica a la cuarta persona, ya empezó a parecerme un anuncio de pasta de dientes. Al llegar a la quinta, su sonrisa inmutable era como una luz estroboscópica que perturbaba el ambiente del salón. El estroboscópico iba deslumbrando a todo el mundo con su sonrisa, y a mí ya no me interesaba lo más mínimo hablar con él.

¿Por qué las acciones de este hombre cotizaron tan alto en mi corazoncito y cayeron en picada tan de repente? Porque su sonrisa, aunque encantadora, no reflejaba ninguna reacción especial hacia mí. Estaba claro que sonreía igual a todo el mundo y, al hacerlo, esa sonrisa perdía todo su atractivo. Si el estroboscópico nos hubiera dedicado una sonrisa distinta a cada uno, habría parecido sensible y perspicaz. (Claro que si a mí me hubiera sonreído una pizquita más que a los otros, habría estado deseando que terminaran los formalismos para ir a buscarlo en medio de la multitud que se agolpaba en el salón).

REVISA TU REPERTORIO DE SONRISAS

Si tu empleo te exigiera llevar pistola, aprenderías todo lo posible sobre todas sus piezas móviles antes de dispararla. Y, antes de apuntar, te plantearías detenidamente si el disparo mataría, mutilaría o simplemente heriría a tu blanco. Como la sonrisa es una de tus principales armas comunicativas, debes averiguar todo lo posible sobre sus piezas móviles y sobre el efecto que producen en tu blanco. Dedícale cinco minutos. Enciérrate con pestillo en el cuarto o en el baño para que tu familia no piense que perdiste la cabeza. Luego plántate delante del espejo, sonríe unas cuantas veces y descubre las diferencias sutiles de tu repertorio.

Del mismo modo que a veces dices «Hola», otras «¿Qué tal?» y otras «Encantado de conocerte» cuando te presenten a una serie de personas, varía también la sonrisa y no uses la misma para todo el mundo. Deja que tu sonrisa refleje los matices de lo que te inspira cada destinatario.

Técnica 29
LA SONRISA EXCLUSIVA

Si sonríes igual a todo el mundo, tu sonrisa, como una moneda antigua, perderá valor. Cuando conozcas a grupos de personas, dedica a cada individuo una sonrisa particular. Deja que tus sonrisas nazcan de la belleza que los grandes triunfadores encuentran en cada rostro.

Si alguien del grupo es más importante para ti que los demás, resérvale una sonrisa amplia y desbordante.

EN DEFENSA DE LA RÁPIDA

He descubierto que hay veces en que la sonrisa rápida de circunstancias funciona. Por ejemplo, cuando quieres conocer a alguien a quien no has tenido ocasión de que te presenten (vamos, ligar con alguien).

El poder de la sonrisa para ligar quedó demostrado para la posteridad por unas serias investigadoras de la Universidad de Misuri que llevaron a cabo un estudio altamente controlado titulado «Cómo seducir a los hombres. El efecto del contacto visual y la sonrisa en un bar».[15] (No es broma). Para demostrar su hipótesis, las investigadoras establecían contacto visual con varones que disfrutaban de una copa en un bar de la zona. A veces, acompañaban la mirada de una sonrisa; otras, no.

¿Los resultados? Cito el estudio: «El acercamiento era más habitual, del 60%, cuando había sonrisa». O sea, que si ella sonreía, él se acercaba un 60% de las veces. Sin sonrisa, «el acercamiento se producía solo un 20% de las veces». Así que, sí, sonreír ayuda a ligar.

No obstante, cuando las apuestas sean más altas, prueba la sonrisa desbordante del primer apartado y después la sonrisa exclusiva de este.

30

CÓMO LOGRAR NO PARECER IMBÉCIL

¿Te acuerdas de aquella escena de *Annie Hall* en la que el personaje de Diane Keaton conoce al de Woody Allen? Mientras habla con él, oímos lo que piensa y cómo se dice a sí misma: «Espero que no sea un imbécil como todos los demás».

Una de las formas más rápidas de conseguir que un gran triunfador te considere, bueno, un imbécil es servirte de una frase hecha. Si estás hablando con un gran comunicador y haces un comentario del tipo «Sí, estaba más perdido que un calcetín en la lavadora» o «Aquello duró una eternidad», por inocente que sea, acabas de lanzar, sin saberlo, una bomba lingüística.

Los grandes triunfadores se lamentan para sus adentros cuando oyen a alguien decir una frase trillada. Sí, claro, como todo hijo de vecino, los grandes triunfadores pueden estar fuertes como un roble, contentos como un niño con zapatos nuevos o felices como lombrices. Al igual que el resto de la humanidad, consideran que algunos de sus conocidos están más quemados que la pipa de un indio, más locos que una cabra o más ciegos que un topo, porque muchos de ellos trabajan como burros, están más enredados que bola de estambre y por eso está más forrado que piñata de cumpleaños.

Pero ¿se describiría alguno de ellos en esos términos? ¡Ni en sueños! ¿Por qué? Porque cuando un gran triunfador te oye decir una frase hecha, es como si dijeras: «Tengo la imaginación mermada. No se me ocurre nada original que decir y por eso acudo a estas frases tan trilladas». Pronunciar una frase hecha común y corriente delante de personas de éxito poco común te convierte automáticamente en alguien más normal de lo normal.

Técnica 30
NO TOQUES UNA FRASE HECHA NI CON UN PALO

Permanece alerta. No recurras a frases hechas cuando hables con grandes triunfadores. No las toques ni con un palo. ¿Nunca? ¿Ni aunque se congele el infierno? No, salvo que quieras parecer más tonto que el que asó la manteca.

En vez de decir una frase hecha, inventa tus propias frases ingeniosas con la ayuda de la siguiente técnica.

31

CÓMO MEJORAR TU CONVERSACIÓN CON TÉCNICAS DE ORADOR MOTIVACIONAL

Dicen que la pluma es más poderosa que la espada. Y lo es, pero la lengua es aún más poderosa que la pluma. Nuestra lengua puede provocar la carcajada y el llanto de nuestro público, y a menudo conseguir que se ponga en pie para ovacionarnos. Los oradores han llevado a países a la guerra o a las almas perdidas hasta Dios. ¿Y con qué equipamiento? Los mismos ojos, oídos, manos, piernas, brazos y cuerdas vocales de los que estamos dotados tú y yo.

Puede que un atleta profesional tenga un cuerpo más fuerte o que un cantante profesional posea una voz más bonita para el canto que los que nos tocaron en suerte a nosotros, pero el orador profesional parte con las mismas herramientas que todos. La diferencia es que esos malabaristas de la oratoria las usan. Emplean las manos, el cuerpo y gestos concretos de gran impacto. Piensan en el espacio en el que hablan. Se sirven de distintos tonos de voz, recurren a diversas expresiones faciales, varían la velocidad de su discurso y... hacen un eficaz uso del silencio.

A lo mejor no tienes que dar un discurso formal en un futuro próximo, pero es muy probable que, en algún momento (seguramente muy pronto), vayas a querer que la gente vea las cosas a tu manera. Tanto si se trata de convencer a tu familia para que pasen las próximas vacaciones en casa de la abuela como a los accionistas de tu empresa multimillonaria de que es hora de apostar por una adquisición, hazlo como un profesional. Consigue uno o dos libros sobre cómo hablar en público y aprende algunos de los trucos del oficio, e incluye parte de ellos en tu conversación cotidiana.

UNA JOYITA PARA CUALQUIER OCASIÓN

Si agitar las palabras te ayuda a defender tus argumentos, valora el impacto de las frases potentes. Han servido a los políticos para ganar elecciones («Oigan lo que les digo: no habrá más impuestos») y a los acusados para salir absueltos («Si no hay coincidencia, que haya clemencia»).

Si George H. W. Bush hubiera dicho: «Prometo no subir los impuestos», o Johnnie Cochran, durante el juicio por asesinato a O. J. Simpson, hubiera dicho: «Si el guante no le queda, es que es inocente», a los votantes y a los miembros del jurado esas frases aparatosas les habrían entrado por un oído y salido por el otro. Como todo político y abogado penalista sabe, las frases ingeniosas son armas poderosas. (Y, si no te andas con cuidado, tus enemigos terminarán usándolas en tu contra, ¡oye lo que te digo!).

Uno de mis oradores favoritos es un locutor de radio que se llama Barry Farber y que alegra las emisiones de última hora de la noche con sus símiles llenos de chispa. Barry jamás usaba frases hechas como «más nervioso que un flan». Describía su nerviosismo ante la posibilidad de quedar desempleado como «Me sentía como un elefante colgado en un precipicio con la cola atada a una margarita». En vez de decir que miraba a una mujer guapa, decía: «Se me disparaban los ojos y se me quedaban colgando del nervio óptico».

Cuando lo conocí, le pregunté: «Señor Farber, ¿cómo se le ocurren esas frases?». «El señor Farber es mi padre», me reprendió (era su forma de pedirme que lo tuteara). Luego reconoció con franqueza que, aunque algunas de sus frases eran originales, la mayoría las había tomado prestadas. (Elvis Presley solía decir: «El señor Presley es mi padre. Llámame Elvis»). Como cualquier orador profesional, Barry dedica varias horas a la semana a repasar libros de citas y de humor. Lo hacen todos. Recopilan frases ingeniosas que pueden emplear en muy diversas situaciones, sobre todo para salir del paso cuando sucede algo inesperado.

Muchos utilizan salvavidas extraídos del libro de la agente literaria Lilly Walters *What to Say When You're Dying on the Platform.*[16] Si cuentas un chiste y nadie ríe, prueba con «Con ese chiste pretendía conseguir una risa muda, y ha funcionado». Si el micro suelta un aullido agonizante, míralo y di: «Tampoco es para tanto, que me lavé los dientes esta mañana». Si alguien te hace una pregunta que no quieres contestar: «¿Podrías reservarte esa pregunta para cuando haya terminado... y esté ya camino a casa?». Todos los profesionales piensan en baches que podrían encontrarse y memorizan grandes vías de escape, y tú también puedes hacerlo.

Lee libros de comparaciones y enriquece tus conversaciones cotidianas. En vez de «más contento que un niño con zapatos nuevos», prueba con «más contento que si me hubiera tocado la lotería» o «más contento que un bebé con su primer helado»; en lugar de «más calvo que una bola de billar», prueba con «más calvo que la panza de una rana»; en vez de «más silencioso que la hache», usa «más silencioso que una anguila nadando en aceite» o «más silencioso que una mosca posándose en un plumero»...

Busca frases con impacto visual. En lugar de la trillada «tan seguro como que vamos a morir», emplea «tan seguro como el tráfico a la hora de salida» o «tan seguro como que tu sombra te va a seguir». La muerte no se ve, pero el tráfico de la hora de la salida o la sombra cuando vas por la calle sí.

Procura que tus símiles estén relacionados con la situación. Si viajas en un taxi con alguien, «tan seguro como que el taxímetro va a subir» tendrá un impacto inmediato. Si estás hablando con alguien que salió a pasear al perro, «tan seguro como que el perro ya le echó el ojo a ese árbol» le da un toque de humor.

QUE RÍAN, QUE RÍAN, QUE RÍAN

El humor enriquece cualquier conversación. Pero no los chistes que empiezan con «¿Se saben aquel que dice...?». Planifica tu humor para que sea relevante. Por ejemplo, si vas a una reunión de presupuestos, busca la palabra «dinero» en un libro de citas. En una situación laboral tensa, un poco de ligereza demuestra que estás a gusto.

Una vez, en una reunión financiera angustiosa, oí a un ejecutivo decir: «Tranquilos, la empresa tiene capital de sobra para seguir en pie unos años... mientras no paguemos a nuestros acreedores». Consiguió diluir la tensión, y todos se lo agradecieron. Luego vi aquella misma frase citada en un libro de humor y atribuida al cómico Jackie Mason. ¿Y qué? Aquel ejecutivo quedó como un gran comunicador con aquel comentario ingenioso.

Los grandes triunfadores que quieren que se les cite en los medios pasan las noches en vela buscando frases que llamen la atención de la prensa. Timothy, un veterinario de Michigan —peso pesado en su ámbito, pero completamente desconocido fuera de él—, se convirtió en noticia nacional cuando decidió trasplantarle las patas a un gallo que había perdido las suyas por congelación. ¿Por qué? Porque lo llamó «trasplante de muslo de pollo».

Ignoro si la anciana francesa Jeanne Calment, oficialmente la mujer más longeva del mundo, perseguía la popularidad cuando cumplió ciento veintidós años, pero fue noticia internacional por decirles a los medios: «Solo he tenido una arruga en mi vida, y estoy sentada encima de ella».

Mark Victor Hansen, también profesional destacado de su ámbito, pero más o menos desconocido fuera de él, alcanzó la fama nacional por el nombre pegadizo que se le ocurrió para el libro que había escrito junto con Jack Canfield: *Sopa de pollo para el alma*. Me confesó que el título original era *101 historias bonitas*. ¿Qué proyección habría tenido eso? El mundo entero no tardó en devorar, entre otros, su *Sopa de pollo para el alma de la mujer*, *Sopa de pollo para el alma de los adolescentes*, *Sopa de pollo para el alma de las madres* y *Sopa de pollo para el alma del cristiano*, hartándose de sopa de pollo en todos los formatos: tapa dura, bolsillo, audio, video y calendario.

UNA ADVERTENCIA

Por muy bueno que sea tu material, si no se ajusta a la situación, revienta. Eso lo aprendí por las malas en mis tiempos de crucerista. En un crucero a Inglaterra, decidí ofrecer a los pasajeros una lectura de los poemas de amor de Elizabeth Barrett y Robert Browning, ya sabes: «¿Cómo te amo? Déjame contar las maneras». Fue un éxito rotundo. A los pasajeros les encantó y hablaron de ello durante días. Yo no podía subir a cubierta sin que algún pasajero se volteara hacia mí con cariño y me dijera: «¿Cómo te amo?».

Como es lógico, se me subió a la cabeza aquella intervención y me creí una destacada lectora de poesía. Así que decidí obsequiar a los pasajeros del siguiente crucero (cuyo destino era el Caribe y no pasaba por Inglaterra, ni mucho menos) con una lectura espectacular de los poemas de amor ingleses. ¡Tremenda metedura de pata! Los pasajeros estuvieron evitándome en cubierta el resto del crucero. «¿Cómo me aburriste? Déjame contar las maneras».

Técnica 31
USA LA PALABRERÍA DEL MALABARISTA DE LA ORATORIA

Tanto si estás de pie tras un podio frente a miles de personas como si estás detrás de una parrillada frente a tu familia, emocionarás, divertirás y motivarás con las mismas técnicas.

Lee libros de oradores para reunir citas, extraer perlas de sabiduría y conseguir joyitas que los hagan reír. Busca unas cuantas frases ingeniosas que decir en ocasiones selectas. Si lo que quieres es destacar, inventa alguna frase loca citable.

Que rime, que tenga chispa, que sea divertida, pero, sobre todo, que sea relevante.

32

CÓMO PARLOTEAR COMO UN PEZ GORDO (LOS TRIUNFADORES NO SE ANDAN CON RODEOS)

Si subes a un ascensor lleno de personas que hablan húngaro, puede que, si no hablas su idioma, no repares en que son húngaros. En cambio, ellos sabrán que tú no lo eres en cuanto abras la boca. Lo mismo ocurre con los grandes felinos. Si oyes hablar a varios de ellos, quizá no te des cuenta de que lo son. En cambio, en cuanto tú abras la boca, ellos sabrán que no eres uno de los suyos, salvo que hables su jerga.

¿Qué diferencias hay entre el rugido de un gran felino y la sibilancia insignificante de un gatito? La más descarada son los eufemismos. Los grandes felinos no temen las palabras de verdad. Al pan, pan. No se asustan de términos como «sudor», ni se esconden detrás de «transpiración». Si alguien es rico, lo llaman «rico», mientras que los gatitos, aterrados por la idea de hablar de dinero con gente fina, emplean la palabra «acaudalado». Cuando un gatito usa una palabra de reemplazo o un eufemismo, es como si estuviera diciendo: «Uf, es que eres mejor que yo. Como estoy con gente fina, voy a usar una palabra más agradable».

Los grandes felinos llaman a las partes del cuerpo por su nombre, sin cursiladas. Los pechos son pechos; los «melones» son una fruta, y las «peras», otra.

Técnica 32
AL PAN, PAN

No te escondas detrás de un eufemismo. Llama a las cosas por su nombre. Eso no significa que los grandes felinos usen palabras malsonantes de cinco letras cuando existen otras mucho más finas de seis o más letras. Lo que pasa es que aprendieron su lengua en todo su esplendor y la usan.

Esta es otra forma de distinguir a un triunfador de alguien que no lo es: escuchar unos minutos de su conversación.

33

CÓMO EVITAR EL PEOR VICIO DEL MUNDO EN UNA CONVERSACIÓN

Una vez fui a una pequeña cena que ofrecían el presidente de una agencia publicitaria, Louis, y su mujer, Lillian. La velada empezó con un coctel, seguido de unos platos exquisitos, acompañados por una selección de vinos excelentes. La conversación había sido agradable, la comida deliciosa y el vino extraordinario. Y todo muy abundante. Al final de la velada, Louis alzó la copa para brindar y salpicó el mantel de vino.

Una joven guapa, pareja de un nuevo director de cine llamado Bob, dijo con una risita: «Eso no lo hace el agua». Toda la mesa se quedó pasmada, helada. El anfitrión, sin duda, estaba algo ebrio. Sin embargo, insinuar que Louis había bebido de más, aunque fuera en broma, fue como si aquella mujer, de pronto, hubiera hecho pedazos con el plato el delicado cristal de la lámpara de araña que colgaba sobre la mesa.

Otra invitada disimuló enseguida la metedura de pata alzando la copa y diciendo: «En esta empresa no somos de agua. ¡Por una velada verdaderamente maravillosa!». Luego Louis siguió con su brindis por la inigualable compañía y todo el mundo se olvidó del asunto, salvo Bob. Sabía que la observación inocente de su acompañante sería un tache, si no en su expediente profesional, sí en el personal.

El siguiente elemento distintivo de un gatito son las bromas. Los gatitos van por ahí dando palmadas en la panza a sus amigos y diciéndoles cosas del tipo: «Te gustó el pastel de queso, ¿eh?», o mirándoles la calva y comentando: «Eh, como viene se va, ¿no?». Les parece divertidísimo decir una ocurrencia a costa de otros, como diciendo: «No es que tengas complejo de inferioridad, ¡es que eres inferior! Ja, ja, ja».

Técnica 33
FUERA PROVOCACIONES

Una señal inequívoca de que alguien es un gatito es su propensión a reírse de los demás. Con una broma inocente a costa de otro, quizá consigas granjearte alguna carcajada, pero serán los grandes felinos quienes rían los últimos, porque acabarás dándote de cabeza contra el techo de cristal que ellos construyen para evitar que los gatitos les pisen las zarpas.

Nunca, jamás, hagas una broma a costa de otra persona. Terminarás pagándolo caro.

34

CÓMO DAR UNA MALA NOTICIA (Y CAER AÚN MEJOR)

En el Antiguo Egipto, el faraón trataba al más humilde de los mensajeros como a un príncipe cuando llegaba al palacio... si llevaba buenas noticias. En cambio, si el corredor extenuado tenía la desgracia de llevarle malas noticias, le cortaban la cabeza.

En las conversaciones de nuestros días perduran algunos vestigios de esa costumbre. Una vez, una amiga y yo hicimos unos sándwiches de mantequilla de cacahuate con mermelada para una excursión. Mientras salíamos tan contentas por la puerta, con la cesta de pícnic en la mano, un vecino sonriente que se mecía en el porche miró al cielo y dijo: «Uy, mal día para ir de excursión. Dijo que va a llover». Me dieron ganas de estamparle los sándwiches en la cara, y no por el aciago pronóstico meteorológico, sino por la sonrisa.

Hace varios meses, tuve que correr para tomar a tiempo un autobús. Al llegar a la taquilla, mientras, sin aliento, le pasaba al vendedor de Greyhound el dinero por la ranura, el hombre, sonriente, me dijo: «Uy, ese autobús ya hace cinco minutos que salió». ¡Me dieron ganas de decapitarlo!

No es la noticia lo que fastidia, sino la falta de solidaridad de quien te la da. A todos nos toca dar malas noticias de vez en cuando, y los profesionales de éxito lo hacen con la actitud apropiada: un médico que aconseja cirugía a una paciente, lo hace con compasión; un jefe que informa a un empleado de que no consiguió el puesto lo hace con empatía; los psicólogos que atienden a los familiares de víctimas de accidentes mortales en los aeropuertos comparten con esas personas su dolor. Los grandes triunfadores saben que, cuando dan una mala noticia, deben ponerse en el lugar del receptor.

Lamentablemente, muchas personas no tienen esa sensibilidad. Cuando llegas al hotel, agotado después de un vuelo largo, ¿nunca te han dicho en recepción, con fastidiosa alegría, que la habitación aún no está disponible? Cuando tenías antojo de un corte, ¿no te ha dicho tu jovial mesero que acaba de servir la última ración? Cuando por fin consigues ir a esa zapatería a la que le tenías echado el ojo, ¿nunca te ha dicho con regocijo el dependiente que acaba de vender el último par de tu número del modelo que querías? Como viajero, comensal o cliente del banco, te dan ganas de borrarles esa sonrisa de un puñetazo en la boca.

Técnica 34
PIENSA EN EL DESTINATARIO

Si diera los pases a ciegas, un jugador de futbol no desperdiciaría ni dos segundos de partido dudando. El profesional siempre pasa la pelota pensando en el destinatario.

Antes de dar una noticia, piensa en quien la va a recibir, y luego dásela con una sonrisa, un suspiro o un sollozo, pero no pensando en cómo te impacta a ti, sino en cómo se la va a tomar la otra persona.

Si mi vecino me hubiera avisado de la tormenta con compasión, yo habría agradecido la advertencia; si el empleado de taquilla de la estación de autobuses me hubiera informado de forma más solidaria de que había perdido el mío, probablemente le habría contestado: «No pasa nada, ya tomo el siguiente».

Los grandes triunfadores, cuando tienen que dar malas noticias, sueltan la bomba con la emoción que seguramente sentirá la persona bombardeada. Saben dar malas noticias. Y también saben no dar noticias a nadie, aunque los presionen. Exploremos eso a continuación.

35

CÓMO RESPONDER CUANDO NO QUIERES CONTESTAR (Y HABRÍAS PREFERIDO QUE TUVIERAN LA BOQUITA CERRADA)

Una de mis clientas, Barbara, miniestrella del mundo del mueble, se separó recientemente de su esposo y socio de negocio, Frank, megaestrella del mundo del mueble. Sufrieron un divorcio largo y complicado tras el que terminaron llevando la empresa conjuntamente sin tener que tratarse entre sí.

Poco después del divorcio, yo estaba con Barbara en un congreso del sector. Como los dos eran muy queridos en ese ámbito, la gente sentía curiosidad por saber lo que había ocurrido y cómo afectaba a la empresa, pero, claro, nadie se atrevía a preguntar directamente, y Barbara tampoco daba explicaciones.

En la cena de gala de despedida, yo estaba sentada al lado de Barbara y, por lo visto, una de sus colegas de profesión, que se encontraba en la misma mesa, no pudo reprimir más la curiosidad. En el postre, se inclinó hacia Barbara y le preguntó en voz baja: «Barbara, ¿qué les pasó a Frank y a ti?».

Ella, en absoluto perturbada por aquella pregunta tan grosera, se limitó a tomar una cucharada de sus cerezas flambeadas y a contestar: «Nos separamos, pero eso no afecta a la empresa». No satisfecha con la respuesta, la mujer insistió: «Pero ¿siguen trabajando juntos?». Barbara tomó otro bocado de su postre y repitió lo de antes con el mismo tono exacto: «Nos separamos, pero eso no afecta a la empresa». La otra, frustrada, no pensaba darse por vencida fácilmente: «¿Tú sigues trabajando en la empresa?». Mi amiga, en apariencia impasible ante la insistente incontinencia de la mujer, apuró el postre, sonrió, la miró directamente y le dijo con el mismo tono de antes: «Nos separamos, pero eso no afecta a la empresa». Con eso, la otra se calló.

Barbara le había enseñado su medalla de ganadora sirviéndose de la técnica de «el disco rayado», la forma más eficaz de poner fin a un interrogatorio desagradable.

Técnica 35
EL DISCO RAYADO

Siempre que alguien se empeñe en interrogarte sobre un asunto desagradable, repite sin más tu respuesta inicial. Usa exactamente las mismas palabras y el mismo tono de voz. Volver a oírla suele silenciarlos. Si esa persona grosera sigue aferrada como una lapa, con una repetición más conseguirás quitártela de encima.

36

CÓMO HABLAR CON UNA CELEBRIDAD

Supón que estás cenando en un buen restaurante. Miras la mesa de al lado y ¿a quién ves? ¿En serio es él? ¡Imposible! Será alguien que se le parece. ¡No, es él! De verdad es... Woody Allen (aquí puedes poner a cualquier famoso: tu actor, político o presentador favoritos, el dueño del grupo empresarial que compró la compañía para la que trabajas...). Y ahí está ese cuerpo celestial, en carne y hueso, sentado a menos de tres metros de ti. ¿Qué deberías hacer?

¡Nada! Los grandes triunfadores no babean con las estrellas. Déjala que disfrute de un poco de anonimato. Si mira hacia donde estás, dedícale una sonrisa y un asentimiento de reconocimiento, y sigue con lo tuyo. A tu acompañante le parecerás más genial si te lo tomas con calma.

Ahora bien, si no puedes resistirte a esa oportunidad única de estrecharle la mano a esa superestrella y comunicarle tu admiración, te diré cómo hacerlo con elegancia. Espera a que el famoso o tú vayan a salir del restaurante. Cuando ya haya pagado la cuenta y sea evidente que no le robarás mucho tiempo, puedes acercarte. Dile algo del estilo: «Señor Allen, solo quería decirle cuánto he disfrutado siempre de sus maravillosas películas. Muchísimas gracias».

¿Captaste el matiz? No estás elogiando su trabajo. «A fin de cuentas —podría pensar él—, ¿quién eres tú para juzgar si soy buen cineasta o no?». Solo puedes hablar desde tu propia perspectiva, y eso lo haces diciéndole lo mucho que has disfrutado con su trabajo.

Si es el jefe del jefe del jefe de tu jefe esa persona a la que el destino te ofrece la oportunidad de adular, haz lo mismo. No le digas «Bill...» ni «Señor Gates, ¡qué gran compañía dirige usted!», porque él pensará: «¿Quién eres tú para juzgar?». Dile mejor que es un honor trabajar para él. Obviamente, no es el mejor momento para entrar en detalles sobre las últimas mejoras que has implementado en tus productos.

Luego deja claro con tu lenguaje corporal que si Woody o Bill o la superestrella del momento lo quiere dejar ahí, con eso es suficiente. Si, por el contrario, logras cautivar a la superestrella (o bebió tanta alegría líquida que esa noche ha decidido socializar con las masas), todo es posible. Haz lo que te parezca. ¡Y disfruta! Hasta que detectes que el famoso quiere poner fin a su intercambio. Imagina que eres un alumno de bailes de salón que baila con su profesor. Déjate llevar, porque él te dirá cuándo ha terminado el baile.

Por cierto, si la superestrella va acompañada y su conversación se dilata, dirige algunos comentarios a esa persona. Si ese satélite se encuentra en tan estelar compañía, es muy posible que también sea una persona de éxito.

Mi amiga Felicia es una abogada penalista de gran talento y está casada con un presentador de la televisión local. Debido a su profesión, a Tom lo reconocen en todas partes, y a ella la ignoran. Felicia me cuenta lo frustrante que le resulta incluso a Tom. Siempre que van a una fiesta, todo el mundo comenta entusiasmado el trabajo de él, y el de ella apenas se menciona. A los dos les encantaba salir a cenar por ahí, pero ahora se esconden en casa por las noches. ¿Por qué? Porque no soportan las interrupciones constantes de los fans enfervorecidos.

«ME ENCANTABA LO QUE HACÍAS (ME ENCANTA LO QUE HAS HECHO)»

Otro punto sensible: la estrella de cine seguramente está obsesionada con su última película; el político, con sus últimas elecciones; el magnate de los negocios, con su última adquisición; el escritor, con su última novela, y un largo etcétera. Así que, cuando hables con una estrella, un político, un magnate, un escritor o cualquier VIP sobre su trabajo, procura centrar tus comentarios en su obra actual o más reciente. A Woody Allen no le entusiasmaría que le dijeras lo mucho que te gustó su película de 1980 *Memorias de un seductor*. «¿Y todas las películas maravillosas que hice desde entonces?», pensará él. Si es posible, ajústate al presente o al pasado más reciente.

Técnica 36
LOS TRIUNFADORES NO BABEAN

Las personas que destacan por derecho propio no babean con los famosos. Cuando hables con uno, no elogies su trabajo: limítate a exponer lo mucho que lo has disfrutado o te ha influido. Si destacas alguno de los logros de la estrella, procura que sea uno reciente, no un recuerdo que ya esté amarilleando en su álbum de éxitos.

Si la abeja reina está sentada con un zángano, busca una forma de implicarlo también en la conversación.

Un último consejo para dirigirse a un famoso. Supón que tienes la suerte de que aparezca uno en tu fiesta. No le pidas al presentador de televisión que «diga unas palabras» para darle vida al evento, ni le pidas al cantante que cante una canción. Lo que a los demás nos parece fácil, porque se les ve muy cómodos haciéndolo, para ellos es trabajo. No le pedirías a un invitado contador que te revisara los libros de cuentas, ni a un dentista que viera cómo está tu muela. Deja que el dignatario beba tranquilo, que la estrella ría a gusto. Los famosos también son personas y les gusta disfrutar de su tiempo libre.

37

CÓMO CONSEGUIR QUE TE ESTÉN AGRADECIDOS

Para rematar el apartado de cómo parecer un triunfador, te traigo una pequeña maniobra, sencilla y elegante, que no solo indicará a los demás que eres un gran comunicador, sino que además los alentará a hacer cosas bonitas por ti, o a piropearte, o a hacer negocios contigo, o a quererte. Es muy breve, muy agradable, muy simple. Puedes usarla con todas las personas de tu entorno. Cuando la interiorices, te sorprenderás empleándola a diario.

Muy fácil: nunca dejes que la palabra «gracias» se quede sola y desnuda. Que sea siempre un gracias por algo. Se usa tanto el «gracias» sin más que ya nadie lo oye siquiera. Tras apurar el café matutino en una cafetería, le decimos un simple «gracias» al mesero que nos lo cobra. ¿Es ese el mismo «gracias» que queremos darle a un cliente apreciado que nos hace una gran compra en nuestra tienda o a un ser querido que nos prepara una cena deliciosa?

Siempre que la ocasión se preste a algo más que un agradecimiento inconsciente, adereza ese «gracias» con una razón:

«Gracias por venir».

«Gracias por ser tan comprensivo».

«Gracias por esperar».

«Gracias por ser tan buen cliente».

«Gracias por ser tan cariñoso».

Muchas veces, cuando bajo de un avión, el capitán y el primer oficial se plantan en la puerta de la cabina para despedir a los pasajeros. Yo digo: «Gracias por traernos». Quizá eso sea llevar a un extremo la técnica de «nunca un gracias a secas», pero tiene un efecto sorprendente, porque contestan emocionados: «¡Ay, gracias por volar con nosotros!».

Técnica 37
NUNCA UN GRACIAS A SECAS

Nunca dejes sola la palabra «gracias». De la A a la Z, acompáñala siempre de un «por»: desde «Gracias por ayudarme» hasta «Gracias por zanjar la discusión».

Gracias por leer este apartado de *Cómo hablar con cualquiera*. Pasemos ahora a otro desafío de la conversación: cómo hablar como un erudito con todo el mundo, desde grupos de contadores hasta budistas zen, al margen de lo poco que tengan en común.

PARTE IV

CÓMO INTEGRARSE EN CUALQUIER GRUPO

38

CÓMO SER UN RENACENTISTA MODERNO

Cuando algún amigo viene a verme a Nueva York, la ciudad en la que vivo, siempre le advierto:

—No preguntes a nadie en el metro cómo se llega a un sitio.

—¿Porque me robarán? —me pregunta con miedo.

—No, ¡porque no llegarás a tu destino en la vida!

La mayoría de los usuarios del metro de la Gran Manzana solo sabe dos cosas: dónde suben y dónde bajan. No conocen el resto de la red. En lo que respecta a nuestras aficiones e intereses, casi todos los seres humanos somos como esos viajeros del metro neoyorquino: sabemos lo nuestro, pero lo de los demás es como estaciones en las que no hemos estado nunca.

Mi amiga Rita, soltera, pero no por gusto, tiene una lesión en el pulgar a consecuencia de jugar boliche. Todos los miércoles por la noche pasa horas jugando con sus amigos. Siempre está hablando de sus puntuaciones, de sus promedios y de sus récords. Otro amigo soltero y sin compromiso, Walter, es aficionado al *rafting* en aguas bravas. Habla incansablemente con sus compañeros de afición sobre los ríos que ha recorrido, las equipaciones que ha usado y los rápidos que prefiere. Pensando que mis dos amigos desparejados podrían encajar, los presenté y mencioné sus respectivas pasiones.

—¡Ah, juegas boliche! —exclamó Walter.

—Sí —contestó Rita, sonriendo recatadamente, y aguardó a que Walter le hiciera más preguntas sobre lo mucho que le gustaba el boliche, pero él enmudeció—. Eeeh..., Leil me dijo que tú practicas el *rafting* en aguas bravas —dijo entonces, disimulando su decepción. Walter sonrió orgulloso, aguardando el consiguiente interrogatorio cordial sobre el *rafting*—. ¡Qué emocionante! ¿No es peligroso? —fue lo mejor que se le ocurrió a Rita.

—No, no es peligroso —respondió él, con condescendencia, a la típica pregunta de desconocedor de la materia.

Y ahí murió la conversación. Durante aquel silencio ensordecedor, recuerdo que pensé que si Rita hubiera hecho una sola ruta de *rafting* y Walter hubiera jugado una sola partida de boliche, su vida sería, quizá, muy distinta ahora. Quizá habría fluido la conversación y quién sabe qué más.

¡HAZ VOLAR UN PAPALOTE!

La técnica de «la terapia del revoltijo» es la salvación en ese tipo de encuentros decepcionantes, porque te convierte en un renacentista moderno que puede hablar con tranquilidad de una gran variedad de intereses.

«La terapia del revoltijo» es eso: alborotar tu vida y participar en actividades que jamás pensaste que probarías. Cada cuatro fines de semana, haz algo que se salga completamente de tus esquemas. ¿Que sueles jugar al tenis los fines de semana? Pues ese haz senderismo. ¿Que sueles hacer senderismo? Pues ese apúntate a una clase de tenis. ¿Que juegas boliche? Abandona a tus colegas por una vez y, en su lugar, practica el *rafting* en aguas bravas. Ah, que tenías pensado hacerte unos cuantos rápidos como todos los fines de semana que hace buen tiempo, ¿no? Pues olvídalo y ve a jugar boliche.

Visita una exposición filatélica o asiste a una ponencia sobre ajedrez, viaja en globo aerostático, sal a observar aves, pasa por un billar, prueba el kayak, ¡cuela un papalote! ¿Por qué?

Porque te dará tema de conversación para el resto de tu vida. Desde ese fin de semana les parecerás un entendido a todos los senderistas, coleccionistas de sellos, aeronautas, ornitólogos, jugadores de billar y aficionados al kayak y a los papalotes que conozcas. Solo por haber hecho lo suyo una vez.

Si tomas una tira azul para medir el pH y sumerges la punta en una cubeta enorme llena de ácido, se vuelve rosa; si agarras otra tira y la mojas con una gotita minúscula de ácido, la punta se vuelve igual de rosa. Compara esto con participar en una actividad una sola vez. Una muestra te da un 80% de valor conversacional. Aprendes qué preguntas hacer al experto, empiezas a usar los términos correctos... No volverás a sentirte perdido cuando salga el tema de los intereses extracurriculares, que sale siempre.

¿HABLAS EL IDIOMA «BUCEÉS»?

No soy experta en buceo, pero hace seis años, en un complejo hotelero de las Bermudas, vi un letrero que decía: «Inmersiones, 25 dólares sin experiencia en buceo». En cosa de tres horas, recibí el mejor curso intensivo del mundo sobre cómo hablar con buceadores.

Primero me dieron una clase en la piscina; luego, haciendo un esfuerzo por mantenerme erguida bajo el peso de la botella de aire, del regulador, del chaleco compensador y del cinturón de plomos, fui, caminando como un pato, al barco de buceo. Allí sentada, en el bote en constante vaivén, tocando nerviosa los *goggles* y las aletas como quien aprieta una pelota antiestrés, oí a los buceadores de verdad hacerse unos a otras preguntas de expertos:

«¿Dónde sacaste la *certificación*?».

«¿Dónde has *buceado*?».

«¿Prefieres los *naufragios* o los *arrecifes*?».

«¿Alguna vez has hecho una *inmersión nocturna*?».
«¿Te gusta la *fotografía submarina*?».
«¿Haces buceo *controlado por computadora*?».
«¿Cuál es tu *récord de inmersión*?».
«¿Alguna vez has tenido *DCS*?».

Las palabras que aparecen en cursiva forman parte de la jerga del buceo. Ahora ya hablo «buceés». Desde entonces, siempre que conozco a alguien que practica el buceo recreativo, ya sé qué preguntar y de qué hablar. Y de qué no hablar, claro (por ejemplo, de lo mucho que me gustan los mariscos, porque eso es como decirle a un amante de los gatos que te encantan los muslos tiernos de gatito a la parrilla). Ahora ya puedo preguntar a mis nuevos amigos en cuáles de los sitios de buceo más populares han estado: Cozumel, Caimán, Cancún... Luego, si quiero lucirme de verdad, pregunto si han estado en la laguna de Truk, en el Pacífico; en la Gran Barrera de Coral, en Australia; o en el mar Rojo.

Ahora me salen con naturalidad todos los términos de experto. Antes de mi experiencia con la «terapia del revoltijo», solía llamar a sus queridísimos naufragios y arrecifes «barcos hundidos» y «corales», que eran palabras más asequibles para mí, pero no términos de buceo, no términos de experto. Al conocer a un buceador, seguramente le habría dicho: «Guau, buceo, ¡qué interesante! ¿No te dan miedo los tiburones?», y esa es seguramente la mejor forma de empezar con la aleta izquierda con un aficionado al buceo recreativo.

Técnica 38
LA TERAPIA DEL REVOLTIJO

Una vez al mes, alborótate la vida. Haz algo que nunca te habías imaginado haciendo. Participa en algún deporte, ve a una exposición, acude a una charla sobre algo de lo que no sepas nada. Con solo exponerte una vez, ya obtendrás el 80 % de la jerga y las preguntas de experto correctas.

¡Piénsalo! Imagínate que en una cena se empieza a hablar de buceo en la mesa. Si tú también lo has probado una vez, podrás preguntarle al comensal aficionado al buceo si le gustan las inmersiones nocturnas o si prefiere los naufragios o los arrecifes. Cuando le cuentes que tu récord de inmersión es la bañera de tu casa, no se lo creerá.

Luego te volteas hacia el experto en *puenting* que tienes sentado a la izquierda y le preguntas si prefiere el salto con arnés de cuerpo o de tobillos. Si después se empieza a hablar de tenis, o de artes marciales, o de ajedrez, o de numismática, o de ornitología, podrás seguir hablando y mantener viva la conversación. ¡Vaya *crack*!

39

CÓMO HACER QUE PAREZCA QUE LO SABES TODO DE SU TRABAJO O SUS AFICIONES

Aún más insidiosa que la plática sobre *hobbies* es la conversación sobre trabajo, o la jerga laboral. Todavía tengo pesadillas sociales con la noche que asistí a una fiesta organizada por una pareja que trabajaba en gestión informática de bases de datos. Nada más entrar por la puerta, oí a un tipo decirle a otro: «Cuando el cálculo relacional de dominio se limita a expresiones seguras, equivale al cálculo relacional de tuplas...».

No me quedé a oír más. Sabía que no entendería absolutamente nada en toda la noche. Eso me hizo añorar los tiempos en que un ratón era un animalito peludo al que le encanta el queso, las ventanas eran de esas para las que compras cortinas y la red era algo con lo que las arañas atrapaban moscas. Sabía que, si quería ser compatible con aquella gente, necesitaría soporte técnico.

Decidí allí mismo y en aquel preciso instante aprender algunas de las preguntas iniciales que los que gestionan bases de datos se hacen los unos a los otros, y empecé de inmediato. Ahora estoy deseando volver a coincidir con ese grupo porque voy armada con preguntas como «¿Qué *stack* de datos usas?» o «¿Todo en la nube o aún resistes con servidores propios?».

Para entablar conversación en cualquier ámbito, solo necesitas unas cuantas preguntas iniciales de experto. Haces las preguntas, escuchas las respuestas y mantienes con ellos una conversación básica y concisa sobre lo suyo un rato. (Luego cambia de tema cuanto antes, ya que tampoco te conviene que piensen que sabes más de lo que en realidad sabes).

TODO DEPENDE DE LA PREGUNTA INICIAL

Un jugador de tenis sabe de inmediato si eres bueno con solo analizar tu primer saque. ¿Será genial jugar contigo o será un auténtico fiasco? Con la comunicación pasa lo mismo. Desde tu primer saque verbal, tu interlocutor ya sabe si será interesante hablar contigo sobre su vida o sus aficiones o si será un verdadero aburrimiento.

Por ejemplo, supón que me presentan a alguien y lo primero que me dice es: «Ah, eres escritora. ¿Para cuándo la novela del siglo?». Puf, ya sé que estoy hablando con alguien que no tiene ni idea de lo que hago. Aunque hablemos, prefiero cambiar de tema —y de interlocutor— cuanto antes.

Si, en cambio, la persona a la que acabo de conocer me dice: «Ah, eres escritora. ¿Escribes ficción o no ficción?». ¡Bingo! Entonces sé que estoy con alguien que sabe de lo mío. ¿Por qué? Porque esa es la primera pregunta que nos hacemos los escritores entre nosotros. Puedo disfrutar hablando con esa persona porque intuyo que conoce mejor mi mundo. Aunque cambiemos de tema enseguida, sé que me he topado con un individuo bien informado.

Todos los trabajos, los deportes, los intereses tienen sus preguntas iniciales de experto que los del mismo gremio se hacen entre sí... y también sus preguntas tontas de ajenos que nunca se hacen entre sí. Cuando un astronauta conoce a otro, le pregunta: «¿En qué misiones has estado?» (nunca «¿Cómo haces tus necesidades cuando estás ahí arriba?»). Un dentista le pregunta a otro: «¿Ofreces atención general o estás especializado?» (nunca «¿Te han contado algún chiste bueno sobre dolores últimamente?»).

La parte positiva es que empezar a dominar la jerga laboral es fácil. No hace falta conocer todos los tecnicismos, solo unas cuantas preguntas iniciales que te hagan parecer un experto. Así, y esto es lo divertido, cuando les dices que no eres del gremio, se quedan aún más impresionados. «¡Qué persona tan culta!», se dicen.

«¡SOCORRO! AHÍ TODOS SERÁN ARTISTAS»

No es difícil hacerse de una buena jerga laboral. Supongamos que te invitan a la inauguración de una galería en la que conocerás a muchos artistas. Si no hablas «artistés», repasa tu agenda telefónica para ver si tienes uno o dos amigos en el mundo del arte.

Ajá, encontraste a una. Más o menos. Tu amiga Sally estudió Bellas Artes. La llamas y le dices: «Sally, sé que esto te va a parecer raro, pero me han invitado a un evento en el que tendré que hablar con artistas. Dime qué les puedo preguntar...». A Sally quizá le extraña un poco la propuesta, pero le impresionará tu diligencia. A lo mejor te dice:

—Puedes preguntar con qué medio trabajan.

—¿Medio? —repites tú.

—Sí, esa es la forma en que los del gremio preguntamos si trabajan con pinturas acrílicas, óleo, carboncillo, pluma...

—Ah.

—No pidas a un pintor que te describa su obra —te advierte—. Para ellos, el suyo es un medio visual que no se puede describir.

—Ah.

—Ni preguntes si su obra está expuesta en alguna galería.

—Ah, ¿no?

—Podría ser un asunto delicado. Mejor pregunta si podrías ver su obra en algún sitio. Eso les encantará, porque, aunque no estén exponiendo, pueden invitarte a su estudio con la idea de que les compres algo.

Técnica 39
APRENDE UN POCO DE JERGA LABORAL

La segunda lengua de los grandes triunfadores es la jerga laboral. ¿Y qué es la jerga laboral? Pues el idioma de otras profesiones.

¿Por qué hay que hablarlo? Porque te hace parecer un experto.

¿Cómo lo aprendes? No vas a encontrar grabaciones en la sección de idiomas de tu librería preferida, pero la jerigonza es fácil de entender. Pídele a algún amigo que hable la jerga del grupo con el que vayas a reunirte que te enseñe unas cuantas preguntas iniciales. Las palabras son pocas, y las recompensas, muchas.

Eso es lo único que necesitas para empezar: dos buenas preguntas sobre pintura y una advertencia sobre la típica tontería que alguien ajeno al gremio suele preguntar.

Supongamos que ya hiciste un buen saque inicial con la pregunta adecuada sobre su trabajo. Ya lanzaste una bola rápida al mismísimo centro de la pista de la conversación. Satisfechos, creyendo que están con un jugador de los buenos, te responden. Entonces te devuelven la pelota y te toca preguntar otra vez. Uf, ¿qué haces?

Si no quieres destapar aún tus cartas, tendrás que dominar la siguiente técnica, la de «desvelar sus temas candentes».

40

CÓMO DESVELAR SUS TEMAS CANDENTES (CONVERSACIÓN BÁSICA DE MÉDICO)

Mi amigo John, médico de cabecera, se casó hace poco con una japonesa encantadora, Yamika. John me contó que la primera vez que los invitaron a una fiesta para que ella conociera a los compañeros de John, Yamika estaba aterrada. Quería causar buena impresión, pero le ponía muy nerviosa tener que hablar con médicos estadounidenses. John era el único que conocía y, durante su romance, tampoco habían pasado mucho tiempo hablado de medicina.

Él le dijo: «Tranquila, Yami. Ellos siempre se hacen las mismas preguntas los unos a los otros. Cuando los conozcas, pregunta: "¿Cuál es tu especialidad?", y: "¿Trabajas siempre en el mismo hospital?". Luego, para ahondar en la conversación —prosiguió—, haz preguntas como "¿Qué relación tienes con el hospital?" o "¿Cómo te afecta el entorno médico actual?". Esos son temas de actualidad entre los profesionales de la medicina, porque el sistema sanitario está cambiando mucho».

John me contó que Yamika dijo las frases tal cual. Anduvo por toda la fiesta preguntando a cada médico su especialidad e indagando sobre sus filiaciones y su relación con los hospitales. En consecuencia, fue la sensación de la fiesta. Más tarde, muchos de los compañeros de John lo felicitaron por haber conocido a una mujer tan encantadora y perspicaz.

BUSCA EL VERDADERO GANCHO DE LA CONVERSACIÓN

No ocurre solo con los médicos. En todas las profesiones hay cuestiones que inquietan al sector. El resto del mundo, sin embargo, sabe poco de esas fijaciones. Por ejemplo, las librerías independientes se quejan siempre de que las grandes cadenas se están apoderando del negocio, los contadores no pegan el ojo por las noches preocupados por el seguro de responsabilidad de las auditorías fallidas, y, a los odontólogos, las normativas OSHA y EPA los tienen rechinando los dientes.

Imagina que un pobre desgraciado tuviera la mala suerte de verse, de pronto, en una fiesta de escritores. Entablar conversación con esa gente (que rara vez sabe lo que piensa hasta que ve lo que ha dicho) no es tarea fácil para quien está acostumbrado a comunicarse con la palabra escrita. En cambio, si antes de la fiesta el que no escribe hubiera llamado a un conocido escritor para preguntarle por los temas candentes, habría mantenido una conversación interesantísima con los juntaletras toda la velada. Yo lo llamo la técnica de «desvelar sus temas candentes».

Técnica 40
DESVELAR SUS TEMAS CANDENTES

Antes de lanzarte a ciegas a un grupo de encuadernadores o a uno de dentistas, averigua cuáles son los puntos candentes de su gremio. Todo sector tiene inquietudes profesionales de las que las personas ajenas al oficio saben muy poco. Pide a tu informador que te desvele los rumores del sector, y luego, para avivar la conversación, jala esos hilos.

Volviendo a lo de la exposición de pintura a la que ibas a asistir, que no te cuelgue Sally todavía. Te ha proporcionado las dos mejores preguntas iniciales para un artista, pero no dejes que se vaya hasta que tengas el verdadero gancho de la conversación. Pregúntale qué es lo más destacado que está ocurriendo en el mundo del arte. Después de pensarlo un poco, puede que te diga:

—Bueno, siempre está el asunto de los precios de los cuadros.

—¿Los precios de los cuadros? —le preguntas tú.

—Sí —te explica—; por ejemplo, en los ochenta, el mundo del arte estaba muy movido por el mercado. Los precios se pusieron por las nubes porque algunos inversores y personas que buscaban alcanzar cierto estatus pagaban cantidades exorbitantes por las obras. A nosotros nos parece que eso, de algún modo, privaba del arte a las masas.

Bueno, ¡ahora sí que tienes munición para mantener una buena conversación de experto sobre arte!

«¡HASTA EL PRÓXIMO GRANDE!»

Por cierto, no te olvides de sonsacarle a tu informador saludos especiales de experto que utilizar cuando estés con los de su gremio. Por ejemplo, los actores se encogen de miedo cuando alguien les desea «buena suerte» antes de un espectáculo, pero sonríen al oír: «¡Mucha mierda!». «¡Mucha mierda!», en cambio, podría sonarle a un corredor de maratón a trastorno gastrointestinal y no hacerle ninguna gracia. ¡Eso es lo último que quieres! Lo único que le interesa es batir récords personales. Prueba con «¡Vamos por tu mejor tiempo!».

Los bomberos que tienen turnos no suelen coincidir salvo, claro, cuando hay incendios grandes. Por eso suelen saludarse con un «¡Hasta el próximo grande!».

Una vez, conduciendo de noche por una ciudad dormitorio en la que era casi imposible perderse, yo lo conseguí. Tuve que dar media vuelta. Por suerte, vi un parque de bomberos y a un par de bomberos aburridos sentados a la entrada.

«Disculpen, ¿podrían indicarme cómo volver a la Ruta 50?», grité por la ventanilla. Por su actitud, deduje que me consideraban torpe. No obstante, desganados, me señalaron la dirección correcta. Cuando me iba, exclamé: «Gracias, chicos, ¡hasta el próximo grande!». Por el retrovisor vi la sonrisa enorme que asomó a su rostro mientras se ponían en pie a la vez y me despedían con la mano. La rubia aturdida y desorientada se había ganado su respeto con un saludo de experta.

41

CÓMO AVERIGUAR COSAS DE SU VIDA SIN QUE SE ENTEREN

Imaginemos una mañana cualquiera. Te levantas, te preparas un café y te acomodas con el celular o la tableta para ponerte al día de lo que está pasando en el mundo. En tu mundo, vamos. ¿Vas directo a las noticias internacionales? ¿A la sección de moda? ¿A la página de deportes? ¿A la sección de entretenimiento? ¿A la tira cómica, quizá?

Sea cual sea la sección que mires primero, mañana NO LO HAGAS. Salta a cualquier otra sección, preferiblemente una que no leas nunca. ¿Por qué? Porque te familiarizará con otros mundos de tal forma que pronto puedas hablar de cualquier cosa con cualquiera, por poco que tengan en común.

¿Qué te parece la sección inmobiliaria? Un fiasco. Tal vez la propiedad inmobiliaria no te resulte apasionante. Sin embargo, tarde o temprano te toparás con un grupo de personas que estén hablando de inmuebles, de ofertas y del mercado actual. Explorar esa sección una vez cada equis semanas te permitirá mantenerte al tanto de su conversación.

¿Los anuncios por palabras? Quizá piensas que el mundo sería muchísimo mejor sin Madison Avenue, pero el saldo de tu cuenta no mejorará si no puedes hablar de tus cosas con el experto en marketing al que acabas de contratar para que publicite los productos de tu empresa. Con solo una ojeada a la sección de noticias sobre publicidad, pronto estarás hablando de campañas, de creativos y de hacer prensa o televisión. En vez de hablar de «palabras», hablarás de «texto»; en vez de utilizar «agencia», te verás empleando términos de auténtico experto como «estudio».

Usar palabras de profano es la forma más fácil de poner de manifiesto que no estás al corriente. En el crucero, a la tripulación le repateaba que los pasajeros les preguntaran: «¿Cuánto tiempo llevas trabajando en el barco?». Ellos se enorgullecían de trabajar en un buque, y el empleo de la palabra «barco» dejaba claro que el pasajero en cuestión era un auténtico marinero de agua dulce.

Dar con la palabra justa puede obrar milagros en la conversación. Cuando algún pasajero preguntaba a nuestro lacónico capitán: «¿Cuándo se hizo patrón?», o: «¿Cuál fue su primer mando?», el capitán Cafiero detenía la fila entera de personas que serpenteaba por todo el salón a la espera de estrecharle la mano para relatar con entusiasmo su historial naval al pasajero experto que posiblemente hubiera visto las palabras «patrón» y «mando» en las noticias navieras del periódico. (Si el pasajero hubiera preguntado simplemente: «¿Cuánto hace que es capitán?», o: «¿Cuál fue su primer barco?», lo habría echado a patadas, a la manera delicada habitual de un oficial italiano, claro).

No tardarás en acostumbrarte al subidón que produce ser capaz de conectar con tantas personas con solo leer distintas secciones del periódico.

SÁCALE AÚN MÁS JUGO

Luego, cuando necesites una dosis más intensa de la jerga del experto, empieza a leer publicaciones especializadas, tanto físicas como digitales, de esas de tirada limitada que solo están al alcance de los miembros de diversos colectivos profesionales. De este modo, podrás tener aún más leña con la que alimentar el fuego de la conversación.

En todos los sectores hay una o dos. Verás publicaciones y webs para todos los gustos: desde coches, restauración y *spas* hasta mascotas, horticultura y estética, pasando por un sinfín de otros ámbitos Con un solo vistazo a cualquiera de una de esas publicaciones o webs tendrás una muestra de su jerga y estarás informado de los asuntos más candentes de ese ámbito.

Para lo relativo a los intereses y las aficiones de la gente, consulta publicaciones y webs sobre atletismo, entreno, ciclismo, esquí, natación y surf. En algunos puestos de revistas y en internet encontrarás innumerable información sobre ciclismo, boxeo, boliche y un largo etcétera.

Hace años me dio por comprar una revista distinta cada semana. Me salió rentable enseguida cuando una clienta potencial, una consultora, me invitó a cenar a su casa. Tenía un jardín precioso y, gracias a *Flower and Garden Magazine*, pude hablarle de plantas ornamentales, anuales y perennes. Incluso pude seguirle la conversación cuando esta se desvió hacia la posibilidad de plantar semillas o bulbos.

Como yo ya hablaba un «florés» fluido, me propuso dar un paseo más largo para enseñarme sus jardines privados, en la parte trasera de la finca. Mientras los recorríamos, yo iba alternando entre la conversación sobre crisantemos y la labor de consultoría que podía hacer para su empresa. ¿Cuál de las dos se estaba llevando a la otra al huerto? ¿El mundo se hace cada vez más pequeño o nosotros cada vez más grandes? El renacentista moderno se siente a gusto y seguro en todas partes. La técnica que te presento a continuación ayuda a ser experto en cualquier lugar del planeta, y ahorra el mal trago de quedar como el «patán estadounidense» por el que nos tiene todo el mundo.

Técnica 41
LEE SUS PUBLICACIONES ESPECIALIZADAS

¿Tu próximo gran cliente juega al golf, corre, nada, surfea o esquía? ¿Vas a asistir a algún evento repleto de contadores, budistas zen, o cualquier cosa intermedia? Existen numerosas publicaciones mensuales físicas y digitales sobre todas las materias imaginables. Solo leyendo artículos especializados en un gremio determinado podrás reunir más información de la que necesitarás en toda tu vida y sonar como un auténtico experto. (¿Aún no sabes nada de la doma del caballo? ¿En serio?).

42

CÓMO HABLAR CUANDO ESTÁS EN OTROS PAÍSES

Supongamos que tienes previsto viajar al extranjero por negocios y quieres parecer un «profesional global». ¿Qué es lo primero que vas a necesitar? Un pasaporte y un libro de frases hechas, ¿cierto? Porque ¿quién quiere pasear por Roma sin saber cómo preguntar dónde hay un baño? ¿O estar muerto de sed en Kuala Lumpur y no tener ni idea de cómo pedir un refresco? No obstante, hay algo que a todos se nos olvida meter en la maleta, a menudo con terribles consecuencias: un libro sobre costumbres internacionales.

Una amiga mía, también ponente, llamada Geraldine estaba emocionada con su primera conferencia en Japón. Para sentirse cómoda durante el largo vuelo, se puso sus jeans de diseño favoritos y una cazadora informal. Catorce horas y más de diez mil kilómetros después, cuatro caballeros japoneses impecablemente vestidos la recibieron en el aeropuerto de Narita y, sonriendo y haciendo reverencias, le dieron su tarjeta de visita. Como ella llevaba la bolsa en una mano, Geri tomó las tarjetas con la otra, y las puso a buen recaudo en la bolsa trasera del pantalón. Luego sacó de la bolsa una de las suyas y, consciente de que iba a costarles pronunciar Geraldine, anotó su diminutivo debajo del nombre impreso. Los japoneses se quedaron mirando la tarjeta, le dieron la vuelta varias veces para examinarla y después uno de ellos se la guardó en el maletín.

Cuando llegaron los cinco al hotel, invitaron a Geri a tomar el té en el vestíbulo. Mientras bebían, los caballeros japoneses la obsequiaron con un regalito que ella abrió entusiasmada. Uno de los mayores encantos de Geri es lo cariñosa y efusiva que es siempre. Estaba emocionada con el regalo y, con su estilo típico, exclamó: «¡Ay, es precioso!», a la vez que daba un abrazo a cada uno de los japoneses.

Llegados a ese punto, los cuatro caballeros se levantaron a la vez, como cuatro gatos siameses ceñudos, le hicieron una discreta reverencia, mascullaron «Sayonara» y se fueron enseguida. La pobre Geri se quedó perpleja. ¿Qué había hecho mal?

¡Pues todo! Para empezar, los jeans. En Asia, aunque te acabes de bajar de la bici, jamás te reúnes con un cliente vestido con ropa informal. El segundo error fue la forma vulgar en que Geri manipuló las tarjetas de visita. En los países asiáticos, la tarjeta de visita es una de las herramientas protocolarias más importantes. Se presenta y se acepta siempre con ambas manos y muchísimo respeto (salvo en los países asiáticos musulmanes, donde la mano izquierda se considera impura).

Además, Geri se había guardado muy deprisa las tarjetas de los japoneses. En Asia, la tarjeta de visita se usa como forma de iniciar la conversación. Se habla de las tarjetas y de trabajo y no se guarda la de la otra persona hasta que ella pone la tuya, respetuosamente, a buen recaudo. Que mi amiga se la metiera en la bolsa trasera del pantalón fue toda una falta de respeto.

Geri no reparó en su cuarta metedura de pata hasta llegar a casa. Uno de sus compañeros, Bill, curtido en viajes de negocios, le expuso el problema. Le dijo que la razón por la que los caballeros le habían dado la vuelta a su tarjeta de visita cuando ella se la había dado en el aeropuerto era porque buscaban su nombre, cargo y empresa impresos en japonés en el reverso, pero el de la tarjeta de Geri estaba en blanco, claro. Y el colmo de los horrores fue que mi amiga escribiera en la tarjeta. No es que las tarjetas sean sagradas en Asia, pero no conviene mancillarlas garabateándolas a mano.

Pero, en la triste experiencia de Geri con los japoneses, aún hubo cosas peores. Bill le comunicó que no tendría que haber abierto el regalo delante de los clientes. ¿Por qué? Porque en un país en el que guardar las apariencias es esencial, habría sido bochornoso para ellos descubrir que el regalo que le hacían no era bonito como el que habían recibido ellos. (¡Uf, si Geri ni siquiera les había regalado nada!). Séptima metedura de pata.

El gritito que soltó Geri cuando le dieron el obsequio también fue un desacierto. En Asia, cuanto más bajo hables, mayor es tu categoría. El remate fue, claro, que comenzara a repartir abrazos de agradecimiento. El abrazo, algo que se valora muchísimo en determinadas partes del mundo, en Japón es del todo inaceptable con un cliente nuevo.

Huelga decir que a Geri no la han vuelto a invitar a Japón. En cambio, tiene agendada una ponencia en El Salvador. Y esta vez lo hará bien. Está estudiando las costumbres del país. Por suerte, ha visto que puede abrazar todo lo que quiera. Pero nadie la tuteará ni ella podrá tutear a nadie. Ah, y tampoco podrá presentarse como «americana», claro, porque, a fin de cuentas, ¡los salvadoreños también son americanos!

Las diferencias con otros países del mundo son infinitas. Siempre que viajo, tengo que darme una palmada en la cabeza para que no se me olvide que no estoy en Estados Unidos, donde todo vale. Me encanta viajar en jeans, y soy una abrazadora incurable e incapaz de esperar a ver qué es lo que hay en una caja de regalo. No obstante, cada vez que planeo abandonar las costas del Tío Sam, me informo sobre las costumbres de fuera para ver hasta qué punto puedo ser yo misma.

Técnica 42
COSTUMBRES CLARAS

Antes de poner un pie en el extranjero, consulta un libro sobre qué hacer y qué no en otras partes del mundo. Si vas a estrechar la mano, regalar algo, hacer gestos o incluso elogiar las posesiones de alguien, consúltalo antes. Una metedura de pata podría arruinar el proyecto entero.

Hay libros estupendos sobre costumbres internacionales. En las notas encontrarás algunas propuestas.[17, 18, 19] También en internet encontrarás una cantidad infinita de información al respecto.

No seas como un pobre compañero mío, que estuvo a punto de reventar un contrato importante con una empresa brasileña porque, justo antes de firmar, hizo un gesto de acuerdo juntando la yema del pulgar con la del índice. Ni se imaginaba que, con eso, le estaba diciendo al cliente que le dieran por salva sea la parte. Esto nunca se sabe hasta que ya es tarde.

Y llegamos por fin a esa parte en que ser experto produce beneficios inmediatos, tangibles y calculables, y ser un neófito te duele de verdad, sobre todo en la bolsa o en la cartera.

43

CÓMO CONSEGUIR QUE TE HAGAN UN «DESCUENTO EXCLUSIVO» (EN CASI TODO LO QUE COMPRES)

Nunca subestimes el ingenio humano cuando se trata de conseguir lo que quieres. Muchos amplían el dicho de «En el amor y en la guerra, todo se vale» a «En el amor, en la guerra y en la compra de lo que quiero, todo se vale». Conseguir mesa en un restaurante de moda una noche de mucho ajetreo usando el nombre de un famoso es un viejo truco. A mi jefe de sala favorito lo llaman muchos De Niro para reservar y, cuando llega el grupo de seis u ocho, le dicen: «Lo sentimos mucho, pero Rob no se encontraba bien esta noche».

Una mujer, frustrada porque no le había funcionado lo del falso famoso, le gritó: «A ver, ¿quién demonios tengo que ser para conseguir mesa? Me hago pasar por quien quiera: Goldie Hawn, Steffi Graf, Fergie..., dígame». Otros prueban con una estrategia desesperada de última hora y, acercándose al jefe de sala de un restaurante abarrotado, señalan un nombre cualquiera en el libro de reservas y dicen: «Esos somos nosotros».

Se ven las mismas argucias en los hoteles donde no quedan habitaciones libres. Hace varios meses, me estaba registrando en un hotel muy popular para el que, por suerte, había confirmado la reserva. Un maleducado que tenía delante en la fila le gritó al recepcionista: «Pero ¿cómo que no hay habitaciones? Yo me alojo en este hotel esta noche sí o sí. Si no tiene habitaciones, duermo aquí mismo, en el suelo. —Y como el berrinche no le estaba funcionando, añadió—: ¡Y le advierto que duermo desnudo!». Le dieron habitación.

Esas tretas infantiles no son aconsejables. En su lugar, yo recomiendo una técnica más ejemplar: hacerse el sabiondo para conseguir una ganga. Nació una tarde que yo estaba con un agente de seguros, el señor Carson, que pretendía venderme un seguro del hogar. Como es lógico, yo buscaba la máxima cobertura al menor precio posible. Carson, que se las sabía todas, me estaba explicando pacientemente y con términos sencillos las ventajas de algunas cláusulas que quería incluir.

Justo cuando empezaba a abordar los desastres naturales, como guerras y huracanes, su teléfono sonó. El hombre se disculpó y atendió la llamada. Era un compañero. De pronto, se produjo una metamorfosis ante mis ojos. El sofisticado vendedor se convirtió en un tipo común y corriente que hablaba de paraguas con su colega. Pensé que hablaban del tiempo. Luego empezaron con los flotadores, y creí que hablaban de natación. Tardé un rato en darme cuenta de que las «pólizas paraguas» y las «pólizas flotadores» eran parte del idioma «segurés» que ambos hablaban.

Unos minutos más tarde, Carson dijo: «Bueno, muy bien, hasta luego», y colgó. Se aclaró la garganta y volvió a transformarse en el agente de seguros que explicaba con paciencia a una clienta las coberturas y las franquicias.

Allí sentada, escuchando su confusa jerga sobre «subrogación» y «responsabilidad prorrateada», empecé a preguntarme si el colega de Carson que acababa de llamarlo habría conseguido una póliza mejor y más barata en caso de haber querido contratar un seguro. En prácticamente todos los sectores, los proveedores de bienes o servicios tienen dos precios, uno para los colegas iniciados y otro para ti y para mí.

Para no enojarme con aquello, lo medité. ¿Era injusto? En el fondo, no. Si el proveedor de esos bienes o servicios no tiene que perder el tiempo haciendo de vendedor o de psicólogo, respondiendo un torrente inagotable de preguntas de novato, puede permitirse ofrecer su mejor precio. Carson seguramente no tendría que dedicar veinte minutos (como me los había dedicado a mí) a explicarle a su amigo por qué se considera una catástrofe natural que un tornado se lleve tu casa, con lo que tú sales perdiendo. Cuando un socio entendido en la materia compra algo, la labor del proveedor queda reducida, para su regocijo, a la de un mero agente de compras. Por muy poco trabajo, consigue un pequeño beneficio, y con eso es suficiente.

Saber un poco sobre lo que compras tiene sus ventajas. Si estás al tanto de la comisión que se lleva tu agente inmobiliario, es más posible que te ofrezca un precio mejor. Si controlas los tecnicismos que los servicios de *catering* y los vendedores de coches usan para asegurarse la ganancia, estás familiarizado con las técnicas que las empresas de mudanzas y los mecánicos emplean para estafar a los ingenuos, sabes qué métodos emplean los abogados para engordar sus honorarios..., en resumen, si sabes cómo funcionan las cosas, no te desplumarán. Tampoco hace falta que sepas mucho, basta con unos cuantos tecnicismos. El profesional da por supuesto que, como dominas los términos más complejos del sector, también estás informado de cuáles son el mejor trato y el precio mínimo.

Nadie lo expresaría mejor que el tipo que me pintó la casa, Iggy.

—Claro —me dijo—, hay que saber hablarle a un pintor. No es mi caso, pero muchos te sacarán todo lo que puedan. Los seres humanos somos así. Si sabes manejarlos como te diré, reaccionarán con cautela, y se dirán: «Uf, este conoce el negocio. Aquí no hay nada que hacer».

—De acuerdo, Iggy, cuéntame cómo.

—Tú les dices —me propuso—: «A ver, chicos, las paredes apenas necesitan imprimación. No van a necesitar mucho tiempo para lijarlas y sanearlas. Es un trabajo limpio».

Iggy me dijo que, solo con esas frases, se podía ahorrar un dineral. ¿Por qué? Porque el pintor sabrá enseguida que conoces el oficio y sabes que lo que más tiempo le lleva es preparar la superficie (la imprimación, en «pintorés»), que es a lo que aplica el mayor recargo.

—Luego —prosiguió Iggy—, cuando les digas que no quieres cortes de color [pintar de dos colores, uno al lado del otro], el precio volverá a bajar. No te olvides de decirles que no quieres saltos [zonas sin pintar o mal pintadas] y te lo harán mejor.

Solo lamento no tener a un Iggy para cada ámbito que pueda impartirme un curso exprés sobre cómo negociar.

CÓMO NEGOCIAR CUANDO NO TIENES A UN IGGY EN TU VIDA

Así es como puedes conseguir siempre el mejor precio y la mejor oferta. Búscate a un Iggy que te informe. Si tienes algún conocido que se dedique a eso, aprende su jerga. Si no, en vez de ir directamente a la empresa en la que quieres adquirir el producto o el servicio, ve a ver a otros primero. Habla con ellos. Aprende unos cuantos tecnicismos de cada uno.

Por ejemplo, supongamos que quieres comprar un diamante. En vez de ir a tu joyería favorita y hacer preguntas tontas sobre diamantes, acude a la competencia. Traba amistad con el vendedor y hazte de unas cuantas perlas del idioma «diamantés». Descubrirás que los joyeros hablan de «piedras», no de diamantes; que cuando se refieren a la parte superior de la piedra, la llaman «tabla», que la parte más ancha es «la faja», y la inferior, «el filete». Si la piedra parece amarilla, di que está «encapotada». Si le ves algún defecto, llámalo «destellos» o «brillos». Si la piedra sigue sin gustarte, no digas que quieres ver «algo mejor», sino «más exquisito». (Y no me preguntes por qué. Así es como hablan los que saben de diamantes).

Cuando ya controles la jerga, ve adonde quieres comprar y, como ya hablas «diamantés», conseguirás mejor precio.

Técnica 43
HACERSE EL SABIONDO PARA CONSEGUIR UNA GANGA

Las técnicas de regateo de los antiguos mercados árabes siguen muy vigentes en la sociedad contemporánea con los artículos de costo elevado. El precio es mucho más bajo cuando sabes negociar.

Antes de hacer una compra importante, busca varios proveedores, unos cuantos de los que aprender y otro al que comprarle el producto. Luego, armado con los tecnicismos del sector, podrás ir a la tienda en la que vayas a comprar.

No tardarás en preguntar a los peleteros dónde se han curtido las pieles, a las empresas de mudanzas cuál es su índice de calidad en la Comisión de Comercio Interestatal, y a los abogados los honorarios por hora para socios y pasantes. Y entonces esas personas, como me comentaba Iggy, se dirán: «Uf, esta sí sabe. Aquí no hay nada que hacer».

Ahondemos ahora en lo que implica ser un experto. Esta vez exploraremos la forma de darle a tu interlocutor la sensación de que no solo has vivido la experiencia, sino que también compartes la parte sesuda, las creencias y los valores vitales.

PARTE V

CÓMO HACER QUE PAREZCAN ALMAS GEMELAS

44

CÓMO HACER QUE LES PAREZCA QUE SON DE LA MISMA «CLASE»

Igual que el jilguero bate las alas más rápido que el águila cuando planea, las personas de distintos entornos se mueven de forma diferente. Por ejemplo, los habitantes de la Costa Oeste estadounidense, acostumbrados a las amplias llanuras, se sitúan a mayor distancia los unos de los otros; los del este, que van siempre como sardinas en el metro y en autobuses atestados de gente, suelen acercarse más entre sí. Los estadounidenses de origen asiático hacen movimientos delicados; los de origen italiano, todo lo contrario.

Exagerando un poco los extremos, a la hora de tomar el té, los que terminaron sus estudios se inclinan un poco hacia delante y posan con elegancia el trasero en el sofá. Cuando las damas alargan la mano para tomar la taza, sostienen el platito con una mano y la taza con la otra, con el meñique ligeramente elevado. Las personas sin estudios se tiran en el sofá como les da la gana y agarran la taza con ambas manos.

¿Unos lo hacen bien y los otros no? No, pero un buen comunicador sabe que, cuando está haciendo negocios con uno de los que posan el trasero con delicadeza y levantan el meñique o con uno de los que se despatarran en el sofá y agarran la taza con todos los dedos, tiene que hacer lo mismo que ellos sí o sí, porque los seres humanos nos sentimos cómodos con otras personas que se comportan como nosotros.

Tengo una amiga que viaja por todo el país impartiendo un seminario impresionante titulado «Cómo casarse con los ricos». Genie estaba una vez en un casino de Las Vegas cuando un reportero de televisión le preguntó si era capaz de distinguir a los ricos de verdad de los impostores.

—Pues claro —contestó ella.

—Muy bien —la desafió el reportero—. ¿Cuál es el hombre más rico de esta sala?

En la mesa de al lado había tres hombres con trajes hechos a medida (de Hayward of Mayfair, Londres, sin duda) y camisas de sastrería (de Charvet, Place Vendôme, París, sin duda), bebiendo pausadamente un *whisky* (de malta pura, Laphroaig, isla escocesa de Islay, sin duda). El reportero dio por supuesto, claro, que Genie señalaría a uno de aquellos probables candidatos. Sin embargo, con la astucia de un perro sabueso, los ojos de Genie exploraron la estancia. Y, con la pericia de un sabueso, apuntó instintivamente la larguísima uña roja hacia un tipo con jeans rotos sentado en un rincón.

—Ese hombre tiene mucho dinero —masculló.

Perplejo, el reportero le preguntó:

—¿Cómo lo sabe?

—Se mueve como quien tiene dinero de toda la vida —contestó ella—. Porque eso se ve en la forma de moverse, ¿sabes? Los nuevos ricos se mueven de otro modo, y los que no tienen ni un peso también.

Genie sabía que el tipo del rincón, aunque no lo pareciera, obviamente tenía dinero, solo por su forma de moverse.

Técnica 44
SÉ UN IMITACLASES

Observa a la gente. Fíjate en cómo se mueven. ¿Con movimientos discretos o aparatosos? ¿Despacio o deprisa? ¿A trompicones o con fluidez? ¿Son mayores o jóvenes? ¿Tienen clase o son vulgares?

Imagina que la persona con la que estás hablando es tu instructor de baile. ¿Baila jazz o ballet? Observa su cuerpo e imita su estilo. De ese modo, tu interlocutor se sentirá muy a gusto contigo sin darse cuenta siquiera.

TAMBIÉN ELLOS TE ESTÁN COMPRANDO

Si te dedicas a las ventas, imita no solo la clase del cliente, sino también la de tu producto. Yo vivo en el Soho neoyorquino, que es un barrio situado solo unas manzanas por encima de Canal Street, una zona menos recomendable. Con frecuencia, cuando recorro la zona abarrotada de Canal Street, aferrada a mi bolsa y esquivando a la gente, me cruzo con algún carterista reconvertido en vendedor por un día. Mira furtivamente alrededor y me extiende de pronto un pañuelo sucio con una joya en él. «Eh, ¿quieres comprar una cadena de oro?». Su actitud nerviosa de ladrón podría bastar para detenerlo.

Unas sesenta manzanas más al norte, se encuentra la carísima y archiconocida joyería Tiffany's. En alguna ocasión, movida por la fantasía de poder comprarme algo allí algún día, entro por las enormes puertas doradas. ¿Te imaginas a uno de sus vendedores profesionales, impecablemente vestidos, situados al otro lado de los mostradores de cristal biselado mirando furtivamente alrededor y diciéndome: «Eh, ¿quieres comprar un diamante?».

¡No venderían nada!

Adapta tu personalidad a tu producto. ¿Vendes trajes a la medida? Un poco de decoro, por favor. ¿Vendes jeans? Échale más onda, por favor. ¿Sudaderas? Ponte ropa deportiva. Y así con todo, vendas lo que vendas. Recuerda que la experiencia de venta de tus clientes eres tú y, por tanto, formas parte del producto que están comprando.

45

CÓMO HACER QUE SE SIENTAN COMO SI FUERAN «FAMILIA»

¿Alguna vez has estado platicando con alguien a quien acabas de conocer y, al cabo de un rato, te has dicho para tus adentros: «¡Pensamos igual! Estamos en la misma onda»? Es una sensación fabulosa, casi como enamorarse.

Los amantes lo llaman «química»; los nuevos amigos, «conexión instantánea»; y los profesionales, «mentalidades afines», pero es la misma magia, esa súbita sensación de bienestar y complicidad, esa extraña sensación de «¡Vaya, de pronto es como si fuéramos amigos de toda la vida!».

Cuando éramos pequeños, hacer amigos era más fácil. Casi todos los niños que conocíamos eran de nuestra misma zona y estaban en nuestra onda. Luego pasaron los años, nos hicimos mayores, nos mudamos... Cambiaron nuestro entorno, nuestras experiencias, nuestros objetivos, nuestro estilo de vida... Y dejamos de estar en la misma onda.

¿No sería genial disponer de una tabla de surf mágica que nos permitiera subirnos a la onda de los demás siempre que quisiéramos? Pues aquí lo tienes: un instrumento lingüístico con el que podrás conectar a tope con todas las personas que conozcas. Si estás en lo alto de una montaña y gritas: «Eeeooo» hacia el valle, oirás resonar tu «Eeeooo». Yo lo llamo la técnica de «hacerse eco», porque, como la montaña, te haces eco de las palabras exactas de tu interlocutor.

TODO EMPEZÓ AL OTRO LADO DEL CHARCO

En muchos países europeos se oyen cinco, diez y hasta más lenguas dentro del mismo idioma. Por ejemplo, en el sur de Italia, los sicilianos hablan un dialecto que a los del norte del país les suena a chino. Una vez, en un restaurante italiano, oí que un comensal descubría que su mesero era también de Údine, una ciudad del noreste donde hablan el friulano. El hombre se puso en pie y abrazó al mesero como si fuera un hermano perdido hacía tiempo. Se pusieron a hablar en un dialecto que los demás empleados italianos no entendían.

En Estados Unidos también tenemos dialectos, solo que no somos conscientes de ellos. De hecho, tenemos miles de palabras distintas dependiendo de la región, la profesión, los intereses o la educación. Una vez, viajando de costa a costa del país, quise pedir un refresco en un restaurante de carretera y tuve que darle muchas explicaciones al mesero para que me entendiera. El mundo angloparlante es tan grande que los estadounidenses tenemos infinidad de opciones para decir lo mismo.

Los miembros de una misma familia hablan parecido, los amigos usan las mismas palabras y los socios de una empresa o de un club tienen expresiones parecidas. Todas las personas que conozcas tendrán una lengua propia que los distinga subliminalmente de los forasteros. Las palabras pertenecerán al mismo idioma, pero variarán de una zona a otra, de un sector a otro y hasta de una familia a otra.

EL INSTRUMENTO LINGÜÍSTICO QUE TE DICE: «ESTAMOS EN LA MISMA ONDA»

Cuando quieras producirle a alguien la sensación de que son semejantes, usa sus palabras, no las tuyas. Supón que le estás vendiendo un coche a unos padres jóvenes que están preocupados por la seguridad de su «peque». Cuando les expliques las prestaciones de seguridad del vehículo, usa esa misma palabra, no cualquier otra que emplees para llamar a tus hijos. Ni digas tampoco «sistema de bloqueo infantil», que era lo que venía en el manual de ventas. Diles a los clientes: «No hay peque que abra la ventanilla, gracias al dispositivo de control del conductor». Llámalo incluso «sistema de bloqueo para peques». Cuando esos padres te oigan usar «peques», les parecerá que eres como «de la familia», porque así es como llaman todos sus parientes al chiquillo. Imagina que los clientes hubieran dicho «niño» o «bebé». Muy bien, tú hazte eco de cualquier palabra que digan (o de casi cualquiera, ya que si dicen «mocoso», quizá es preferible que no lo repitas).

EL ECO EN LAS FIESTAS

Supongamos que estás en una fiesta. Es un fiestón con muchísima gente de todo tipo. Primero hablas con una abogada que te dice que su «profesión» está muy denostada. Cuando te toque hablar a ti, usa «profesión» también. Si dices «trabajo», levantarás una barrera inconsciente entre los dos. Luego conoces a un obrero de la construcción que empieza a hablarte de su «trabajo». En ese caso, si dices: «Bueno, en mi profesión...», te equivocas, porque pensará que le hablas con condescendencia.

Después de la abogada y el obrero de la construcción, hablas con varios autónomos: primero una modelo, luego un orador profesional y, por último, un músico de pop. Los tres usarán términos distintos para abordar lo que hacen. La modelo hablará de su «agenda» y el orador profesional, quizá también, pero es más probable que se refiera a sus «compromisos»; el músico seguramente diga: «Caray, hombre, es que tengo muchos "amarres" este mes». Cuesta memorizar el término que usa cada uno, así que presta atención y hazte eco de la palabra en cuanto la pronuncien.

El eco va más allá del nombre que se le da al trabajo en sí. Por ejemplo, si hablas con el propietario de un barco y usas el pronombre de cosa, te tomará por alguien ajeno al medio (porque para él, claro, su embarcación tiene personalidad). Si aguzas el oído, descubrirás sutilezas de la lengua que ni imaginabas que existieran. ¿Puedes creer que por usar el sinónimo equivocado de una palabra tan simple como «tener» a lo mejor te ponen la etiqueta de neófito en el ámbito de otra persona? Por ejemplo, los amantes de los gatos presumen de «tenerlos», pero los aficionados a los caballos hablan de que «son propietarios», algo que jamás dirían los que tienen peces, que los «mantienen». Tranquilo, no pasa nada; solo que, si usas la palabra incorrecta, tu interlocutor dará por supuesto, con toda razón, que no sabes nada de su afición.

EL PELIGRO DE QUE NO HAYA ECO

A veces se pierden oportunidades si uno no se hace eco. En una ocasión, mi amigo Phil y yo estábamos hablando con varios invitados en una fiesta. Una de las mujeres del grupo hablaba con orgullo del *chalet* maravilloso que acababa de comprarse cerca de una estación de esquí, y de que estaba deseando invitar a sus amigos al chaletito de la montaña.

—¡Qué maravilla! —dijo Phil, confiando, en el fondo, en que lo invitara—. ¿Dónde está exactamente la cabaña?

¡Se acabó! Adiós a las posibilidades de Phil de que aquella señora lo invitara a su *chalet*. No pude resistirme y, cuando terminamos de hablar, le susurré a mi amigo:

—Phil, ¿por qué insultas a esa mujer llamando «cabaña» a su *chalet*?

Phil me miró desconcertado y contestó:

—¿Cómo que por qué la insulto? «Cabaña» es una palabra preciosa. Mi familia tiene una cabaña en cabo Cod y a mí siempre me ha encantado esa palabra, por los recuerdos que me trae de lo que disfruté en ella...

Es decir, las connotaciones de «cabaña». Pues muy bien, Phil, quizá a ti te parece preciosa la palabra, pero estaba claro que la esquiadora prefería «*chalet*».

ECO PROFESIONAL

En el entorno comercial de nuestros días, el cliente espera que los vendedores sean solucionadores de problemas, no solo proveedores de productos y servicios. Si no hablas su idioma, les parece que no captas las complicaciones de su gremio.

Tengo una amiga, Penny, que vende muebles de oficina. Entre sus clientes hay gente del mundo editorial, de la publicidad, de la radio y unos cuantos abogados. En su manual de ventas, habla de «mobiliario de oficina». Sin embargo, me contó que, si usaba la palabra «oficina» con todos sus clientes, estos daban por sentado que no sabía absolutamente nada de sus respectivos sectores profesionales.

Me contó que un cliente, responsable de ventas en publicidad, hablaba de su «agencia»; la editora hablaba de «la casa» editorial; según los abogados, eran muebles para «el bufete», y los de la radio hablaban de «la emisora», no de «la oficina». «A ver, ellos sabrán —me dice—. Que lo llamen como les venga en gana. Además —añadió—, si quiero vender, más vale que yo diga lo mismo».

Técnica 45
HACERSE ECO

El eco es una técnica lingüística sencilla pero poderosísima. Presta atención a los sustantivos, verbos, preposiciones y adjetivos que prefiere tu interlocutor, y replícalos. Cuando oigan sus palabras en tus labios, se creará una conexión subliminal. Tendrán la sensación de que compartes sus valores, sus actitudes, sus intereses, sus experiencias.

EL ECO ES UN SEGURO POLÍTICAMENTE CORRECTO

Plantéate lo siguiente. Estás hablando con una farmacéutica y le preguntas: «¿Cuánto tiempo llevas trabajando en la botica?». ¿Dónde está la falla en esa pregunta?

¿Te rindes? Es la palabra «botica». Los farmacéuticos la detestan porque resulta anticuada y desfasada. Están acostumbrados a oírsela a personas que no son del gremio, pero es una forma de saber que esas personas no están al día o son insensibles a sus tribulaciones profesionales. Prefieren «farmacia».

Recientemente, en una recepción, presenté a una de mis amigas, Susan, como empleada de guardería, y luego ella me suplicó: «Por favor, Leil, no me llames "empleada de guardería", que somos "educadoras infantiles"». ¡Vaya! Está claro que el paso del tiempo y la historia reciente vuelven obsoletos algunos términos.

La preferencia de un grupo por un término concreto no es arbitraria. Ciertos empleos, minorías y grupos de intereses especiales a menudo tienen una historia con la que la gente no está familiarizada. Cuando esa historia tiene demasiadas connotaciones negativas, nos inventamos otra palabra con matices menos amargos.

Una buena amiga mía, Leslie, que va en silla de ruedas, me dijo que cada vez que alguien le suelta la palabra «minusválida» se le ponía la piel de gallina. La hacía sentirse incompleta. «Preferimos "discapacitados" —me dijo, y me dio una explicación conmovedora—: Los que tenemos discapacidades somos como las personas que no las tienen. Nosotros los llamamos "físicamente capaces", y van por la vida con el mismo equipaje que nosotros, solo que nosotros llevamos una maleta más, la de la discapacidad».

Es sencillo. Y eficaz. Para mostrar respeto y conseguir que la gente congenie contigo, hazte eco de sus palabras. Eso te convertirá en un comunicador más sensible y te evitará problemas siempre.

46

CÓMO DEJÁRSELO CLARO DE VERDAD

Hace poco tuve que hacer una presentación para quince hombres en una reunión corporativa. «Bueno —me dije mientras me ponía en pie—, quince marcianos y una venusiana». ¡Sin problema! Había leído *Los hombres son de Marte, las mujeres son de Venus* y explorado las diferencias neurológicas entre el cerebro de los hombres y el de las mujeres. Conocía bien el lenguaje corporal específico de cada género. A ver, doy clases de diferencias de comunicación. Estaba preparada de sobra para hablar a aquellos hombres, hacerme entender y enfrentarme a cualquier pregunta.

La cosa empezó bien. Tenía perfectamente diseñada mi presentación y desarrollados todos los temas, y los expuse de forma impecable. Luego me senté y, segura de mí misma, invité a los asistentes a que me hicieran preguntas y abrí el diálogo.

Entonces se fue todo al caño. Lo único que recuerdo es una batería de preguntas expresadas con analogías futbolísticas.

—¿Creen que es conveniente regatear? —me preguntó uno.

—Sí —contestó otro—, pero debemos asegurarnos la posesión del balón.

Esas dos las entendí, pero, cuando empezaron con el pase al hueco y la defensa replegada, perdí el hilo por completo. Cuando uno de aquellos hombres me dijo que había que hacer una chilena para salvar el contrato, tuve que humillarme y preguntar: «¿Y eso qué significa?». Se miraron y sonrieron con condescendencia mientras me lo explicaban.

Esa noche tuve pesadillas sádicas en las que eran quince mujeres las que llevaban la empresa y un hombre intentaba entender las analogías relacionadas con la gestación.

—No tendremos lista la nueva propuesta hasta el tercer trimestre —informaba la ejecutiva de cuentas.

—Ya, pero para eso faltan seis meses. Habrá que hacer una cesárea —terciaba la interventora.

—¿Y para qué molestarnos? —preguntaba la subdirectora de marketing—. Si, total, todas las ideas se van a desarrollar *in vitro*.

—Me va a dar una depresión posparto —mascullaba la CEO.

Y el hombre solitario se quedaba tan confundido y humillado como yo con las analogías deportivas.

En fin, que el propósito de este libro no es alimentar fantasías diabólicas, sino mejorar las comunicaciones. Con ese fin te ofrezco la siguiente técnica basada en analogías, y no solo futbolísticas.

LAS ANALOGÍAS PRECISAS DAN EN EL CLAVO

La analogía puede ser una herramienta de comunicación eficaz, siempre que se evoquen imágenes de la vida de la persona con la que se está hablando. Los hombres no usan analogías deportivas para embrollar las cosas ni confundir a las mujeres, sino para aclararse las situaciones los unos a los otros. Esas analogías les ayudan a entender las circunstancias, porque los hombres suelen ver más futbol que las mujeres, aunque cada vez haya más mujeres aficionadas a ese deporte.

Pasando a otros deportes, todo el mundo sabe lo que alguien quiere decir cuando señala que «Con esa solución no fallaremos el tiro». No obstante, para un jugador de tenis, o un amante de ese deporte, la imagen sería más interesante con analogías del estilo «saque directo», «bolea ganadora» o «juego, set y partido».

No es la primera vez que oímos decir: «Esa solución ha dado en el blanco». Todos lo entendemos, pero la expresión resultaría más familiar a alguien que practica tiro con arco. Si tu interlocutor juega a los bolos, hablarle de que «la bola se va por el carril» o de que «marcaste un *strike*» lo ayudará a entender lo que estén discutiendo. Si tu socio es aficionado al basquetbol, analogías como «hacer una clavada» o «un tiro limpio» te vendrán bien para encestar. Si el cliente practica la lucha libre, la forma de atraparlo será usando «fintas» o «tijeras».

A lo mejor estas analogías parecen muy exageradas, pero son herramientas de comunicación potentes cuando evocan el mundo de tu interlocutor. ¿Por qué no usar los términos más poderosos que puedas para convencer y cerrar la venta? A esa técnica la llamo «imaginería potente».

Técnica 46
IMAGINERÍA POTENTE

¿Tu cliente tiene un jardín? Pues háblale de «sembrar las semillas del éxito». ¿Tu jefe tiene una embarcación de recreo? Háblale de un concepto «estanco» y que no «hará agua». Quizá es piloto... Pues dile que esa idea «volará alto». ¿Juega al tenis? Dile que «el saque va fuerte».

Evoca los intereses o el estilo de vida de tu interlocutor y teje imágenes con ellos. Para dar mayor fuerza y empuje a tus ideas, emplea analogías del mundo de tu interlocutor, no del tuyo. La imaginería potente, además, les dice a tus interlocutores que piensas como ellos y compartes sus intereses.

Disculpa que retome mi fantasía sádica del empleado solitario y perdido. El equipo directivo cien por ciento femenino discute ahora la estrategia corporativa usando analogías del mundo del ballet, no del futbol.

—Propongo que hagamos la adquisición en modo *allegro* —propone una.

—No, para estas cosas es mejor el *adagio* —contesta su compañera.

—Pero ¿y si nos hacen un *tour jeté* cuando ya vamos en quinta?

La superjefa tiene la última palabra:

—Yo prefiero que le brindemos una pequeña *révérence* y luego un *grand battement* en las pelotas.

47

CÓMO DAR LA IMPRESIÓN DE QUE EMPATIZAS (SIN DECIR: «SIP», «AJÁ» O «YA»)

Mientras escuchamos hablar a alguien, a menudo decimos «ajá» o soltamos un pequeño «mmm» gutural para garantizar a nuestro interlocutor que hemos oído sus palabras. De hecho, para algunos, es tal el hábito que los ruiditos se les escapan sin querer. Mi amigo Phil es un consumado, constante e incontinente emisor de ruiditos de ese tipo: lo hace siempre que hablo con él. De vez en cuando, si me encuentra con ganas de polémica, después de que me suelte uno de sus «ajá», lo reto: «Bueno, Phil, ¿qué acabo de decirte?».

«Pueees que...». No tiene ni idea. No es culpa suya. Es hombre. En muchos hombres, es corriente lo de no escuchar de verdad y decir «ajá». Una vez que le estaba soltando a Phil un monólogo sobre algo intrascendente, él no paraba de decir «ajá». Para comprobar si me estaba escuchando, le dije de pronto «Sí, creo que esta tarde voy a ir a tatuarme el cuerpo entero». Y él me respondió con su habitual «ajá».

Bueno, eso es mejor que una mirada perdida. Aun así, no es propio de un gran comunicador. Procura reemplazar tus «ajá» por «empatizadores» completos.

¿QUÉ SON LOS «EMPATIZADORES»?

Los «empatizadores» son frases cortas y sencillas de refuerzo. Al contrario que un «ajá», se trata de frases enteras del tipo

«¡Qué bien que hayas decidido hacer eso!» o «¡Qué emoción!». También pueden ser comentarios positivos como «Sí, eso era lo más honrado que podías hacer» o «Me alegra que te sintieras así».

Cuando respondes con frases enteras, en vez de con los típicos sonidos musitados, no solo pareces más elocuente, sino que, además, tu interlocutor tiene la sensación de que lo entiendes de verdad.

Técnica 47
EMPLEA «EMPATIZADORES»

No digas «ajá» porque sí. Verbaliza frases completas que den muestra de tu comprensión. Salpica la conversación de frases como «Ya veo a qué te refieres», rocíala de chispitas sentimentales como «¡Qué bonito es eso que hiciste!». Tu empatía impresionará a tus interlocutores y los animará a continuar.

Claro que eso tiene su precio: para poder usar los «empatizadores» adecuados, tienes que escuchar.

Afinemos esta técnica y exploremos formas avanzadas de empatizar.

48

CÓMO HACERLES PENSAR QUE LO VES/OYES/SIENTES EXACTAMENTE IGUAL QUE ELLOS

Hace unos diez años, tuve una *roomie* que se llamaba Brenda. Era profesora de claqué y no lo practicaba solo para ganarse la vida: vivía para el claqué. Sus paredes estaban empapeladas con pósteres de Bill *Bojangles* Robinson y Charles *Honi* Coles. No caminaba por la casa: se desplazaba de una habitación a otra bailando claqué. Era ruidosa, pero, por lo menos, cuando la llamaban por teléfono, siempre sabía dónde encontrarla.

Una vez le pregunté cuándo había empezado a interesarse por el claqué. «Desde que abrí los ojos por primera vez», me contestó. En ese momento supe que Brenda «veía» más el mundo por los oídos que por los ojos.

Todos percibimos el mundo con los cinco sentidos: lo vemos, lo oímos, lo tocamos, lo olemos, lo saboreamos y, por consiguiente, hablamos conforme a esos cinco sentidos. Los defensores de la llamada programación neurolingüística (PNL) nos dicen que todas las personas tienen un sentido más desarrollado que los otros. En el caso de Brenda, era el oído.

Brenda me contó que se había criado en Nueva York, en un departamento oscuro situado por debajo del nivel de la calle. Recuerda que, desde muy pequeña, oía el golpeteo rítmico de los pasos de la gente que pasaba por la banqueta, justo por encima de su cuna. Tiempo después, los cláxones, las sirenas estridentes y las cadenas de las llantas traqueteando por las calles heladas le bombardeaban los oídos. Recuerda especialmente el chacoloteo de los cascos de los caballos de la policía en la calzada, al otro lado de la ventana. Las primeras percepciones del mundo exterior le llegaron por los oídos, y hasta la fecha, el sonido domina su vida. Brenda, la bailarina de claqué, es una persona auditiva.

Como los neurolingüistas aconsejan apelar al sentido más fuerte de nuestro interlocutor, probé algunas referencias auditivas con Brenda. En vez de decirle: «Yo lo veo bien», le decía: «Eso suena bien»; en vez de: «Ya veo a qué te refieres», le decía: «Te escucho»... Cuando usaba esas referencias auditivas, me parecía que me prestaba más atención.

Así que empecé a escuchar muy atentamente a todos mis amigos para ver cuál era su percepción primaria. A veces oía referencias visuales como:

«Ya veo a lo que te refieres».
«Yo lo veo bien».
«Me veo haciendo eso».
«No veo con buenos ojos esa idea».
«Desde mi punto de vista...».

¡Vaya, aquello funcionaba!

LA COSA SE TUERCE

Pero luego, ups, otras veces oía a esa misma persona decir:

«Te escucho».
«Claro, eso suena excelente».
«No paraba de decirme que iba a salir bien».
«Eso no suena bien».
«Desconectó completamente de esa idea».
«Algo me dice que...».

No sería tan sencillo como pensaba, pero no estaba dispuesta a rendirme.

Una vez, Brenda y yo fuimos a esquiar con varios amigos. Esa noche estábamos en una fiesta y uno de ellos le decía a un grupo de personas:

—Las pistas estaban preciosas, con todo tan blanco y despejado...

«¿Una persona visual?», me dije.

—La sensación de la nieve que caía en la cara fue increíble —dijo otro esquiador.

«¡Ajá, una persona kinestésica!», musité para mis adentros. Y como era de esperar, Brenda terció:

—Hoy estaba todo muy silencioso. No se oía más que el viento azotándote los oídos mientras descendías a toda velocidad.

Aquel momentáneo intercambio me hizo pensar que había algo ahí.

Aun así, seguía costándome discernir el sentido primario de una persona.

UNA SOLUCIÓN FÁCIL

Esto es lo que he descubierto que funciona, y tampoco tienes que hacer grandes pesquisas. Lo llamo la técnica de «los "empatizadores" anatómicamente correctos» y es sencilla de dominar. Salvo que sea evidente que la persona con la que hablas sea principalmente visual, auditiva o kinestésica, responde según el modo que adopte en ese momento. Ajusta tus «empatizadores» a la percepción de tu interlocutor.

Por ejemplo, si un compañero de trabajo, al describir un plan financiero, te dice: «Con este plan vemos el camino despejado para los próximos seis meses», como esa vez está usando referencias principalmente visuales, te conviene contestar: «Ya veo a lo que te refieres», o: «Tú ves clara la situación». Si, en cambio, tu compañero te dice: «Ese plan suena muy bien», emplea «empatizadores» auditivos como «Suena excelente» o «Sintonizo contigo». Y en el caso de que te diga: «Me dice el estómago que este plan va a funcionar», le respondes con un «empatizador» kinestésico tipo «Entiendo cómo te sientes» o «Has atrapado la esencia del problema».

Técnica 48
«EMPATIZADORES» ANATÓMICAMENTE CORRECTOS

¿Con qué parte de su anatomía hablan tus interlocutores: los ojos, los oídos, el estómago?

Con personas visuales, usa «empatizadores» visuales para que piensen que ves el mundo como ellos; con las auditivas, usa «empatizadores» auditivos para que piensen que los oyes alto y claro; con los kinestésicos, usa «empatizadores» kinestésicos para hacerles creer que sientes lo mismo que ellos.

¿Y qué pasa con los otros dos sentidos, el gusto y el olfato? Bueno, nunca me he topado con nadie gustativo u olfativo, pero siempre se puede elogiar a un chef con un «¡Qué idea tan deliciosa!». Y si le hablas al perro (que será de los olfativos, claro), dile: «Esta idea apesta».

Con la siguiente técnica, te ayudaré a crear afinidad con una sola palabra.

49

CÓMO CONSEGUIR QUE PIENSEN EN «NOSOTROS» (EN VEZ DE EN «TÚ» FRENTE A «YO»)

Con solo escuchar discretamente un momento la conversación de dos personas cualesquiera, podrías averiguar muchas cosas sobre su relación: si son amigos de siempre o se acaban de conocer, si un hombre y una mujer son desconocidos o pareja...

No haría falta ni que los oyeras llamarse «colega» o «amigo», ni necesitarías oír a un hombre susurrarle al oído a una mujer «cariño» o «mi vida». Daría igual de qué estuvieran hablando e incluso el tono de voz. Aunque te vendaran los ojos, podrías saber mucho de su relación, porque la técnica que estoy a punto de enseñarte no tiene nada que ver con el lenguaje corporal.

¿Cómo? Cuando dos personas empiezan a intimar, la conversación experimenta una transformación fascinante. Esto es lo que sucede...

NIVEL UNO: FRASES HECHAS

Cuando dos desconocidos empiezan a hablar, al principio recurren a tópicos. Por ejemplo, si hablan sobre el tema catalogado universalmente como el más aburrido del mundo, el tiempo, uno podría decirle al otro: «¡Qué día tan bonito y soleado estamos teniendo hoy!», o: «¡Dios mío, qué forma de llover!, ¿verdad?». Ese es el primer nivel, el de los tópicos.

NIVEL DOS: DATOS

Las personas que solo son conocidos suelen comentar datos. «Joe, ¿sabes que este año hemos tenido el doble de días de sol que el año pasado?» o «Sí, al final nos hemos decidido a hacernos una piscina para combatir el calor».

NIVEL TRES: SENTIMIENTOS Y CUESTIONES PERSONALES

Cuando dos personas se hacen amigas, normalmente comparten sus sentimientos, incluso sobre temas tan aburridos como el tiempo: «Me encantan estos días tan soleados, George». Y también se hacen preguntas personales: «¿Y tú, Betty?, ¿también eres de sol?».

NIVEL CUATRO: AFIRMACIONES EN PRIMERA PERSONA DEL PLURAL

Pasamos al nivel más alto de intimidad. Este nivel va más allá de los simples datos y genera una conexión que está por encima de los sentimientos. Es el de las afirmaciones en primera persona del plural. Al hablar del tiempo, dos amigos podrían decir: «Si sigue haciendo un tiempo tan bueno, este verano será estupendo». Dos amantes dirían: «Espero que siga haciendo tan buen tiempo y podamos ir a nadar durante nuestro viaje».

La técnica que propongo para llegar a ese nivel máximo de intimidad verbal nace de ese fenómeno. Basta con que uses la primera persona del plural de forma prematura. Te puede servir para que un cliente, o futuro cliente, o un desconocido tenga la sensación de que ya son amigos, y para que a una posible pareja le parezca que ya son una unidad. Yo la llamo «el nosotros prematuro». En una conversación informal, sáltate los dos primeros niveles y pasa directamente a los dos últimos.

Pregúntale a ese cliente potencial lo que piensa de algo como se lo preguntarías a un amigo («George, ¿qué te parece el nuevo alcalde?»), y luego usa la primera persona del plural cuando hables de cualquier cosa que les afecte a los dos («¿Crees que nuestra situación mejorará durante su mandato?»). Haz un esfuerzo por emplear frases en primera persona del plural, de esas que uno se reserva instintivamente para los amigos, los amantes y otras personas allegadas («Creo que sobreviviremos a esta alcaldía»).

La primera persona del plural favorece la unidad, hace que tu interlocutor se sienta conectado y le produce la sensación subliminal de que somos «tú y yo frente al gélido mundo». Cuando la usas prematuramente, incluso con desconocidos, los acerca a ti inconscientemente, les hace sentir que ya son amigos. En una fiesta, por ejemplo, le puedes decir a alguien que está detrás de ti en la fila del bufet: «Oye, ¡qué rico se ve todo! Nos han preparado un buen banquete», o: «Uf, nos vamos a poner enormes si nos comemos todo esto».

Técnica 40
EL NOSOTROS PREMATURO

Genera una sensación de intimidad con el otro aunque acabaran de conocerse. Alborótale las señales de la psique saltándote los dos primeros niveles de conversación y pasa directamente a los dos últimos. Provoca sensación de complicidad recurriendo a la primera persona del plural.

Pues ya hemos visto cómo imitar los movimientos de nuestros interlocutores, hacernos eco de sus palabras, evocar imágenes potentes de su mundo, crear un vínculo a través de su sentido primario con los «empatizadores» anatómicamente correctos y entablar una amistad subliminal con expresiones en primera persona del plural.

¿Qué más tienen en común los amigos, los amantes y los compañeros cercanos? Una historia. Con la última técnica de este apartado te propongo una herramienta con la que producir en una persona a la que has conocido hace relativamente poco la agradable sensación de que llevan muchísimo tiempo juntos.

50

CÓMO GENERAR UNA «BROMA CÓMPLICE» CON ELLOS

Los amantes se susurran al oído cosas que no significan nada para nadie más, los amigos se carcajean con unas cuantas palabras que resultan incomprensibles a cualquiera que las oiga y los compañeros de trabajo cercanos se ríen con experiencias compartidas.

Una empresa con la que he trabajado ha pasado en los últimos diez años por procesos de reestructuración, empoderamiento, TQM (Gestión de la Calidad Total) y fomento del trabajo en equipo. En las fiestas de empresa, los empleados siempre comentan divertidísimos aquella vez en que la compañía entera (desde el máximo jefe hasta el empleado más modesto) trepó por un poste de casi diez metros de altura, todo para hacer equipo, y el jefe se escurrió y terminó rompiéndose el dedo gordo del pie. En la siguiente junta semanal, el CEO, agitando la muleta, comentó, socarrón: «¡Se acabaron las pruebas de equipo!». Y así fue como murió el fomento del trabajo en equipo y nació una broma cómplice.

De experiencias compartidas como esta se nutre la cultura corporativa. Esos empleados tienen una historia y una lengua que la acompaña. Ahora, cuando quieren poner fin bruscamente a alguna propuesta, dicen «Esto se merece un muletazo» o «Esto lo tiro por el poste». Y sonríen todos. Nadie sabe por qué, salvo los que trabajan allí.

El dramaturgo Neil Simon es capaz de conseguir, a veces con una sola palabra, que el público entero de una sala de

Broadway entienda que dos personajes están casados o son amigos desde hace mucho tiempo. El actor se limita a decirle a la actriz algo que no tiene ningún sentido para el público, y luego los dos ríen a carcajadas. Todo el mundo entiende el mensaje: esos dos son pareja.

Cada vez que salgo con mi amigo Daryl, en vez de saludarnos con un «Hola», nos decimos: «Cuac». ¿Por qué? Porque cuando nos conocimos en una fiesta hace cinco años, en nuestra primera conversación él me contó que se había criado en una granja de patos. Yo le contesté que jamás había visto una granja de patos, y él me hizo la mejor imitación de un pato que he oído en mi vida. Inclinando la cabeza, primero a un lado y luego al otro, me miró con un ojo y luego con el otro, sin dejar de batir los brazos y decir «cuac». Solté una carcajada tal que, de pronto inspirado, se puso a caminar como un pato. Era algo contagioso: empezamos a anadear juntos por la sala, batiendo las alas y diciendo «cuac». Hicimos un gran ridículo esa noche.

Técnica 50
HISTORIA INSTANTÁNEA

Cuando salgas con alguien con quien quieras intimar, busca algún momento especial que compartieran la primera vez que se vieron, y luego unas cuantas palabras que te permitan revivir las risas, la sonrisa afectiva o las buenas sensaciones que los unieron. Y ya está: ya tienen una historia juntos, como los amigos de toda la vida, una historia instantánea.

Con cualquier persona a la que quieras convertir en parte de tu futuro personal o profesional, busca un momento especial que hayan compartido y hazlo recurrente.

Al día siguiente sonó el teléfono, contesté y no oí «Hola, soy Daryl», sino simplemente «Cuac». Estoy convencida de que así empezó nuestra amistad. Hoy por hoy, cada vez que oigo un «cuac» por teléfono evoco recuerdos felices, aunque algo bochornosos. Me recuerda a nuestra historia y renueva nuestra amistad, por mucho tiempo que haya pasado desde la última vez que nos dijimos «Cuac».

¿Y QUÉ QUEDA AHORA?

La química, el carisma y la seguridad en uno mismo son tres rasgos que comparten los grandes triunfadores de todos los ámbitos de la vida. Con la primera parte de este libro, hemos aprendido a producir una primera impresión dinámica, segura y carismática con la ayuda del lenguaje corporal; con la segunda, hemos puesto letra de charla informal a nuestro ballet corporal; con la tercera, hemos descubierto los trucos de los grandes triunfadores para poder competir en las grandes ligas de la vida; con la cuarta, hemos conseguido que no se nos trabe la lengua con personas con las que tenemos poco en común; y con la quinta, hemos adquirido técnicas que nos permiten generar una química, una complicidad y una conexión instantáneas.

¿Qué nos queda? Lo has adivinado: lograr que la gente se sienta verdaderamente bien consigo misma. Solo que los piropos son un arma peligrosa en nuestro mundo actual. Un simple error y arruinas la relación. Exploremos ahora el poder del elogio, la adulación vacía y cómo emplear de manera eficaz esas herramientas tan poderosas.

PARTE VI

CÓMO DISTINGUIR EL ELOGIO AUTÉNTICO DE LA ADULACIÓN VACÍA

Los niños son expertos en conseguir lo que quieren. Sobre las rodillas de mamá: «¡Ay, mami, cómo te quiero! ¿Verdad que me vas a comprar la muñeca nueva?». Y a la mañana siguiente, con papá en una tienda: «Papi, te quiero mucho. Eres el papá más mejor del mundo. Sé que me comprarás ese chocolate».

Desde el lloriqueo instintivo del bebé hambriento cuando su madre se acerca a la cuna hasta el elogio calculado del vendedor de coches al ver entrar a un posible cliente en el concesionario, los elogios nos salen de forma natural cuando queremos algo de alguien. De hecho, el piropo es la técnica más ampliamente utilizada y respaldada para conseguir lo que uno quiere. Cuando Dale Carnegie dijo en su libro que había que «empezar por el elogio», quince millones de lectores se lo tomaron al pie de la letra. La mayoría de nosotros seguimos creyendo que el elogio es el camino para sacarle a alguien lo que queremos.

Y sí, cuando se trata de algo tan fácil como una muñeca o un chocolate, es posible, pero el mundo de los negocios ha cambiado muchísimo desde la época de Dale Carnegie. Ahora no todos los zalameros sonrientes consiguen lo que quieren con elogios.

LA DESAZÓN DE UN ELOGIO DESACERTADO

Le dices un piropo a alguien, sonríes, esperas que el afecto inunde al destinatario... y ya puedes esperar sentado.

Como esa persona albergue la más mínima sospecha de que el elogio es interesado, tendrá el efecto contrario. Si tu piropo no es sincero o resulta desafortunado, podría acabar para siempre con tus posibilidades de ganarte la confianza de tu interlocutor y abortar el despegue de una relación potencial antes de que llegue a despegar siquiera.

En cambio, un elogio acertado es otra historia. Si se hace bien, proporciona a la relación un impulso inmediato. Con él puedes conseguir una venta, una nueva amistad o dar un empujón a un matrimonio de muchos años.

¿Qué diferencia hay entre el elogio que eleva y el piropo que hunde? En esa ecuación intervienen muchos factores, como tu sinceridad, el momento, la motivación y la forma de expresarlo. Además, influyen la imagen propia del destinatario, su categoría profesional, su experiencia con los piropos y la idea que tengan de tu capacidad de percepción. Como es lógico, también es importante la relación que te una a tu interlocutor, y el tiempo que hace que se conocen. Si elogias a alguien por teléfono, correo electrónico o correo ordinario, contarán además sutilezas como si se han visto la cara, ya sea en persona o en fotografía.

Una locura, ¿verdad? Las investigaciones llevadas a cabo por sociólogos revelan que: 1) un piropo de una persona nueva es más potente que el de alguien a quien ya conoces; 2) el piropo resulta más creíble si se lo haces a una persona que no es atractiva o a una atractiva a la que nunca le has visto la cara; 3) se toma más en serio si lo precedes de alguna observación modesta, pero solo si tu interlocutor te percibe como a alguien que está más arriba en la escala de poder (si estás por debajo, la modestia reduce tu credibilidad). Complicado, esto de los piropos.

Para no marearnos con un exceso de estudios específicos, incluyamos mejor unas cuantas técnicas extraordinarias en nuestra bolsita de trucos. Cada una de las que te voy a proponer cumple con todos los criterios de los hallazgos científicos de los sociólogos. Ahí van nueve formas eficaces de elogiar en los tiempos que corren.

51

CÓMO HACER UN CUMPLIDO (SIN PARECER UN ADULADOR)

El riesgo de hacer un cumplido cara a cara es, claro, que el destinatario, desconfiado del elogio, dé por sentado que se trata de una adulación servil y desvergonzada destinada a lograr tus propios objetivos codiciosos.

Por desgracia, pasa a menudo con los cumplidos. Si le sueltas uno de pronto a un jefe, un posible cliente o a tu media naranja, el destinatario seguramente pensará que lo estás adulando. Tu pareja dará por hecho que te sientes culpable por algo que hiciste. ¿Cuál es la solución? ¿Reprimir un aprecio sincero?

No, basta con que lo hagas por la vía oficiosa. La vía oficiosa siempre ha sido un medio de comunicación fiable. Desde la época de los cómics, cuando ya se insistía en que la mejor forma de divulgar una noticia era «el teléfono, el telégrafo y contárselo a un amigo», sabemos que funciona. Por desgracia, la vía oficiosa suele asociarse a malas noticias, de esas que entran por un oído y van directas al vecino de al lado. Pero la vía oficiosa no tiene por qué ir cargada solo de chismes y envidias. Las buenas noticias también pueden viajar por los mismos hilos y, al llegar a oídos del afectado, resultan mucho más deliciosas. Eso no es nuevo. Ya en 1732, Thomas Fuller escribió: «Amigo mío es el que habla bien de mí a mis espaldas». Estamos más preparados para fiarnos de alguien que dice cosas bonitas de nosotros cuando no las oímos que de alguien que nos elogia en persona.

ELOGIO SIN RIESGO (HAZLO POR LA ESPALDA)

En vez de manifestarle tu admiración a alguien directamente, díselo a una persona próxima a quien quieras piropear. Por ejemplo, supongamos que quieres caerle en gracia a Jane Smith. Pues no piropees directamente a Jane. Acércate a su compañera Diane Doe y dile: «Jane es una mujer muy dinámica, ¿sabes? En la reunión del otro día tuvo una idea genial. Terminará dirigiendo la empresa, ya verás». Te apuesto lo que quieras a que tu comentario le llega a Jane por la vía oficiosa en un máximo de veinticuatro horas. Diane se lo contará a su amiga: «No imaginas lo que me dijo Fulanito de ti el otro día...».

Al elogiar a Jane de forma indirecta, conviertes a Diane en la paloma mensajera de ese piropo. Y eso nos lleva a la siguiente técnica, en la que tú te conviertes en paloma mensajera de los piropos de los demás.

Técnica 51
EL ELOGIO INDIRECTO

Un piropo nunca sabe tan bien como el que te llega por terceros. La mejor forma de elogiar no es por teléfono, por telegrama o contándoselo a un amigo. Con el piropo indirecto, te evitas la posible sospecha de que eres un zalamero, adulador, lisonjero y lambiscón que solo busca ganar puntos. Además, permites al destinatario disfrutar de la fantasía de que le estás hablando al mundo entero de su grandeza.

52

CÓMO SER LA «PALOMA MENSAJERA» DE BUENAS SENSACIONES

Las palomas mensajeras tienen una historia larga y gloriosa. Las intrépidas mensajeras aladas, a menudo mutiladas por los bombardeos o fallecidas tras entregar sus mensajes, han salvado la vida a miles de personas. Se dice que una tenaz paloma llamada Cher Ami salvó la vida de doscientas personas durante la batalla de Argonne, en la Primera Guerra Mundial. La pobre, con una sola pata y una de las alas perforada por una bala, llevó el mensaje colgado de la pata que le quedaba. Aquella bolita de plumas ensangrentada llegó justo a tiempo para avisar que los alemanes estaban a punto de bombardear la ciudad.

Joe el Cojo, otra valiente paloma, tuvo una trayectoria tan accidentada y heroica que sus fans la disecaron, la colocaron en un pedestal y la tienen expuesta en el National Air Force Museum de Dayton (Ohio). Y muchas otras aves valerosas, millones de ellas, han llevado mensajes gozosos a los entusiastas de las palomas mensajeras de todo el mundo. Siguiendo esa estupenda tradición, te presento la técnica para piropear a la que llamo «encomios de paloma mensajera».

Siempre que oigas un comentario elogioso de alguien, no lo dejes morir. Tampoco hace falta que lo escribas en un papel, lo enrolles, lo metas en un tubito, te lo sujetes a la pierna como Joe el Cojo y se lo lleves volando a su destinatario, pero sí puedes recordar el encomio y trasladárselo verbalmente a la persona a la que más va a satisfacer: la destinataria del piropo.

Mantente alerta de las cosas buenas que la gente diga de los demás. Si tu compañero Carl dice algo bonito de Sam, otro compañero, hazlo correr: «Oye, Sam, el otro día Carl dijo unas cosas preciosas de ti». ¿Que tu hermana te dice que tu primo es la bomba? Pues ve y díselo al primo. ¿Tu madre te dice que le parece que Manny cortó de maravilla el pasto? Coméntaselo a él. A todos nos gusta que nos aprecien, aunque el aprecio venga de mamá.

A ti te beneficia del siguiente modo: todo el mundo adora al portador de noticias alegres. Cuando trasladas a alguien los elogios de un tercero, agradecen el cumplido y te están agradecidos a ti. Llámalo chisme si quieres, pero este es del bueno.

Técnica 52
ENCOMIOS DE PALOMA MENSAJERA

Cuando llega una mala noticia, a todo el mundo le brota un pico de pronto y se transforma en paloma mensajera. Eso es cotilleo. Mejor sé portador de buenas noticias y de encomios. Siempre que oigas algún cumplido sobre alguien, llévale volando el piropo a esa persona. A lo mejor tus fans no te disecan ni te exhiben en un museo como a Joe el Cojo, pero todo el mundo quiere a la paloma mensajera que nos trae cosas bonitas.

PORTA MÁS MERCANCÍA QUE PIROPOS

Otra forma de calentar corazones y hacer amigos es convertirse en paloma mensajera de noticias que pueden interesar al destinatario. Llama, escribe o manda un correo electrónico a la gente con información que pueda interesarles. Si tu amigo Ned diseña muebles en Carolina del Norte y ves un reportaje en *Los Angeles Times* sobre tendencias de muebles, mándaselo; si tu clienta Sally es escultora en Seattle y ves su obra en la casa de alguien en Nueva York, hazle llegar una nota.

Mi amigo Dan vive en San Francisco y siempre que encuentra algo sobre comunicaciones en la prensa, me envía el recorte. Sin nota, solo un «Por si te interesa... Besos, Dan» en una esquina. Es como mi corresponsal particular en la Costa Oeste.

Pruébalo. Piensa en el dinero que te ahorrarás en tarjetas de felicitación. Un recorte acertado es la forma en que los grandes triunfadores dicen: «Estoy pensando en ti y en tus intereses».

53

CÓMO HACERLES CREER QUE LA ADMIRACIÓN «SE TE ESCAPÓ SIN QUERER»

Aquí va otra forma de inflar el ego. No sueltes un piropo descarado; limítate a insinuar algo maravilloso sobre tu interlocutor. Hace varios meses, fui a ver a un buen amigo con el que hacía mucho que no coincidía. Cuando fue a recogerme a mi hotel, me dijo: «Hola, Leil, ¿qué tal? —Luego hizo una pausa, me miró y añadió—: Está claro que te fue bien». Buah, me sentó de maravilla. Me había insinuado que tenía buen aspecto, y eso me alegró la noche.

Pero se ve que Dios decidió que se me había subido a la cabeza, porque unas horas después, cuando mi amigo ya se había ido, me metí en el ascensor del hotel, al que subió un hombre de mantenimiento en la tercera planta; el hombre me sonrió, yo le devolví la sonrisa, me miró otra vez y me dijo: «Vaya, señora, usted debió de ser modelo [¡Dios mío, qué noche!]... de joven», terminó la frase.

¡ZAS! ¿No podía haber cerrado la boca sin rematar la frase? Porque lo que iba sugiriendo al principio me estaba encantando, pero el comentario final apuntaba a que yo ya era una señora mayor. Me dejó destrozada. ¡Caray! Aquel golpe bajo involuntario me arruinó la semana. De hecho, aún me duele.

Hay que tener cuidado con las insinuaciones desacertadas involuntarias. Si vas a una ciudad nueva y paras a alguien por la calle para preguntarle: «Perdona, ¿podrías indicarme si hay algún restaurante bueno por aquí?», estás transmitiendo al transeúnte que te parece una persona de buen gusto. En cambio, si preguntas a esa misma persona: «Oye, ¿sabes de algún bar por aquí?», lo que estás transmitiendo es muy distinto. Busca la forma de insinuar cualidades maravillosas de las personas a las que quieras piropear indirectamente.

Técnica 53
GRANDEZA IMPLÍCITA

Deja caer algún comentario en la conversación con el que des a entender algo positivo de la persona con la que hablas. Pero ten cuidado: no la cagues como el pobre técnico de mantenimiento. Ni como el joven sureño que, en el baile de fin de curso, pensó que halagaba a su pareja cuando le dijo: «Guau, Mary Lou, para lo gorda que estás, bailas increíble».

54

CÓMO ROBARLES EL CORAZÓN SIENDO UN «ADULADOR ENCUBIERTO»

La siguiente técnica de nuestro conglomerado de formas de repartir alegría es una a la que llamo «adulación accidental». Una vez, en una pequeña cena, la conversación derivó hacia el tema de los viajes espaciales. El caballero sentado a mi derecha dijo: «Leil, tú eres demasiado joven para recordar esto, pero, cuando el Apolo 11 aterrizó en la Luna...».

Aunque mi vida dependiera de ello, no sabría decirte qué fue lo que dijo a continuación. Solo recuerdo que sonreí para mis adentros y me estiré para ver a mi yo juvenil en el espejo del comedor. Pues claro que me acuerdo de julio de 1969, porque, como el resto del mundo, estaba pegada a la televisión viendo la bota del 42 de Neil Armstrong pisar la Luna. Claro que yo, en aquella cena, no pensaba en alunizajes, porque estaba demasiado ocupada saboreando el hecho de que aquel hombre encantador no me creyera lo bastante mayor para recordar algo acontecido en 1969. Di por supuesto que la idea de que yo era más joven se le había escapado, con lo que debía de ser sincera.

¡Claro! Ahora que lo pienso, seguramente sabía de sobra que yo tenía edad para recordar el alunizaje. Apuesto a que estaba usando la maniobra de la adulación accidental. Pero da igual: aún lo recuerdo con cariño. La adulación accidental es un elogio indirecto que se te escapa como algo secundario, en paréntesis verbales.

PRUÉBALO. TE GUSTARÁ. Y A ELLOS LES ENCANTARÁ.

Prueba la adulación accidental y verás asomar la sonrisa al rostro de tus interlocutores. Dile a tu tío de sesenta y cinco años: «Alguien tan en forma como tú se habría subido todos aquellos escalones en un santiamén, pero yo iba sin aliento», o a un compañero: «Tú, que sabes tanto de contratos, habrías leído entre líneas, pero yo lo firmé sin más, como un imbécil».

Corres el peligro, claro, de complacer tantísimo al destinatario con tu elogio entre paréntesis que no se entere del resto del mensaje.

Técnica 54
ADULACIÓN ACCIDENTAL

Conviértete en un adulador encubierto. Mete con disimulo y entre paréntesis algún elogio en tu frase.

Pero luego no pretendas interrogar a nadie sobre el resto de lo que dijiste, porque el alegre impacto de tu adulación accidental les impide oír nada más durante un rato.

De momento, hemos explorado cuatro formas encubiertas de piropear: la vía oficiosa, el encomio de la paloma mensajera, la grandeza implícita y la adulación accidental, pero, claro, también hay ocasiones en que funciona el elogio directo. Con las siguientes técnicas, pulirás tus aptitudes para esa aventura delicada pero gratificante.

55

CÓMO CONSEGUIR QUE NO TE OLVIDEN NUNCA CON UN «CUMPLIDO BRUTAL»

¿Te gustaría tener un pequeño as en la manga lo bastante potente para arrancar un negocio o prender la llama de una amistad o incluso de una aventura amorosa? Pues te voy a proporcionar uno, pero solo si haces caso de la etiqueta de advertencia. Cuando domines la siguiente técnica, tendrás que registrar tu lengua como arma letal. Es lo que yo llamo «el cumplido brutal».

Se me ocurrió una noche, hace años, cuando mi *roomie* de entonces, Christine, y yo volvíamos a casa de una fiesta de Navidad. Mientras nos quitábamos los abrigos, vi que tenía una sonrisita boba en los labios y la mirada como perdida.

—Christine, ¿estás bien? —le pregunté.

—Uy, sí —ronroneó—. Voy a salir con un hombre.

—¿Un hombre? ¿Qué hombre?

—Ya lo sabes —me dijo, como reprendiéndome por no caer en la cuenta—: el que me dijo que tengo unos dientes preciosos.

¡Dientes!

Esa noche, casualmente, pasé por delante de la puerta del baño cuando mi compañera se preparaba para acostarse y la vi sonriendo al espejo, inclinando la cabeza a un lado y a otro, y cepillándose los dientes uno por uno. Todo eso sin apartar los ojos del espejo, inspeccionando cada pieza en busca de la belleza que había elogiado su nuevo admirador. Y entonces entendí que el tipo que le había hecho a Christine aquel cumplido le había alegrado el día, además de causar en ella una impresión brutal. Así nació «el elogio brutal».

¿Qué es un cumplido brutal? Es comentar una cualidad muy personal y específica que adviertes en otra persona. Un cumplido brutal no es decirle a alguien que te gusta su corbata o que es una persona muy agradable, porque lo primero no es lo bastante personal y lo segundo no es lo bastante específico. Un piropo brutal es más bien algo del estilo de «¡Qué ojos tan maravillosos tienes!» (muy específico) o «Se te ve una persona extraordinariamente franca» (muy personal).

Como decir el primer cumplido brutal es complicado, suelo engañar a los participantes en mis seminarios para que lo consigan. Más o menos a mitad del programa, les pido que cierren los ojos y piensen en la persona con la que han hecho alguno de los ejercicios anteriores. Luego les digo: «Ahora piensen en una cualidad física atractiva o en un rasgo de carácter que hayan observado en esa persona, pero no en cosas obvias —les advierto—. Puede que tu compañero tenga una sonrisa bonita o cierto brillo en la mirada. O igual rezuma calma o credibilidad. ¿Lo tienen? —Y entonces digo de golpe—: Pues ahora acérquense a esa persona y háblenles de esa cualidad que hayan observado».

«¿Qué? ¿Que se lo digamos?». La idea los paraliza, pero, uno a uno, buscan con valentía a sus compañeros de ejercicio y les dan el cumplido brutal. Cuando los asistentes al seminario oyen a un desconocido decirles que tienen unas manos muy bonitas o unos ojos castaños de mirada muy intensa, la sala se llena de regocijo. Estallan las risas por todas partes y, de pronto, me encuentro con un mar de sonrisas y rubores de felicidad. A todo el mundo le encanta recibir su cumplido brutal, y todos empiezan a albergar sentimientos de amistad hacia quien les ha hecho ese cumplido.

MANUAL DEL USUARIO DEL CUMPLIDO BRUTAL

Como con un arma de fuego, si no usas correctamente el cumplido brutal, te puede salir el tiro por la culata. A continuación te presento el manual del usuario que viene con este poderoso misil.

> **Técnica 55**
> **CUMPLIDO BRUTAL**
>
> Siempre que hables con un desconocido al que te gustaría incorporar a tu futuro profesional o personal, busca en él una cualidad atractiva, específica y única.
>
> Al final de la conversación, míralo a los ojos, llámalo por su nombre y, armándote de valor, suéltale el cumplido brutal.

Regla uno: haz el cumplido brutal en privado. Si te encuentras en un grupo de cuatro o cinco personas y elogias a una mujer por estar en forma, todas las demás se sentirán fofas; y si le dices a un hombre que tiene un porte maravilloso, los demás hombres se sentirán como el jorobado de Notre Dame. Además, incomodarás al ya azorado destinatario del piropo.

Regla dos: que tu cumplido brutal sea creíble. Por ejemplo, yo tengo muy mal oído. Cuando me obligan a cantar, aunque no sea más que «Las mañanitas», desafino muchísimo. Si alguien que me oiga es lo bastante estúpido para decirme que le gusta mi voz, sabré que es mentira.

Regla tres: no hagas más de dos cumplidos brutales al año a la misma persona. De lo contrario, parecerás un embustero, servil, adulador y tremendamente manipulador. Y eso no gusta nada.

Si es certero, el cumplido brutal cautiva a la gente. No obstante, funciona mejor cuando lo usas de manera juiciosa con personas que acabas de conocer. Para elogiar a tus amigos a diario, emplea la técnica que expongo a continuación.

56

CÓMO HACERLOS SONREÍR CON «PEQUEÑOS REFUERZOS»

En contraste con la artillería pesada de los cumplidos brutales a desconocidos o el juego de las lápidas para seres queridos que veremos en breve, te traigo una resortera que puedes usar con cualquiera en cualquier momento. Yo la llamo «pequeñas caricias».

Las pinceladas son elogios breves y rápidos que sueltas en la charla informal. Úsalas generosamente con tus compañeros de trabajo:

«¡Buen trabajo, John!».
«¡Bien hecho, Kyoto!».
«¡Eh, no está nada mal, Billy!».

Tengo un amigo que usa una pincelada que me encanta. Cuando hago algo que le gusta, me dice: «Eso es más que decente, Leil».

También puedes usar las pinceladas para logros cotidianos de tus seres queridos. Si tu pareja acaba de cocinar algo riquísimo: «Guau, eres el mejor chef del mundo»; justo antes de salir por ahí: «¡Qué guapo te ves!»; después de un viaje largo: «¡Lo lograste! Estarás agotada...»; con los niños: «Chicos, han dejado su cuarto perfecto».

Una vez leí un artículo conmovedor en el *Reader's Digest* sobre una niña que se portaba fatal. La madre tenía que estar regañándola a todas horas. Pero un buen día, la niña fue muy buena y no hizo ni una sola cosa reprochable. La madre contaba: «Esa noche, después de arroparla en la cama, cuando empezaba a bajar la escalera, oí un ruido ahogado. Subí corriendo y me la encontré llorando, con la carita enterrada en la almohada. Entre sollozos, me preguntó: "Mami, ¿hoy no fui buena?"». Aquella pregunta fue como una puñalada para la madre. «No me costaba nada regañarla cuando lo hacía mal —confesó—, pero, cuando había intentado portarse bien, ni me había dado cuenta, y la había dejado irse a dormir sin una sola palabra de agradecimiento».

Los adultos somos como niños grandes. Puede que no nos vayamos a la cama llorando cuando las personas de nuestro entorno no notan que nos hemos portado bien, pero nos entristece igual.

Técnica 56
PEQUEÑAS CARICIAS

No hagas que tus compañeros, tus amigos y tus seres queridos te miren y se digan: «¿No fui agradable hoy?». Hazles saber lo mucho que los aprecias con pequeñas caricias, como «¡Buen trabajo!», «¡Bien hecho!» o «¡Genial!».

LAS PEQUEÑAS CARICIAS IMPORTAN MUCHO

Las pequeñas caricias son, como indica su nombre, pequeñas, pero todos, quizá más las mujeres por nuestra sensibilidad a los detalles, sabemos lo mucho que importan. Aún no he conocido a una sola mujer que no esté de acuerdo con la letra de aquella antigua canción de Kitty Kallen:

Lánzame un beso desde la otra punta de la habitación.
Dime que estoy guapa cuando no lo estoy.
Acaríciame el cabello al pasar junto a mi silla.
Los pequeños detalles importan mucho.
Mándame el cariño de una sonrisa secreta
y demuéstrame que no te has olvidado.
Porque antes, ahora y eternamente,
los pequeños detalles importan mucho.

Para complicar aún más el arte del cumplido, hay que ser oportuno. Un elogio atrevido, descarado y desvergonzado desarma hasta al más ególatra. Pero el ser humano jamás deja de asombrar a quien lo observa. Hay momentos en que si no sueltas un elogio atrevido, descarado y desvergonzado, incluso a un individuo brillante, sales perdiendo. La técnica que viene a continuación define esos momentos.

57

CÓMO ELOGIAR EN EL MOMENTO OPORTUNO

Jamás olvidaré la primera vez que di un discurso en una comida con desconocidos. Lo había ensayado con los peluches de la cama de mi *roomie*, Christine, pero aquel era mi debut ante un público de verdad.

Mientras me ponía en pie, temblando como una hoja, eché un vistazo a los diecisiete sonrientes miembros del Rotary Club que aguardaban mis palabras ingeniosas y sabias. Tenía la boca reseca y me sudaban las manos. El público bien podría haber estado formado por diecisiete mil jueces dispuestos a condenarme a la humillación eterna si no informaba y entretenía a todos y cada uno de ellos. Miré aterrada una última vez a Christine, que me había llevado en coche al club, y empecé: «Buenas tardes. Es un gran placer para mí...». Treinta minutos después, entre aplausos poco entusiastas, que me temo eran obligatorios, volví a sentarme en mi sitio, al lado de Christine, y la miré expectante. Ella me sonrió y me dijo: «Este postre no está mal, oye. Come un poco».

¿El postre? «¡El postre! ¡Maldita sea, Christine!, ¿qué tal lo hice?», le grité para mis adentros. Al cabo de unos minutos, me dijo lo mucho que ella y, supongo, todos los demás habían disfrutado de mi discurso. Pero, claro, ya daba igual: el momento crucial en que ansiaba el elogio había pasado.

RÁPIDO COMO UNA BALA, ELOGIA YA

Cuando el médico te golpea como un sádico en la rodilla con ese desagradable mazo de goma, das una patada al aire de inmediato. Y cuando alguien hace algo de maravilla, hay que decirle enseguida: «¡Guau, lo hiciste genial!».

Supongamos que alguien acaba de negociar con éxito un contrato, ha cocinado un pavo por Acción de Gracias riquísimo o ha cantado un solo en una fiesta de cumpleaños. Tanto si el logro es insignificante como espectacular, elógialo de inmediato, no diez minutos después, ni dos siquiera: de inmediato. El triunfador quiere oír ese «¡GUAU!» nada más abandonar la sala de juntas, salir de la cocina o bajar del escenario.

Técnica 57
EL «GUAU» INMEDIATO

Rápido como una bala, debes elogiar a las personas en cuanto completan una hazaña. En un suspiro, sin pensarlo: «¡Estuviste genial!».

No te preocupes por que no vayan a creerte. La euforia del momento tiene un extraño efecto anestésico sobre el juicio objetivo del triunfador.

PERO ¿Y SI HACEN EL RIDÍCULO?

«¿Me estás pidiendo que mienta?», preguntarás. Sí. Absoluta, total y rotundamente SÍ. Este es uno de esos momentos en la vida en que hasta las personas de moral más estricta perdonan una mentira. Los grandes triunfadores entienden que la sensibilidad hacia el ego inseguro de otra persona se antepone momentáneamente a su compromiso con la verdad. Además, saben que, cuando el elogiado recobre la cordura y sospeche que la cagó, no le importará que hayas mentido. Apreciará retroactivamente tu sensibilidad y te perdonará esa falsedad compasiva.

Ya hemos hablado de hacer cumplidos, directos e indirectos. Hablemos ahora de una habilidad que es aún más complicada para muchos: aceptarlos.

58

CÓMO LOGRAR QUE QUIERAN HACERTE UN CUMPLIDO

Los estadounidenses tenemos una debilidad: ¡no sabemos aceptar un cumplido! De hecho, me gustaría dedicarles la siguiente técnica a mis amigos franceses, que aseguran que a ellos se les da mejor todo. Pues en una cosa tienen razón: se les da mejor aceptar cumplidos. Y voy a explicar brevemente por qué.

Los estadounidenses somos un desastre aceptando elogios. Si alguien te hace un cumplido y reaccionas con torpeza por vergüenza, sin quererlo, inicias un círculo vicioso.

Un amigo osa piropearte:

Él (sonriente): «Eh, ¡qué vestido tan bonito traes!».

Ella (ceñuda): «Uf, tiene un montón de años».

Él (para sus adentros): «Vaya, parece que no le sentó muy bien que se lo dijera. Cree que tengo un gusto pésimo porque me gustó ese vestido. Será mejor que cierre la boca».

Tres semanas después...

Ella (para sus adentros, fastidiada): «Ya no me echa piropos. ¡Qué grosero!».

Él (para sus adentros, tristón): «¿Qué le pasa?».

«¿QUE NO NOS GUSTA QUÉ?»

Hace varios meses, en uno de mis seminarios, el grupo hablaba de los cumplidos. Un chico insistía en que «en general, no nos gustan los cumplidos».

—¿Que no nos gusta qué? —pregunté, incrédula.

—Una vez le dije a una mujer que tenía unos ojos muy bonitos —se explicó—, y me contestó: «Tú estás ciego».

El pobre estaba tan dolido por la reacción de la chica que, desde entonces, no había vuelto a piropear a ninguna mujer. Qué lástima para las mujeres, y qué forma de mermar sus aptitudes sociales.

Al recibir un cumplido, muchas personas ponen reparos o musitan un «gracias» vergonzoso. O, peor aún, protestan: «No es verdad, pero gracias de todas formas». Otros le restan importancia con un «Es solo suerte». Cuando reaccionas así, estás siendo muy injusto con quien te halaga. Es una ofensa a la capacidad de percepción de una persona bienintencionada.

«*VOUS ÊTES GENTIL*»

Los franceses tienen un comodín agradable para estas cosas. Cuando alguien les echa un piropo, contestan: «*Vous êtes gentil*», que viene a ser como «¡Qué amable!». Si un estadounidense dijera eso, podría sonar forzado, como el intento de culturizar a la florista de *My Fair Lady*. No obstante, los estadounidenses podemos transmitir ese sentimiento de *gentil* con una técnica a la que yo llamo «el búmeran».

Cuando lanzas un búmeran, hace un giro de casi ciento ochenta grados en el aire y vuelve para aterrizar a tus pies. Del mismo modo, cuando alguien te dedica un cumplido, debes hacer que los buenos sentimientos de esa persona vuelvan a ella. No te limites a decir: «Gracias» (o, lo que sería aún peor, no digas: «Bah, no es nada»). Hazle saber que se lo agradeces y busca una forma de devolverle el cumplido. Por ejemplo:

Te dicen: «Me encantan esos zapatos». Tú dices: «Ay, gracias. Me los acabo de comprar».

Te dicen: «Hiciste un gran trabajo en este proyecto». Tú dices: «Ay, te agradezco el elogio. Me vienen muy bien tus comentarios».

También puedes hacer el búmeran con los buenos sentimientos cuando alguien te pregunta por tu familia, un proyecto, un evento o cualquier cosa que demuestre que se interesan por ti.

Tu compañero te pregunta: «¿Qué tal las vacaciones en Hawái?». Tú contestas: «¡Vaya, te acuerdas de que iba a Hawái! Estuvieron geniales, gracias».

Tu jefe te pregunta: «¿Ya se te pasó el resfriado?». Tú contestas: «Te agradezco la preocupación. Me encuentro mucho mejor».

Siempre que alguien te ilumine la vida con un piropo o una pregunta que muestre interés o preocupación, devuélvele esa luz.

Técnica 58
EL BÚMERAN

Devuelve los cumplidos a quien te los haga, como vuelve el búmeran a quien lo lanza. Haz como los franceses y di algo enseguida que equivalga a «¡Qué amable!».

Por cierto, en aquel seminario le pedí al tipo que aseguraba que las personas en general y las mujeres en particular detestamos los elogios que dedicara un piropo sincero a tres que estuvieran sentadas cerca de él. Eligió a la mujer del «precioso cabello platinado» que tenía sentada detrás, la chica con «manos de pianista» de su izquierda y la señora de los «preciosos ojos de un azul intenso» de su derecha. Se lo dijo a las tres.

Y esas mujeres salieron de allí esa noche sintiéndose mejor consigo mismas. Quiero pensar que, además, salió de allí esa noche un hombre con una actitud distinta hacia los cumplidos.

Ahora que nos acercamos al final de nuestra exploración del elogio, quiero asegurarme de que estás apuntando justo al corazón de la gente. Al dedicar tanto halagos de paloma mensajera como cumplidos brutales a tu interlocutor, la siguiente técnica te mantendrá centrado.

59

CÓMO HACER QUE TU PAREJA VEA SU RELACIÓN PERDURABLE

¿Recuerdas lo a menudo que te preguntaban los amigos de tus padres, cuando eras pequeño, qué querías ser de grande? Ese era el momento en que obsequiábamos a nuestro público embelesado con el sueño de ser bailarinas, bomberos, enfermeros, vaqueros o estrellas de cine. Bueno, la mayoría de las veces nos quedamos en carnicero, panadero y cerero. Aun así, todos albergamos fantasías sobre nuestra propia grandeza.

Aunque la mayoría hayamos renunciado a nuestro sueño infantil de ser la estrella que pensábamos que seríamos (a cambio de poder ganarnos la vida), todos sabemos que, en el fondo, somos muy muy muy especiales. Nos decimos: «Quizá el mundo ni verá ni recordará lo brillante, maravilloso, ingenioso, creativo y cariñoso que soy en realidad, pero los que me conocen de verdad y me quieren..., ellos sí que reconocerán mi grandeza, mi magia, mi carisma por encima de los del resto de los mortales». Por eso, cuando conocemos a alguien con la capacidad de percepción sobrenatural necesaria para reconocer lo extraordinarios que somos, nos volvemos adictos a la droga embriagadora de su aprecio.

Para elogiar a alguien a quien conoces y quieres, se necesitan aptitudes distintas a las necesarias para piropear a un desconocido. A continuación te expongo la fórmula adecuada para acercarte aún más a alguien personal y profesionalmente. Yo lo llamo «el juego de las lápidas», y requiere un poco de preparación.

Paso uno: en un momento en que estés platicando tranquilamente con tu amigo, tu ser querido o tu compañero de trabajo, dile que hace unos días leíste una cosa sobre lápidas, ¡nada menos! «El artículo hablaba —le cuentas— de los epitafios que a la gente le gustaría que pusieran en su tumba tras su muerte». Descubriste que a la gente le gustaría que se inscribiera en la piedra esa cualidad de la que están más orgullosos. «La variedad es asombrosa —dile—. Todo el mundo tiene una imagen de sí mismo, un motivo profundo de orgullo distinto». Por ejemplo:

«Aquí yace Juanito Pérez, un científico brillante».

«Aquí yace Fulanita de Tal, una mujer cariñosa».

«Aquí yace Zutano de Cual, experto en hacer reír».

«Aquí yace Menganita de Tal, que repartía alegría allá por donde fuera».

«Aquí yace Fulano de Cual, que vivió a su manera».

Paso dos: revélale a tu interlocutor lo que te gustaría que pusiera en tu lápida. Tómate en serio la revelación, para que la otra persona haga lo mismo.

Paso tres: haz la pregunta. «En el fondo, ¿qué es lo que más te enorgullece de ti mismo? ¿Qué te gustaría que el mundo recordara de ti? ¿Qué querrías que el mundo viera inscrito en tu lápida?». Puede que tu compañero conteste: «Bueno, supongo que lo que me gustaría es que la gente supiera que soy un hombre de palabra». Escucha con atención. Si se explaya, toma nota de todos los detalles. Luego guárdatelo en el corazón y no vuelvas a decir nada al respecto. Tu interlocutor se olvidará de que una vez jugaron a las lápidas.

Paso cuatro: deja que pasen por lo menos tres semanas. Luego, cuando quieras mejorar la relación, devuélvele a tu interlocutor aquel dato en forma de cumplido. Dile: «Lo que más me gusta de hacer negocios contigo es que eres un hombre de palabra».

¡BUM! Eso le cae a tu compañero como un 747 del cielo. «Por fin —se dice—, alguien me valora por como soy». Que le digas a esa persona que admiras de ella lo mismo que admira de sí misma le impactará más que cualquier otro cumplido del mundo.

Ahora supongamos que tu amigo es Zutano de Cual, el que quería que su lápida reflejase su ingenio. Le dices: «Zutano, amigo, eres increíble. Me encanta que siempre sepas hacer reír a los demás».

«TE QUIERO PORQUE...» (COMPLETA LA FRASE)

Imagina que tu pareja es Menganita de Tal, del ejemplo anterior. Dile: «Menganita, te quiero porque repartes alegría allá por donde vas». O supón que tu compañero de vida es Fulano de Cual. Dile: «Fulano, te quiero porque vives la vida a tu manera». ¡ZAS! Habrás dado con ese punto débil donde se funden el corazón y el ego.

Técnica 59
EL JUEGO DE LAS LÁPIDAS

Pregunta a las personas importantes de tu vida qué les gustaría que pusiera en su lápida. Grábatelo en la memoria, pero no vuelvas a mencionarlo. Luego, en el momento oportuno, di: «Te aprecio/Te quiero por...» y completa la frase con las mismas palabras que ellos te dijeron semanas antes.

Cuando le devuelves a una persona, en forma de cumplido, la imagen más profunda que tiene de sí misma, le robas el aliento. «Por fin —se dirá—, alguien me quiere por quien soy de verdad».

Los piropos de «el juego de las lápidas» no son intercambiables. A Zutano de Cual no le hará gracia que lo consideres un hombre de palabra, porque lo de Zutano es el humor; a Menganita de Tal tampoco le agradará que pienses que vive la vida a su manera, porque lo que a ella le enorgullece es repartir alegría allá por donde va...

Es maravilloso decirle a la gente lo que aprecias o te encanta de ellos. Si, encima, se corresponde con lo que aprecian o les encanta de sí mismos, el efecto es colosal.

PARTE VII

CÓMO LLEGAR DIRECTO AL CORAZÓN

Cientos de personas se han llevado una impresión de ti a través de ese pequeño dispositivo que tienes en el escritorio, en la mesita, en la cocina, pero no te han conocido en persona. Nunca te han visto sonreír ni fruncir el ceño. No te han tomado la mano ni disfrutado de tus abrazos. No han interpretado tu lenguaje corporal ni saben cómo vistes. Todo lo que saben de ti les ha llegado por la magia de las ondas, a veces desde cientos de kilómetros de distancia. Pero les parece que te conocen solo por el sonido de tu voz. Así de poderosa es la comunicación telefónica.

Poderosa, sí, pero no siempre precisa. Durante años, traté con mi agente de viajes solo por teléfono. Rani, mi agente sin rostro, a la que nunca había visto en persona, me conseguía boletos de avión, coches rentados y hoteles a precios ajustadísimos, pero era tan cortante que me desconcertaba. En más de una ocasión me juré que buscaría a otra agente de viajes.

Un lunes por la mañana, hace varios años, recibí una mala noticia y tuve que reservar un vuelo de inmediato para una emergencia familiar. No tenía tiempo para hacer fila en el aeropuerto, así que subí a un taxi y le pedí al taxista que me esperara en la puerta de la agencia mientras recogía el boleto.

Entré como un rayo en la agencia de Rani por primera vez. Al verme tan histérica, la mujer que estaba en recepción se levantó de un brinco, compasiva. Me dedicó una sonrisa tranquilizadora y me preguntó en qué podía ayudarme. Mientras yo le soltaba el rollo de que necesitaba un boleto con urgencia, me sonrió, asintió con la cabeza y se puso manos a la obra de inmediato. «¡Qué maravilla de mujer!», pensé mientras me imprimía el boleto.

Poco después, cuando ya salía volando por la puerta con el boleto en la mano, agradecida, me volteé para gritarle desde la puerta:

—Por cierto, ¿cómo te llamas?

—Leil, soy Rani —me contestó.

Me giré por completo y vi a una mujer simpática con una sonrisa enorme en los labios, deseándome buen viaje y despidiéndose de mí con la mano. ¡Me quedé atónita! ¿Por qué me había parecido cortante las otras veces? Rani era encantadora.

Ya sentada en el taxi, camino del aeropuerto, deduje lo que pasaba. La simpatía de Rani, su sonrisa cariñosa, sus asentimientos, su contacto visual, su lenguaje corporal, su actitud servicial eran signos silenciosos de los que no viajan por las ondas. Cerré los ojos e intenté recordar la voz que había oído hacía un momento. Sí, era la misma entonación seca y cortante de Rani, pero su lenguaje corporal afable la hacía parecer una persona muy distinta de la agente brusca con la que yo trataba por teléfono. La personalidad telefónica de Rani y sus ademanes en persona eran dos espectáculos muy distintos.

Caí en la cuenta de que nos pasa a todos. Tu personalidad, la mía y la de todo el mundo podría compararse a una representación teatral. Hay que procurar que sea un éxito de taquilla, no un fracaso. Con las diez técnicas que te ofrezco a continuación conseguirás que la crítica ponga por las nubes tu personalidad telefónica.

60

CÓMO SONAR MÁS EMOCIONADO POR TELÉFONO

Tengo una amiga, Tina, que diseñó el vestuario de un espectáculo teatral que fue un gran éxito hace unos años. Aquel modesto espectáculo tuvo unas críticas tan favorables que cautivó a un mecenas, quien se lo llevó a Broadway, donde fracasó estrepitosamente.

Al enterarme de la triste noticia, llamé a mi amiga: «Tina, ¿cómo es que el espectáculo tuvo tan mala crítica en Broadway?». Ella me dijo que, por desgracia, el director no insistió en que los actores adaptaran su interpretación al nuevo entorno. Sus movimientos comedidos, que hacían oscilar a un público reducido entre la carcajada al llanto, se perdían en el escenario inmenso de Broadway. El público no veía sus gestos sutiles ni sus emotivas expresiones faciales. Los intérpretes no habían creído necesario exagerar sus movimientos para ajustarlos al nuevo medio.

Ese excelente consejo no es solo para actores. Siempre que hables, ten en cuenta el medio. Si tu rostro estuviera en la pantalla de un cine, podrías transmitir el mensaje con un simple guiño de ojo o una ceja enarcada. Por la radio, en cambio, eso no valdría para nada. Como los oyentes no te verían guiñar el ojo, tendrías que decir algo tipo: «Hola, cielo», y como tampoco te verían enarcar la ceja, tendrías que decir: «Guau, ¡qué sorpresa!».

Tu lenguaje corporal y tus expresiones faciales suponen más de la mitad de tu personalidad. Cuando la gente no te ve, se puede llevar una impresión completamente equivocada, como me pasó a mí con Rani. Para transmitir tu personalidad a través del teléfono, debes traducir tus emociones en sonidos. De hecho, tienes que exagerar el sonido, porque los estudios realizados en ese ámbito revelan que los seres humanos perdemos un 30 % de energía en la voz cuando hablamos por teléfono.

Supongamos que un día conoces a un nuevo contacto. Cuando te presentan, le estrechas la mano y lo miras de frente. Estableces un buen contacto visual y dejas que asome a tu rostro una sonrisa sincera. Hasta asientes y sonríes, escuchando con atención mientras habla. Le caes muy bien.

Pero ¿qué impresión causarías a esa persona importante si les vendaran los ojos a los dos y les ataran las manos a la espalda? Ese es el inconveniente de las llamadas telefónicas.

Si esa persona no pudiera verte, tendrías que reemplazar algunas palabras para hacerle saber que estás de acuerdo y que escuchas. Tendrías que verbalizar de algún modo que estás sonriendo y llamar más a la otra persona por su nombre para paliar la ausencia de contacto visual. Estarías empleando, en resumen, lo que yo llamo la técnica de «la gestualidad elocuente».

Para compensar la falta de contacto visual, salpica las conversaciones telefónicas de «ajá» y «ya...». Para que tu interlocutor sepa que estás asintiendo con la cabeza, di «Entiendo» o «Genial» o «Claro» o «¡Qué curioso!» o «Cuenta, cuenta...». ¿Que no te ha visto darte un manotazo en la frente para indicar tu asombro? Pues dile «¡Qué sorpresa!» o «¡No me digas!». ¿Te acaba de decir algo impresionante y no te ve la cara de admiración? Prueba con «Qué astuto por tu parte» o «¡No, si tonto no eres!».

Como es lógico, necesitas una enorme sonrisa verbal en tu repertorio. Prueba con «¡Dios, me muero de risa!». Obviamente, elegirás frases que encajen con tu personalidad y con la situación, pero procura, en cualquier caso, que quien esté al otro lado de la línea perciba tus emociones.

Técnica 60
LA GESTUALIDAD ELOCUENTE

Cada vez que contestes una llamada telefónica, imagínate que eres la protagonista de un drama radiofónico. Si quieres que se note lo interesante que eres, convierte en sonido tus sonrisas, en ruido tus asentimientos, y todos tus gestos en algo que tu interlocutor pueda oír. Reemplaza los gestos por palabras, y dale fuerza a tu interpretación, ¡un 30 % más!

61

CÓMO SONAR CERCANO (AUNQUE ESTÉS A KILÓMETROS DE DISTANCIA)

Cuando no estás sentado frente a tu interlocutor, con los codos en el mismo escritorio, los cubiertos en la misma mesa o la cabeza en la misma almohada, tienes que buscar algo que reemplace esa intimidad. ¿Cómo puedes generar intimidad si están a cientos de kilómetros de distancia el uno del otro? ¿Cómo hacer que la persona con la que estás hablando por teléfono se sienta especial si no puedes darle una palmada en la espalda ni un pequeño abrazo?

La respuesta es sencilla: llama a tu interlocutor por su nombre más a menudo de lo que lo harías en persona. De hecho, riega la conversación con su nombre. Cuando la otra persona lo oiga, será como si le hicieras una caricia verbal:

«Gracias, Sam».
«De acuerdo, Betty».
«Oye, Demetri, ¿por qué no?».
«Me encantó hablar contigo, Kathi».

El uso frecuente del nombre de la persona en una conversación cara a cara suena manipulador. En cambio, por teléfono, el efecto es muy distinto. Si oyeras a alguien decir tu nombre, incluso en medio de una muchedumbre ruidosa, te pondrías alerta y aguzarías el oído. Del mismo modo, cuando la persona con la que hablas por teléfono oye su nombre al otro lado de la línea, se activa su atención y se recrea esa familiaridad de la que te priva el teléfono.

Si tu interlocutor está perdiendo el interés, te ayuda a recuperarlo. Si está abriendo el correo, deja de hacerlo. Si se está hurgando los dientes con un palillo, suelta el palillo. Cuando dices el nombre de alguien por teléfono, es como si arrastraras de golpe a esa persona a la misma habitación en la que estás tú.

Técnica 61
LA LLUVIA DEL NOMBRE

Los seres humanos nos avivamos al oír nuestro nombre. Cuando hables por teléfono, usa el de tu interlocutor más a menudo de lo que lo harías en persona, así mantendrás su atención. Pronunciar el nombre del otro es una forma de recrear el contacto visual, la caricia que podrías ofrecer en persona.

Repetir constantemente el nombre de tu interlocutor cuando lo tienes delante resulta condescendiente, pero por teléfono, con la distancia física que los separa (hasta podrían estar en continentes distintos), puedes repetirlo tanto como quieras.

62

CÓMO CONSEGUIR QUE SE ALEGREN DE QUE HAYAS LLAMADO

¡Riiiiiing! Tanto si te llaman cuando estás en una reunión como en el cuarto o el baño, los que se consideran expertos en comunicación telefónica recomiendan que sonrías antes de contestar. Algunos llegan incluso a proponer hablar con un espejo al lado para controlar la sonrisa durante la conversación.

Lo he hecho, y no funciona. Una noche me llamaron cuando llevaba puesta la mascarilla facial de la semana. El horror de verme en el espejo hizo que mi voz sonara tan espantosa como mi cara en aquel momento. Me deshice de inmediato del consejo de los expertos, y del espejo. ¿Quién quiere parecer un optimista ingenuo, una sonrisa andante descerebrada o un solitario cuya vida es tan aburrida que la gran emoción del día es una llamada telefónica, la que sea, de quien sea?

Los triunfadores no sonríen antes de contestar. Ponen la sonrisa en la voz cuando ya saben quién llama. Entonces es cuando cuenta. Contesta la llamada con emoción, con profesionalidad, di tu nombre o el de tu empresa y luego, cuando sepas quién te llama, deja que la sonrisa te inunde la cara. Ahí está el truco. «Ay, Joe [sonrisa], ¡qué alegría oírte!», «Sally [sonrisa], ¿cómo estás?», «Bill [sonrisa], estaba deseando que fueras tú».

Mi amigo Steve vive en Washington D. C. y dirige una asociación de comerciantes que busca ejercer presión en el Capitolio. Cuando lo llamo, nunca sé cuál de sus muchísimos ayudantes me contestará. En cualquier caso, sea quien sea, siempre me responden con idéntica cordialidad. Siempre me dicen: «Cable Telecommunications Association», el nombre de la persona y «¿Con quién desea hablar?», sin simpatía fingida ni sonrisas prefabricadas en la voz. Estoy segura de que esa persona no se está mirando en un espejo en ese momento. Cuando digo: «¿Está disponible el señor Effros? Soy Leil Lowndes», entonces es cuando el empleado empieza a ser supersimpático: «Ah, sí, señorita Lowndes —ronronea—. ¡Por supuesto! Lo comunico enseguida». ¡Dios mío, eso sí que me hace sentir especial! Mientras espero a que Steve conteste el teléfono, fantaseo imaginándomelo presidiendo una mesa de caoba alargada, en su reunión semanal con el personal, y casi puedo oírlo dando instrucciones a su equipo: «A ver, si llama el presidente o algún pez gordo de la Casa Blanca, pásenme la llamada enseguida. Y claro, si llama esa mujer tan importante, Leil Lowndes, también».

Cuando fui a Washington el año pasado, comí con Steve y aproveché para comentarle que era un placer llamar a su oficina y lo mucho que agradecía la cordialidad de su equipo al teléfono. Le di las gracias por familiarizarlos con mi nombre y mencionarles que quizá llamara de vez en cuando. Steve me miró extrañado desde el otro lado de la mesa y me dijo:

—Leil, tú enseñas técnicas de comunicación telefónica. ¿No te das cuenta?

—¿Cómo?

—Siento desilusionarte —me dijo—, pero atendemos igual a todo el mundo, independientemente de quién llame.

—¡Ah!

CUANDO LLAMA UN PESADO

—Pero, Steve —protesté en cuanto me recobré de la decepción inicial de haber sido víctima de un protocolo, y no una VIP—,

¿y si el que llama es un extraño, un completo desconocido? Supongo que, en ese caso, tu equipo no fingirá que lo conoce.

—Claro que no, Leil. En ese caso tienen instrucciones de mostrar energía y entusiasmo por el motivo de la llamada. Por ejemplo, supón que el que llama es un operador de cable que quiere formar parte de nuestra asociación. Recibirá una sonrisa y un sincero «Ah, sí, señor Smith, enseguida lo comunico».

—Ya, pero ¿y si vende mobiliario de oficina? —lo desafié.

—Da igual —respondió él—. El vendedor recibe el mismo trato en cuanto mi empleado sabe por qué ha llamado. Si mi empleado le dice muy amablemente: «¡Ah, mobiliario de oficina!», quien llama se siente bien. Y así a mí me cuesta menos lidiar con ese vendedor después.

—De acuerdo, Steve —le dije—, a partir de mañana usaré ese tono de voz de «¡Vaya, cuánto me alegro de que haya llamado por esa razón».

A la mañana siguiente, la primera llamada que recibí era de mi odontólogo.

—Señorita Lowndes, la llamo para recordarle que hace ya tiempo que debería haberse hecho la revisión de los seis meses.

—Ah, claro, tiene razón —ronroneé—. Me alegro de que me haya llamado. —La recepcionista parecía sorprendida, pero muy complacida con mi reacción—. Ahora mismo no puedo agendar una cita —proseguí—, pero les llamo en cuanto me quede un hueco libre.

Y ella no me agobió con su habitual «Bien, ¿para cuándo calcula que será?». Colgó satisfecha. (Y yo conseguí lo que quería, que no me llamaran de parte de mi odontólogo durante al menos otros seis meses).

La segunda llamada era de un hombre que había pedido por correo mis grabaciones y se quejaba de que una de ellas había llegado rota. «Ay, vaya, me alegra mucho que me lo haga saber —le dije, con el mismo entusiasmo que si me hubiera tocado la lotería. El hombre se mostró algo asombrado, pero, por supuesto, complacido con mi reacción—. Desde luego, volveré a enviarle las grabaciones, y espero que acepte mis disculpas». El hombre colgó satisfecho. (Y yo conseguí lo que quería: su buena voluntad y que hablara bien de mí, en vez de despotricar de mi trabajo).

La tercera llamada fue más difícil. Era de un proveedor al que me había olvidado por completo de pagar.

—Ay, le agradezco que me recuerde esa factura —mentí, y de nuevo quien llamaba se mostró sorprendido y complacido (seguramente yo era la primera morosa de la historia que parecía contenta de que la llamara)—. Tenía la sensación de que se me olvidaba alguna factura. La saldaré de inmediato.

Y entonces recibí mi recompensa.

—Por cierto, no se preocupe por el dos por ciento del recargo por demora —me dijo—. Mientras lo haga antes de que acabe la semana está bien.

Colgó feliz (y yo me llevé un regalo: nada de recargos a pesar de mi despiste).

Y así todo el día, toda la semana y desde entonces. Pruébalo. Descubrirás que consigues más de la gente cuando sonríes, después de averiguar quién es y por qué llama. Puedes usar la técnica de «¡Vaya, si eres tú!» en casi todas las llamadas.

Técnica 62
«¡VAYA, SI ERES TÚ!»

No contestes el teléfono siempre con la actitud de «Estoy contentísimo todo el tiempo». Sé cordial, serio y profesional. Luego, cuando ya sepas quién llama, deja que una enorme sonrisa de felicidad te inunde la cara y se transmita a tu voz. La persona que te llame pensará que esa sonrisa gigantesca y cálida la reservas para ella.

63

CÓMO ENTRAR SIN QUE TE VEA EL PORTERO

«¡No, no, aaah, por el filtro no!». Imagina un instrumento de tortura llamado «el filtro». El científico loco, riendo como un maniaco, obliga a su víctima a meterse en una picadora de carne gigante y que la estruja contra un filtro de metal pesado. El artilugio fragmenta su cuerpo en un millón de moléculas que vuelven a recomponerse al otro lado. Que te filtren cuando llamas a la oficina de alguien es la versión emocional de semejante pesadilla.

Tú haces la llamada inesperada.

—¿Podría hablar con el señor Jones? —preguntas muy amable.

—¿Quién lo llama? —te responde una voz altiva, porque, claro, tu nombre no es lo bastante prestigioso para que «el filtro» te conceda el gran honor de hablar con Jones. Prosigue su interrogatorio—. ¿Y de qué empresa llama? —Le das el nombre de la empresa rezando por que con eso baste, y luego, para colmo, se atreve de decirte—: ¿Y de qué se trata? —Aaaargh.

Varias semanas después de mi comida con Steve, tuve ocasión de llamarlo otra vez.

—¿Podría hablar con Steve Effros? Soy Leil Lowndes.

—Por supuesto, señorita Lowndes. La comunico enseguida. —Y yo empiezo a canturrear contenta mientras espero a que Steve conteste el teléfono. Pero poco después oigo de nuevo a su ayudante que me dice, con voz apenada—: Lo siento muchísimo, señorita Lowndes, pero Steve acaba de salir a comer. Sé que lamentará no haber podido hablar con usted.

Entretanto, yo sigo sonriendo. ¿Sospecho que Steve no «acaba de salir a comer»?, ¿está sentado ahí mismo? ¿Se me puede llegar a ocurrir que no tenga tiempo ni ganas de hablar conmigo? ¿Me siento filtrada? ¡Ni hablar! Más feliz que una lombriz, le dejo mi número para que me llame cuando pueda. ¿Ves? Seguramente acabo de ser víctima de «el filtro tramposo».

Técnica 63
EL FILTRO TRAMPOSO

Si tienes que filtrar las llamadas, pide a tus empleados que primero digan muy simpáticos: «Sí, sí, lo comunico enseguida. ¿Sería tan amable de decirme quién llama?». Si la persona que llama ya se ha identificado, que digan: «Por supuesto, señor Zutano. Lo comunico enseguida».

Cuando vuelva el asistente con la mala noticia de que el señor o la señorita De Tal no están disponibles, el que llama no se lo toma como algo personal ni se siente filtrado. Se lo creen siempre, como me pasó a mí.

64

CÓMO CONSEGUIR LO QUE QUIERES DE UN PEZ GORDO POR TELÉFONO

Conozco un secreto de un gran felino dueño de una cadena de hoteles internacional con establecimientos en seis países. Contrata y despide a miles de personas, adjudica y rescinde contratos inmensos, pide préstamos a destacadas entidades financieras y hace generosas aportaciones a oenegés. Don Gran Felino (al que llamaremos «Ed») tiene un apellido respetado e inmediatamente reconocible en su sector, y su secreto es el siguiente: doña Gran Felino es el verdadero cerebro de la operación.

Yo me hice amiga de doña Gran Felino (a la que llamaremos «Sylvia») cuando presté unos servicios de asesoría a la empresa de su esposo. Sylvia me invitó a tomar el té una tarde. Se disculpó con mucha amabilidad porque aquel era el día libre de la asistenta y teníamos que arreglárnoslas solas. Mientras nos instalábamos tranquilamente en el patio, a punto de disfrutar del té con galletas, sonó el teléfono. Se excusó para ir a contestar.

Oí a doña Gran Felino decir: «No, lo siento, no está en casa. ¿Quién lo llama, por favor? No, no sé cuándo volverá, pero si me dice quién es y qué... No, ya le dije que no sé a qué hora volverá... Sí, le digo que lo llamó».

Cuando Sylvia volvió al patio, vi que estaba molesta por la llamada, y yo, que ando siempre a la caza de una buena anécdota telefónica, me atreví a lanzarle una mirada inquisitiva.

Al percatarse de que me intrigaba, me dijo: «Ese imbécil se piensa que va a conseguir una aportación de Ed. ¡Está segurísimo!», y rio, socarrona. Su franqueza me animó a indagar más. Resulta que el que llamaba, un tal señor Creighton, recaudaba fondos para una importante oenegé a la que Ed estaba pensando en hacer una donación. Mi anfitriona me dijo que Creighton había llamado dos veces en las últimas dos semanas cuando Ed no estaba en casa. «Y ninguna de las dos me saludó, me preguntó cómo estaba ni se disculpó por las molestias». Aquello no le había hecho ninguna gracia a doña Gran Felino.

¿Le irritaba mucho? No, solo un poco. Pero ¿suponía eso una gran pérdida para el pequeño felino que llamaba? Desde luego. En la casa de Ed y Sylvia Gran Felino, esas sutilezas contaban. A la hora de la cena, doña Gran Felino le podía decir a su esposo: «Cariño, hoy te llamó un hombre muy amable, un tal Creighton», o decirle: «Hoy te llamó un tipo muy pesado, un tal Creighton». Según cuál fuera el comentario, la oenegé de Creighton podría ganar o perder millones, y todo porque el gatito Creighton le había tocado sin pretenderlo los bigotes a doña Gran Felino.

Consejo para llamadas al teléfono fijo de un domicilio particular: saluda a quien conteste, sea quien sea. Consejo para llamadas a la oficina: ídem.

Un número asombroso de cónyuges y asistentes de grandes felinos tienen mucha mano en las decisiones importantes del negocio. Llegado el momento de contratar, despedir, ascender o comprar, muchos de ellos opinan. Cuando se trata de quién logra que sus llamadas se transfieran, quién consigue que sus propuestas lleguen a la mesa del jefe o quién obtiene citas para comer, ¡la opinión de quienes filtran cuenta!

Solo un tonto no se da cuenta de que las parejas y los asistentes personales tienen nombre, una vida, sentimientos, influencia. Actúa en consecuencia.

Técnica 64
SALUDA A LA PAREJA

Cuando llames a alguien al teléfono fijo, identifícate siempre y saluda a la persona que conteste la llamada. Si lo llamas al trabajo más de una vez, hazte amigo de quien responda, porque cualquiera lo bastante próximo para atender las llamadas de la persona con la que quieres hablar lo es también para hablar bien de ti.

65

CÓMO LOGRAR LO QUE QUIERES ¡CONTROLANDO LOS TIEMPOS!

Cuando Alexander Graham Bell inventó el teléfono, sus camaradas y él no usaban frases tan trilladas como «Hola, ¿qué tal?». Bell y su equipo nunca decían sus ideas sin más al oído de sus interlocutores telefónicos. Lo primero que salía de su boca en aquellos tiempos era «¿Puedes hablar?». Se referían, claro está, a las capacidades técnicas.

Poco sabían entonces que, más de cien años después, los grandes triunfadores usarían una variante de ese mismo saludo. Hoy, claro, «¿Puedes hablar?» significa «¿Te va bien ahora?». Antes de zambullirse en una conversación, siempre preguntan: «¿Es buen momento para hablar?», «¿Te llamo en buen momento?», «¿Tienes un minuto para hablar de tal o cual cuenta?».

Todo el mundo tiene un Big Ben en la cabeza que le señala lo receptivos que serán a tu llamada o tus ideas. Si interfieres en el funcionamiento de ese reloj, no te harán caso. Por muy interesante que sea lo que tengas que contar o muy agradable que sea tu llamada, si eres inoportuno, no conseguirás nada.

No es culpa tuya. Cuando llamas a alguien, no sabes si esa persona estaba durmiendo o se ha dejado la comida en el fuego, o si dispone de dos horas para presentar un informe o si el jefe lo espera impaciente en su despacho.

Siempre que hagas una llamada, siempre —no de vez en cuando ni a menudo, siempre—, pregunta si es buen momento. Conviértelo en costumbre, en norma. Castígate si las primeras palabras que salgan de tu boca no se refieren a la conveniencia de tu llamada.

> «Hola, Joe, ¿es buen momento para hablar?».
> «Hola, Susan, ¿tienes un minuto?».
> «Hola, Carl, ¿te llamo en mal momento?».
> «Sam, ¿tienes un segundo para que te cuente lo que pasó en el partido del sábado pasado?».

Hay muchas formas de decirlo, pero todo se reduce a «¿Es buen momento para hablar?».

A mi amigo Barry, locutor de radio, que hace más cosas en un día que la mayoría de la gente en una semana, se le ocurrió un invento genial para no fastidiar a nadie con sus llamadas. Lo denomina «¿De qué color es tu tiempo?». Barry les dice a las personas a las que llama que, como respeta mucho su tiempo, usará ese sistema. Luego les pide permiso para iniciar sus futuras conversaciones con una pregunta que le garantice que nunca interrumpirá en un momento inoportuno. Les cuenta que les preguntará de qué color es su tiempo y que ellos tendrán que responder con sinceridad si rojo, ámbar o verde.

El rojo significa «Estoy muy ocupado»; el ámbar, «Estoy atareado, pero ¿qué quieres? Porque, si es rápido, te puedo atender ahora»; y el verde, «Claro, tengo tiempo. Hablemos». El rojo, como el del semáforo de la esquina, te pide que te detengas; el ámbar, que te des prisa, que no hay mucho tiempo, o esperes a que se ponga verde; y el verde es que puedes pasar.

La gente capta enseguida su ingenioso invento y disfruta del juego, pero, sobre todo, disfrutan de que Barry tenga ese detalle con ellos y respete su tiempo. De hecho, según dice, casi todas esas personas juegan a lo mismo cuando lo llaman a él. «Hola, Barry, ¿de qué color es tu tiempo? ¿Verde?».

VENDEDORES, ESPEREN A QUE SE PONGA EN VERDE

Una nota para los vendedores. Si le preguntan a un posible cliente si tiene tiempo y les contesta: «La verdad es que no, pero cuéntame», ¡NO LO HAGAN! No le den el discurso de venta mientras está en rojo ni le hablen cuando está en ámbar. Esperen a que se ponga en verde, verde del todo (salvo que no quieran volver a ver el semáforo de ese cliente en verde, claro).

Técnica 65
¿DE QUÉ COLOR ES TU TIEMPO?

Por muy urgente que te parezca tu llamada, empieza siempre preguntando a la persona si le va bien hablar en ese momento. Usa el juego del semáforo o pregunta sin más: «¿Te queda bien hablar ahora?». Si preguntas primero, nunca pisotearás el suelo recién trapeado de la disponibilidad de tu interlocutor telefónico. Si llamas en mal momento, te lo dirán.

66

CÓMO IMPRESIONAR A TODOS CON TU MENSAJE PERSONALIZADO DEL BUZÓN DE VOZ

Se puede saber mucho de una persona por el mensaje que deja en el buzón de voz, en caso de que prefiera personalizarlo a hacer saltar el estándar de la compañía telefónica. «Hola. Ahora no estoy disponible. Deja un mensaje o llama más tarde». Piiip. ¿Sospecharías que esta persona es simpatiquísima? «Hola. Siento no poder atenderte ahora, pero si me dejas tu número te devolveré la llamada en cuanto me sea posible. No olvides dejarme tu número, por favor». Piiip. ¿Sospecharías que esta persona es serena y nada ansiosa? La mayoría no grabamos nuestras flaquezas personales tan descaradamente para que las oiga el mundo entero. Aun así, se puede «oír mucho entre líneas» de nuestros mensajes del buzón de voz.

El mes pasado necesitaba un artista gráfico para que hiciera un trabajo para uno de mis clientes superconservadores. Llamé a Mark, un artista cuya obra había visto y me gustaba. El mensaje de su buzón de voz empezaba con una música rock que reventaba los tímpanos; luego su voz resonaba por encima de la guitarra eléctrica: «Pasaaa, amigo, vamos al asunto. Susúrrame tus tiernas palabras cuando oigas la señal. Sí, sí, sí». Piiip. Colgué de inmediato para no imaginar las cosas terribles que pensaría mi cliente si llamaba a Mark. Su numerito de treinta y dos segundos habría sido perfecto como muestra del talento de un músico de rock, pero un profesional habría optado por un mensaje más sereno. El mensaje de tu buzón de voz refleja tu trabajo. Procura que sea cordial, neutro y actual.

El secreto es el siguiente: intenta dar la impresión de que estás a la última, cambia el mensaje a diario. Hay estudios que demuestran que quienes llaman piensan que los demás son más brillantes y eficientes cuando oyen un mensaje distinto cada vez que llaman. Si lo consideras oportuno, informa a quien te llame de dónde estás y de cuándo piensas volver. Eso es esencial si tienes clientes a los que atender.

Prueba algo así en el teléfono del trabajo: «Soy [nombre]. Hoy es jueves 7 de mayo y voy a estar en una reunión de ventas hasta tarde. Por favor, deja tu mensaje y te llamo en cuanto vuelva». De ese modo, si no llamas a un cliente hasta las cuatro de la tarde, no se pondrá furibundo.

Sé breve. Hay quien cambia el mensaje todos los días, pero se alarga demasiado. Yo tenía un compañero, Dan, que también daba charlas como yo y que, con su voz melodiosa, imponía su reflexión del día a los pobres desgraciados que lo llamaban.

El año pasado estaba trabajando en un proyecto con Dan y tuve que llamarlo tres veces el mismo día para dejarle un informe de progreso. Cada vez que llamaba, me saltaba el buzón de voz: «Hola, soy Dan y esta es la frase positiva del día. —Se aclaraba la garganta y seguía—: ¿Alguien te ha dicho algo hoy que te haya ofendido? ¡Pues allá ellos! —Luego hacía una pausa dramática—. ¿Te vieron mal? ¡Pues allá ellos! —Otra pausa para que calara aquel sentimiento tan profundo—. Reemplaza esos pensamientos mezquinos de rabia, exasperación y desprecio por otros de fuerza. Serénate. Álzate por encima de esas irritaciones insignificantes de la vida y canaliza tus pensamientos hacia la plenitud y la realización personales. Repito: soy Dan. —Me sorprendió que no diera también el número de teléfono de su agente—. Déjame un mensaje después de la señal. Y que tengas un día increíble y tranquilo». Piiip.

La primera vez que oí el mensaje «inspirador» de Dan me irritó un poco que fuera tan largo; la segunda, me puse a hiperventilar mientras esperaba a que terminara su insufrible perorata; la tercera, aquella cosa tan cursi se me hizo interminable. Por culpa de su pinche mensaje, me había llenado de esos «pensamientos mezquinos de rabia, exasperación y desprecio» a los que él tanto se oponía. Me resultaba imposible «alzarme por encima de ellos» ni «canalizar mis pensamientos hacia la plenitud y la realización personales». Solo tenía ganas de darle un puñetazo en la cara. El mensaje de un buzón de voz no es el mejor sitio para dar mensajes inspiradores ni impresionar al mundo con los logros de uno.

Otra amiga mía, escritora, quiso colgarse unas medallitas con este mensaje: «Hola, te habla Cheryl Smith. Cheryl está de gira nacional con su libro [pausa para que lo que acababa de decir calara lo suficiente en el que llamaba], que la llevará por doce ciudades del país [y otra pausa como si esperara un aplauso]. Estará de vuelta el 7 de octubre. [¿Y esa tercera persona? Si es ella la que habla...]. Por favor, déjame un mensaje después de la señal». Piiip.

Sí, Cheryl, ya sabemos todos que eres una autora importante, pero hablar de ti misma en tercera persona, ese tono narcisista y la mención de las doce ciudades haría que cualquier triunfador de verdad se riera tras sus bigotes.

Un último consejo: evita un mensaje concreto que usan muchos profesionales últimamente, el de «o no estoy en mi mesa ahora o estoy hablando por la otra línea», porque, en el fondo, lo que estás diciendo es que eres esclavo de tu trabajo y que sería un milagro que hubieras conseguido escaparte un momento. Una noche me quedé trabajando hasta tarde. A las cuatro de la madrugada, decidí dejarle un mensaje a una compañera en el teléfono del trabajo para que lo oyera en cuanto entrara en la oficina. «Hola —decía el mensaje—, soy Felicia. Ahora mismo no estoy en mi mesa o estoy hablando por la otra línea, pero déjame un mensaje después de la señal». Piiip. Felicia, pues claro que no estás en tu mesa, porque son las cuatro de la madrugada del domingo. ¿Hablando por la otra línea? ¿A estas horas? ¡Espero que no!

Nunca sabes cómo afectará tu mensaje a alguien. Procura ser cordial, neutro, variado, breve y discreto. Sin alardes ni florituras.

Técnica 66
MENSAJE VARIABLE

Si quieres parecer concienzudo y fiable, graba en tu buzón de voz un mensaje corto, profesional y cordial. Sin música, sin bromas, sin mensajitos inspiradores. Sin alardes ni florituras. Y el truco para triunfar: cámbialo todos los días. No hace falta que sea inmaculado. Si toses o tartamudeas sin querer, le das un agradable aire de realidad sin pretensiones.

67

CÓMO CONSEGUIR QUE TE DEVUELVAN LA LLAMADA O EL CORREO ELECTRÓNICO

Los productores de los grandes musicales de Broadway a veces son crueles durante las audiciones. Un aspirante a estrella, tras ensayar la canción de su audición durante semanas, sale a escena. Abre la boca para cantar y, después de unas cuantas notas, el productor despiadado grita: «Gracias. ¡SIGUIENTEEE!». ¡Y esos sueños de estrellato se hacen añicos en diez segundos!

Los sueños profesionales de quienes se dedican a los negocios también pueden hacerse añicos en diez segundos de «audición». La suya es el mensaje que dejan en el buzón de voz de otra persona o el correo electrónico que le escriben.

A ningún profesional competente se le ocurriría enviar a alguien importante una carta comercial manuscrita en un papel barato y amarillento, y esperar respuesta, porque sabe que el destinatario la tiraría a la basura. Aun así, muchas de esas personas dejan mensajes deslucidos en el buzón de voz o en el correo electrónico de personas importantes, y esperan que les devuelvan la llamada o el mensaje. Nadie les ha dicho nunca que los grandes triunfadores examinan esos mensajes con la misma consideración que un gran productor de Broadway. Si suenas bien, te dan una oportunidad; si no, te sacan de inmediato de su vida.

A los vendedores, pretendientes, candidatos y competidores que dejan o envían mensajes alegres, inteligentes y llenos de chispa en el buzón de voz les devuelven la llamada. Los despistados que dejan o envían mensajes al aventón y deslucidos jamás tienen noticias del señor o la señora Lohasconseguido. Procura que tu mensaje refleje las tres ces: confianza, claridad y credibilidad. Además, intenta que seduzca, entretenga o interese a quien lo escuche. Con un simple «Hola, soy Joe. Llámame» no se conquista a un pez gordo.

Y PERMANECE ATENTO A...

Los locutores de radio usan trucos para mantener el interés de la audiencia. Los grandes vendedores también usan truquitos similares para conseguir que posibles clientes les devuelvan la llamada o el correo electrónico. El que te presento aquí es el del suspense. Para asegurarse de que el oyente no cambia de emisora durante la publicidad, el locutor plantea un pequeño misterio: «Y volvemos después de la publicidad con el ganador del boleto a... Podrías ser tú... ¡Permanece atento!». Cuando dejes o envíes un mensaje procura incluir un elemento de suspense: «Hola, Harry. Tengo la respuesta a la pregunta que me hiciste la semana pasada», o: «Hola, Diane. Tengo grandes noticias sobre el proyecto que comentamos». Ahora Harry y Diane tienen motivos para devolver esa llamada o contestar a ese correo.

Imprime personalidad en tu mensaje. Imagina al destinatario escuchándolo o leyéndolo. Di algo que despierte su curiosidad o le haga sonreír. Tu mensaje son tus diez segundos de audición. Procura que sea bueno.

Técnica 67
TUS DIEZ SEGUNDOS DE AUDICIÓN

Justo antes de llamar, aclárate la garganta. Si te salta el buzón de voz, imagina que el pitido es un productor de Broadway diciendo «Siguienteeeeee». Te toca a ti. Son tus diez segundos de audición en los que demostrar que mereces que te devuelvan la llamada. Con el correo electrónico tendrás más margen para rectificar, pero la comunicación será menos directa y personal.

Por cierto, si te salta el buzón de voz cuando no lo esperabas, cuelga enseguida (antes del timbre, para no dejar un mensaje vacío). Dedica un momento a pensar en ese mensaje entretenido, seductor o interesante. Ensáyalo una vez con confianza, claridad y carisma. Luego vuelve a llamar y deja un mensaje potente.

Puede pasar algo gracioso: que esa vez te contesten y te quedes con las ganas de dar tu gran mensaje.

68

CÓMO HACER QUE EL PORTERO PIENSE QUE ERES SUPERAMIGO DEL VIP

La inspiración de la siguiente técnica telefónica se deriva de mi experiencia personal con los baños del centro de Manhattan (un origen nada elegante, lo sé). Nueva York, a pesar de su reputada sofisticación, va por detrás de las peores ciudades europeas en un aspecto: Manhattan apenas tiene baños públicos, y ninguna de esas estructuras autónomas de estilo europeo con tanto encanto y, a veces, tan de agradecer en las esquinas de las calles.

En los tiempos en los que hacía visitas comerciales por toda la concurrida ciudad de Nueva York, eso me suponía un problema. Varias veces al día. A menudo me veía a merced de los meseros de las cafeterías, que guardaban celosamente los baños de sus instalaciones. En algunas tiendas, incluso ponían en el escaparate carteles amenazadores garabateados por ellos mismos: «SERVICIOS DE USO EXCLUSIVO PARA CLIENTES».

Descubrí que, muchas veces, si era franca (y me acercaba a un mesero a preguntar si me dejaban usar el baño), me decían que ni hablar. Así que usaba la siguiente treta. Sin mirarlo, entraba en la cafetería con determinación. Cruzaba directamente la puerta batiente del baño con la vista fija en uno de los cubículos. Y daban por hecho que había ido a comer o simplemente me había olvidado los guantes dentro. En cuanto dejaba atrás al «guardián» del baño, esperaba a que se entretuviera con el siguiente cliente y entonces, como una bala, me metía en el servicio.

A este engaño lo llamaba el «Como si nada», por mi cara de «No, si vengo a comer aquí todos los días».

Convirtamos ahora esa treta en una técnica telefónica casi infalible. Puedes emplear esta maniobra para esquivar a los asistentes personales y evitar su despiadado filtro. En vez de ser franco y preguntar por la persona con la que quieres hablar por su nombre, di: «¿Está en la oficina?». Eso equivale a pasar por delante del asistente con cara de «No, si llamo todos los días».

Técnica 68
COMO SI NADA

En vez de preguntar por la persona con la que quieres hablar, prescinde del nombre propio. Olvida el «Eeeh, ¿podría hablar con don Pezgordo?» y suelta un «Hola, soy Bob Smith, ¿está en su despacho?». De este modo, parecerá que esa persona y tú son superamigos.

69

CÓMO LOGRAR QUE DIGAN QUE ERES SUPERSENSIBLE

Cuando hablas por teléfono con alguien, oyes algo más que su voz. De fondo, quizá se oigan ladridos de perro, el llanto de un bebé o algún ruido de fondo. Podría ser que al perro se le haya quedado atrapada la cola con la puerta del refrigerador, que el bebé tenga hambre o que la casa esté ardiendo; no lo sabes. Si reconoces la existencia de ese ruido preguntando a la persona con la que hablas si tiene que ocuparse de lo que lo produzca, esa persona lo agradecerá.

Cuando hablas con alguien en el trabajo, a menudo oyes que suena otra llamada. Di enseguida: «Suena otro teléfono, ¿tienes que contestar?». Aunque te respondan que no, te agradecerán el detalle. Si de verdad tiene que atender la otra llamada, ten por seguro que no ha oído nada de lo que le dijiste desde que empezó a sonar el otro teléfono. Estará pensando: «¿Cómo interrumpo yo ahora a este pesado sin resultar grosero para poder contestar la otra llamada?». De hecho, mientras siga sonando el otro teléfono, esa persona se irritará cada vez más pensando que la estás reteniendo e impidiéndole hacer lo que debe hacer.

A continuación te presento la técnica que evitará, con toda seguridad, que te veas en una tesitura tan desagradable.

El subtexto, claro, es que eres sensible a lo que está sucediendo en el mundo de tu interlocutor. Si hablas con alguien de otro país, otra forma de demostrar que eres un as de las comunicaciones es traducir las referencias horarias a la zona de tu interlocutor. Cuando dejes un mensaje, di: «Me puedes localizar entre las tres y las cinco de tu huso horario».

Técnica 69
«TE LLAMAN POR LA OTRA LÍNEA»

Si oyes que suena un teléfono de fondo, deja de hablar, en plena frase, si es necesario, y di: «Te llaman por la otra línea» (o el perro está ladrando, o el bebé está llorando, o te llama tu esposa). Pregúntale si tiene que ocuparse de eso. Tanto si tiene que hacerlo como si no, sabrá que eres un gran comunicador solo por preguntar.

Y no olvides los días festivos de otros lugares. El pasado 1 de julio hablé por teléfono con un cliente australiano. Me impresionó que me deseara un feliz fin de semana del Día de la Independencia; tanto, de hecho, que consulté en internet los días festivos de otros países, y anoté, para que no se me olvidara, que el 26 de enero debía felicitar el Día de Australia a mi amigo australiano.

Si haces negocios con personas de todo el mundo, procura felicitarlos en sus festividades. Olvídate de los tuyos si no son compartidos. Aún me muero de vergüenza cuando me acuerdo de cuando, en noviembre del año pasado, estaba hablando por teléfono con un cliente canadiense y siete de sus vendedores, y les deseé feliz Día de Acción de Gracias.

70

CÓMO «ESCUCHAR ENTRE LÍNEAS» POR TELÉFONO

La primera vez que vi *El mago de Oz* la historia me cautivó; la segunda, me impactaron los efectos especiales; la tercera, la fotografía me dejó pasmada. ¿Alguna vez has visto una película dos o tres veces? Percibes matices y oyes sonidos que te pasaron completamente inadvertidos en la primera ocasión.

Con las llamadas telefónicas pasa lo mismo: son mucho mejores cuando las oyes por segunda vez. Como tus conversaciones profesionales son más importantes que una película, deberías escucharlas dos veces, y hasta tres. A menudo no tenemos una idea clara de lo que ocurrió en la conversación hasta que volvemos a oírla. Descubrirás matices más significativos que el color del collar de Totó ¡y que hay más espantapájaros descerebrados de lo que pensabas!

¿Cómo puedes volver a escuchar tus conversaciones profesionales importantes? Pues grabándolas, de forma legal y ética. A la técnica de grabar y analizar las conversaciones profesionales la llamo «reproducción inmediata».

Haber grabado la conversación con el celular habría cambiado considerablemente la situación de mi amiga Laura. Laura, que es nutricionista, había creado una excelente bebida saludable que merecía difusión nacional.

Un día estaba en el despacho de Laura, hablando con ella de su plan de negocio, y le dije: «Laura, tengo el contacto perfecto para ti». Hacía varios meses, había conocido a Fred, dueño de una cadena de supermercados. Fred me debía un favor porque, a petición suya, yo había dado gratuitamente una charla en un club del que él era socio. Fred era un pez gordo en el ámbito de los supermercados, y con un «sí» suyo, la bebida saludable de mi amiga podía llegar a todos los supermercados. Eso le supondría a Laura una proyección a escala nacional.

Lo llamé y, para mi sorpresa, estaba disponible. Y, lo que me dejó aún más sorprendida, Fred parecía interesado en la bebida de Laura.

—Dile que atienda el teléfono —me pidió.

Le pasé orgullosa el teléfono a Laura, y la conversación empezó muy bien.

—Sí, claro, te mando una muestra —dijo Laura—. Dime la dirección... —Entonces la oí decir—: Un momento, que voy a tomar algo para anotar. —Le pasé enseguida una pluma y le puse un bloc de notas delante—. ¿Cómo me dijiste? ¿Cuatro, dos, cero, uno o cuatro, uno, cero, dos? —Gimoteé por lo bajo—. Deletréame el nombre de la calle... —Gimoteé un poco más alto—. Uf, esta pluma ya no pinta. Leil, ¿ves otra en mi mesa? —Lo vi, y me dieron ganas de tirárselo a la cara—. Perdona, ¿cómo me dijiste?

Dios mío, estaba a punto de arrancarle el teléfono de las manos a Laura. No tendría que estar incordiando a un pez gordo como Fred con detalles como repetirle la dirección. Podría haber llamado luego a su asistente personal para que se lo aclarara. Pero incluso eso habría sido innecesario si hubiera usado la técnica de «reproducción inmediata» y grabado la conversación. Habría bastado con que le avisara de que la grabaría (a casi ningún pez gordo le importa) y la habría tenido.

Fred fue amable con Laura ese día, pero mi amiga no volvió a tener noticias suyas, y aún no entiende por qué. Nunca sabrá que aquel confuso intercambio telefónico frustró el negocio.

¿Trató Fred injustamente a Laura solo porque fue un poco lenta al teléfono? En absoluto. Fred se dijo: «Si esta mujer tiene tan poca consideración con mi tiempo al principio de una posible relación profesional, ¿cómo será más adelante?». Sabia conclusión, Fred. Laura sigue cayéndome bien, sigue siendo mi amiga, pero ¿le volveré a presentar a otro pez gordo que podría echarle una mano? No me puedo arriesgar.

CÓMO PREPARAR TU REPRODUCCIÓN INMEDIATA

Casi todos los teléfonos inteligentes actuales permiten grabar llamadas y conversaciones con suma facilidad. No obstante, hay que tener en cuenta que en algunos estados la ley exige que informes a la otra parte que grabarás la conversación. Asegúrate de consultar a las autoridades si es legal en tu estado de residencia. Si basta con la autorización de una de las partes, no te preocupes, porque esa parte eres tú. Como es lógico, no deberás usar nunca esa grabación para otra cosa que no sea revisar la conversación, porque eso no solo sería ilegal, sino del todo inconcebible. Para mayor seguridad, no compartas con nadie el pin de tu celular.

Con esta técnica podrás atrapar balones que tu interlocutor haya lanzado fuera la primera vez. Estás al teléfono con tu jefe, te da cuatro o cinco nombres de un bufete de abogados al que supuestamente tienes que escribir, luego la dirección, luego el código postal. Al darse cuenta de que te lo dijo demasiado rápido, te pregunta: «¿Te lo repito?», y tú le contestas con orgullo: «No, gracias, lo tengo». Lo dejas impresionado.

Otra de las ventajas de esta técnica es que te permite disimular tu ignorancia. Hace poco estaba hablando por teléfono con un camarógrafo, negociando el precio de una grabación que incluiría en una ponencia. Menos mal que estaba grabando la conversación, porque, con aquella retahíla de tecnicismos que me soltó, quise que me tragara la tierra. Pero luego escuché la grabación de nuestra conversación, anoté las palabras que no entendía y le pregunté lo que eran a un amigo que sabe de eso. Entonces pude volver a llamar al camarógrafo y decirle: «Quiero un rodaje a dos cámaras, pero dudo entre los sistemas XDCAM y Blackmagic Raw. ¿Cuál te parece preferible teniendo en cuenta que querré hacer una posedición digital?». ¿No crees que conseguí un precio mucho mejor que si le hubiera dicho: «Eeeh, ¿qué es XDCAM?».

Técnica 70
REPRODUCCIÓN INMEDIATA

Graba todas tus conversaciones profesionales y escúchalas después. La segunda o la tercera vez que las oigas captarás matices importantes que se te escaparon la primera. Es lo que a veces les ocurre a los jugadores de basquetbol, por ejemplo, que a veces no están seguros de si hubo falta hasta que ven la jugada grabada.

OLVIDA LO QUE TE DIJERON, ESCUCHA LO QUE QUISIERON DECIRTE

La técnica de la «reproducción inmediata», además, permite llegar a niveles de comunicación mucho más profundos que las simples palabras de tu interlocutor. Sintonizas con su verdadero entusiasmo o su vacilación respecto a una idea.

Cuando queremos algo, la mente nos juega malas pasadas. Si buscamos con desesperación el sí de otra persona, oímos un sí, pero ese sí no siempre es lo que parece. El sí forzado de un cliente y su sí vacilante son tan distintos como el día y la noche. El mes pasado le pregunté a una mujer que me contrató para que diera una charla si en su trabajo podían reproducir mi folleto de diez páginas. Me contestó lo que yo quería: que sí. Sin embargo, luego, al volver a escuchar la conversación grabada, vi que su respuesta respecto a los folletos había sido muy vacilante: «Eeeh, bueeeno, sí». Volví a llamarla enseguida y le dije: «Por cierto, no te preocupes por los folletos». «¡Ay, qué bien! —me dijo—, porque lo cierto es que no tenemos presupuesto para esas cosas». Gané mucho más con la buena voluntad de mi clienta de lo que me costó fotocopiar los folletos.

Volvamos ahora a tu espectáculo en directo, en persona. En el próximo apartado hablaremos no solo de cómo tener éxito en una fiesta, sino también de cómo conquistar a todas las personas que quieras como si fueras un político.

PARTE VIII

CÓMO DESENVOLVERSE EN UNA FIESTA IGUAL QUE UN POLÍTICO SE MUEVE POR LA SALA

LOS SEIS ELEMENTOS EN LA LISTA DE UN POLÍTICO PARA DESENVOLVERSE EN UNA FIESTA

Cuando nos invitan a una fiesta, casi todos entramos en un bucle interminable de valoraciones, algo así como «Mmm, podría ser divertido... ¿Habrá comida...? Espero que esté rica... Igual hay gente interesante por allí... ¿Irá mi amigo tal o mi amiga cual...? ¡Dios!, ¿qué me pongo?».

Sin embargo, el político no se plantea así una fiesta. Cuando los políticos, los grandes expertos en redes sociales, los socializadores empedernidos y los grandes triunfadores del ámbito empresarial contemplan una invitación a una fiesta sintonizan instintivamente otro canal. Antes de confirmar o no su asistencia, su cerebro empieza a generar preguntas periodísticas de campaña. Son los seis elementos de toda fiesta: quién, cuándo, qué, por qué, dónde y cómo.

Veámoslos uno por uno.

¿QUIÉN ESTARÁ EN LA FIESTA?

Más concretamente, ¿a cuál de los asistentes me interesa conocer? Los expertos en hacer contactos calculan: «¿A quién tengo que conocer para hacer negocios? ¿A quién debería conocer por razones políticas o sociales?», y si estás soltero y buscas pareja: «¿A quién me gustaría conocer para tener una posible relación?».

Si no saben quién asistirá, preguntan. El político llama descaradamente a sus anfitriones para averiguar quién va, y, mientras le van diciendo con naturalidad los nombres de los asistentes, va apuntando los de quienes le interesan y luego se propone conocerlos.

¿CUÁNDO DEBERÍA LLEGAR?

Un político no va a la fiesta cuando termina de arreglarse, ni se pregunta si le conviene llegar algo tarde, sino que calcula con sumo cuidado la hora de llegada y la hora de partida.

Si la fiesta rebosa de posibles contactos, el pez gordo llega temprano para poder abordar a sus blancos en cuanto se presenten. Los VIP suelen llegar pronto para hacer sus negocios antes de que los habituales de las fiestas, que «odian ser los primeros en llegar», empiecen a aparecer. No les da vergüenza estar allí pronto. A fin de cuentas, solo los ven otros que también llegan pronto porque son peces gordos como ellos.

Tampoco verás a un político pululando sin más y siendo el último en salir por la puerta, porque, en cuanto consiguen lo que han ido a hacer allí, saltan a otra cosa. Si lo que pretenden es socializar, procuran no fijar una hora de salida ni programar nada para después de la fiesta. De ese modo, en caso de hacer un nuevo contacto importante, pueden quedarse a platicar con él, o llevarlo a casa, o ir a otro sitio a tomar un café.

¿QUÉ DEBERÍA LLEVAR?

La lista de un político no es la típica de «A ver, el peine, la colonia y las pastillitas de menta». Suele llevar en la cartera o en la caja de herramientas más prácticas para hacer contactos.

Si en la fiesta hay algún empresario importante, se lleva varias tarjetas de visita; si se trata de una gala donde la gente anda paseando por los escalafones sociales y quiere rezumar elegancia del viejo mundo, toma un puñado de tarjetas de presentación con solo el nombre y quizá la dirección y el teléfono (para algunos, dar una tarjeta de visita profesional en un entorno puramente social es una torpeza). La herramienta más esencial de su pack de fiesta es un cuadernito y una pluma (o, en su defecto, el celular) con los que anotar los contactos importantes.

¿CUÁL ES EL MOTIVO DE LA FIESTA?

Aquí entra en juego la filosofía permanente del político de «penetrar lo aparente» (que no es más que una forma rebuscada de «mirar debajo de la alfombra»). Se pregunta: «¿Cuál es la razón aparente de la fiesta?». ¿Un gran empresario organiza una fiesta por la graduación de su hija? ¿Un ejecutivo recién divorciado se está dando un homenaje por su cumpleaños? ¿Un negocio floreciente celebra su décimo aniversario?

«Muy bien —se dice el político—, esa es la razón aparente, pero ¿cuál es la verdadera razón de la fiesta?». A lo mejor el empresario quiere conseguirle a su hija un buen trabajo y por eso ha invitado a muchos colegas que podrían contratarla. El del cumpleaños vuelve a estar soltero y su lista de invitados está repleta de mujeres atractivas y de éxito. La empresa que celebra su décimo aniversario va a necesitar buena publicidad si quiere aguantar otros diez años, y por eso ha invitado a la prensa y a los personajes más relevantes de la comunidad.

El político está acostumbrado a mirar debajo de la alfombra y detectar las verdaderas razones del anfitrión. Como es lógico, jamás lo mencionará durante la fiesta, pero esa información lo eleva a un alto nivel de consciencia que comparte con otros peces gordos presentes.

Además, ese conocimiento lo convierte en un agente valioso para el anfitrión. Un político astuto presenta a la hija en busca de empleo del anfitrión a algunos ejecutivos de la fiesta o cuenta a las mujeres más atractivas de la concurrencia lo agradable y buena persona que es el del día del cumpleaños. Cuando habla con los periodistas, pone por las nubes la empresa del anfitrión que necesita buena publicidad. Cuando alguien respalda la verdadera razón de la fiesta, se hace popular entre los invitados, que lo buscan para futuros eventos.

¿DÓNDE ESTÁ LA MENTE COLECTIVA?

Muchas veces, la lista de invitados está formada sobre todo por personas dc una misma profesión o un grupo de interés. Un político nunca acepta una invitación sin preguntarse antes: «¿Qué clase de personas habrá en esa fiesta y en qué estarán pensando?». Quizá haya un montón de médicos, así que lee los últimos titulares sobre medicina y ensaya una pequeña charla médica. Si los invitados son un puñado de votantes progresistas, el político se pone al día sobre políticas sociales y asociacionismo, por ejemplo. No puede permitirse no estar al corriente.

¿QUÉ PASARÁ DESPUÉS DE LA FIESTA?

Y ahora viene el gran final. Yo lo llamo «consolidación de contactos». Se trata de consolidar los contactos que el político ha hecho. Después de hacer un buen contacto e intercambiar tarjetas con él, prácticamente todo el mundo dice: «Me encantó platicar contigo. Volvemos a hablar pronto».

Esa buena intención rara vez se hace realidad sin un esfuerzo hercúleo. Para el político, sin embargo, mantener esos contactos es toda una ciencia. Después de la fiesta, se sienta en su escritorio y, como si jugara al solitario, extiende las tarjetas de visita de las personas a las que conoció y, con la técnica del dosier de las tarjetas de visita que describo más adelante en este apartado, decide cómo, cuándo y si le interesa tratar con cada uno: «¿Tengo que llamar a tal persona? ¿Le mando una nota manuscrita a tal otra? ¿Envío un correo electrónico o llamo a este otro?».

Usa la lista de los seis elementos de una fiesta (quién, cuándo, por qué, dónde, qué y cómo) como plan de acción general. Ahora, pasemos a los detalles.

CÓMO EVITAR EL ERROR MÁS COMÚN EN CUALQUIER FIESTA

El prototipo de invitado, Charlie, supongamos, llega a la fiesta de turno y va derecho a la mesa de refrescos y botanas, donde se encuentra a unos amigos con los que empieza a hablar.

Mientras come algo y habla tranquilamente con ellos, mira de vez en cuando alrededor para ver si hay alguien nuevo y divertido con quien charlar. Confía en que varias personas atractivas e interesantes lo vean y se acerquen a hablar con él.

¿Cuál es el error del planteamiento de Charlie? Todo, si es que quiere que la fiesta le resulte productiva. Vayamos con el primer error habitual: ir por una bebida y alguna botana nada más llegar. ¿Nunca has vivido en una granja, o has tenido perro o gato? Entonces sabrás que a los animales no se les molesta cuando están comiendo. Por eso mismo, cuando un humano está comiendo, los otros humanos no se atreven a importunarlo. Si los demás asistentes a la fiesta echan un vistazo alrededor y te ven con la comida en la mano, inconscientemente, se dirán: «Déjalo comer al pobre, que tiene hambre; ya hablaremos luego». Y ese luego nunca llega porque al final terminan haciendo amistad con alguien que no tenía la boca llena.

Los políticos siempre comen antes de ir a una fiesta porque saben que para estrecharle la mano a alguien, darle la tarjeta de visita, sujetar la copa y llevarse unas galletitas con queso a la boca, todo a la vez y con solo dos manos, hay que hacer auténticos malabarismos.

Ve a la fiesta a comer o a socializar, pero no esperes poder hacer las dos cosas. Como un buen político, come antes de salir de casa.

Técnica 71
O COMES O SOCIALIZAS

Los políticos quieren estar cara a cara y cuerpo a cuerpo con su electorado. Como cualquier triunfador versado en la ciencia de la proxémica y las relaciones espaciales, saben que cualquier objeto, salvo la hebilla del cinturón, es como un muro entre dos personas. Por eso nunca llevan comida ni bebida en las manos en una fiesta.

72

CÓMO HACER UNA ENTRADA INOLVIDABLE

Loretta Young hace historia de la televisión cuando aparece en lo alto de su inmensa escalera, observa el *set* y luego desciende para empezar el programa. El papa sale a su balcón con vistas a la plaza de San Pedro, en Roma, y contempla a la multitud y luego da comienzo a la bendición. Bette Davis se detiene en el umbral de la puerta, mira alrededor y luego masculla: «¡Qué porquería!». Y todos los cómicos de los programas nocturnos de televisión desde el «¡Aquí está Johnny!» de Johnny Carson se plantan en el centro del escenario, escrutan al público que aplaude y luego revelan el motivo de su sonrisita.

¿Qué tienen en común estas grandes entradas? Que todas esas personas se detienen un momento y echan un vistazo alrededor antes de lanzarse a actuar.

A los directores de cine les encantan las tomas DEL ACCESO, en las que el camarógrafo hace un plano panorámico, la música se intensifica y todas las miradas se dirigen al jefe que se encuentra bajo el marco de la puerta. ¿Se esconde la estrella en la habitación como un gatito asustadizo en casa de su nuevo dueño? ¿O, como hacemos muchos en las fiestas, gravitamos hacia el primer rostro familiar para que nadie piense que no conocemos a nadie? No, la estrella se detiene, queda enmarcada en el umbral y todo el mundo es consciente de su ineludible presencia.

Las personas que han conseguido dominar este truco tienen lo que los celosos actores de teatro en ciernes llaman «presencia escénica». Los amantes del teatro creen que hay estrellas afortunadas que nacen con ella. Pues no. Es algo que se cultiva. Los políticos no entran con discreción, sin que nadie se entere, en una sala repleta de gente. Los políticos hacen «la gran entrada».

Con una técnica sencilla, también tú puedes hacer grandes entradas. Yo lo llamo «curiosear la sala». Antes de entrar, detente con dramatismo en el umbral de la puerta e inspecciona la escena des-pa-cio con la mirada. Es importante resaltar que mientras estás en el umbral no piensas: «Mírenme». No escanees la sala para hacerte el interesante, sino para tener un diagnóstico de la situación en la que te vas a meter. Fíjate en la iluminación, en la barra y, sobre todo, en las caras. Escucha la música, el murmullo de la multitud, el tintineo de las copas. Mira quién habla con quién. Mientras escaneas, usarás también la técnica de «Que no te elijan, elige tú», que explico en el siguiente capítulo y que te permitirá decidir cuáles serán tu primero, segundo e incluso tercer blanco. Luego, como el gran felino que gobierna la jungla, entra de un salto, juega tu primera baza y arrasa.

Técnica 72
ESCANEAR LA SALA

Cuando llegues a la reunión, detente con dramatismo en el umbral de la puerta y explora muy despacio la situación. Pasea la vista por todas partes como un equipo táctico listo para liquidar a cualquier cosa que se mueva en milésimas de segundo.

Procura usar esta técnica junto con la que viene a continuación.

73

CÓMO CONOCER A QUIEN QUIERES CONOCER

El político no espera a que otros lo aborden. Si el anfitrión o su director de campaña no le han facilitado una lista de «personas a las que debe conocer», elige sus blancos mientras escanea la sala. Cuando explora a la multitud con su mirada afilada, se pregunta: «¿Con quién me gustará más hablar? ¿Quién me podría resultar más beneficioso? ¿De cuál de estas personas podría aprender más?».

¿Cómo elige? Mira a todo el mundo como mi amigo Bob, el caricaturista, mira a la gente. Descubres mucho más de lo que crees cuando miras fijamente a alguien. Cada brillo de la mirada de una persona y cada arruga del contorno de sus ojos nos cuenta algo, la historia de la vida que lleva ese individuo. No recuerdo quién dijo que «A los cincuenta años, todo el mundo tiene la cara que se merece». Y, aun así, pocos miramos a los desconocidos a los ojos. Qué bobada que, en una fiesta o un congreso pensados para hacer contactos, a la mayoría de los asistentes les dé miedo establecer contacto visual con personas a las que no conoce.

En mi seminario sobre cómo hacer contactos profesionales, preparo a los participantes para que mantengan un contacto visual intenso pidiéndoles que formen un círculo grande, vayan dando vueltas por la sala y se miren sin decir nada. «Mírense a los ojos —les digo—. Examinen los movimientos de la otra persona. —Y luego, mientras caminan, añado—: El contacto profesional más valioso, el amigo más querido o el amor de su vida probablemente no estén en esta sala, pero cualquier día de estos verán en una a alguien que les parecerá que les cambiará la vida. Quiero que estén preparados, que tengan el valor de abordar a esa persona especial en vez de esperar en vano a que se acerque». Mientras pasean y se miran, les pido que elijan para sus adentros a las cuatro personas con las que más quieran hablar durante el descanso.

«SOLO ELEGIRÁN A LOS GUAPOS»

Cuando les encomiendo esa tarea desagradable a la que no están acostumbrados, los participantes dan por sentado que todo el mundo irá directo a las personas más atractivas. Nunca es así. Si nos tomamos la molestia de mirarnos de verdad los unos a los otros, sucede algo místico. Todo el mundo descubre en una o dos personas una belleza singular que resulta muy personal, muy especial para el que mira y que lo atrae de una manera única.

Mi amigo más querido de toda la vida era un tipo bajito y sencillo llamado Chip. Medía un metro cincuenta y siete, tenía una nariz enorme y unos ojos pequeñitos y risueños que miraban a través de unos lentes gruesos. De no haber usado esta técnica, probablemente nunca habría reparado en Chip en una fiesta. Sin embargo, el día que nos conocimos me fijé en él porque estaba dando un discurso. Cuando lo miré fijamente a los ojos y vi cómo se movían sus labios, emanó de su rostro una enorme belleza subjetiva. Fue mi mejor amigo durante doce años, hasta que una trágica enfermedad le arrebató la vida. Aun así, Chip siguió pareciéndome guapo hasta el final, porque, por mucho que la enfermedad le deformara el cuerpo, aquella belleza le brotaba del espíritu.

Cuando los participantes en mi seminario se exploraron el rostro y los movimientos los unos a los otros, descubrieron la belleza subjetiva de su cara, de su espíritu. Nadie sabe explicar por qué una persona elige a otra como una de sus cuatro especiales, pero prácticamente todo el mundo vuelve del descanso habiendo hecho un amigo nuevo, y nunca queda nadie sin elegir.

Si buscas las cualidades especiales de una persona explorando su rostro, las encuentras. Cuando quieras salir de una reunión sintiéndote mejor, dedica tiempo a las personas a las que tú elijas, no solo a las que te eligen a ti. Sé meticuloso con quién eliges, pero no esperes a ser el elegido.

Técnica 73
QUE NO TE ELIJAN, ELIGE TÚ

Puede que el amigo eterno, el amor de tu vida o el contacto profesional que te cambiará el futuro no estén en esa fiesta, pero algún día, en algún sitio, esa persona aparecerá. Que cada fiesta sea un ensayo del gran momento.

No te quedes ahí plantado esperando a que esa persona especial te aborde. Explora todos los rostros de la sala y haz que suceda. Olvídate de los encuentros fugaces. Atrapa lo que quieras o a quien quieras en tu vida.

«CLARO, EN UN SEMINARIO ES MUY FÁCIL, PERO ¿EN LA VIDA REAL?»

A veces, después del descanso, algún participante me dice: «Esta vez no me ha costado acercarme a las personas con las que quería hablar porque nos lo has puesto como ejercicio, pero ¿en una fiesta de verdad?». Hace poco, un asistente a uno de mis seminarios me hizo esta misma pregunta delante del grupo.

—Todd, ¿cómo hiciste el abordaje en esta ocasión? —le pregunté.

—Pues me acerqué y le dije: «Hola, soy Todd y quisiera hablar contigo».

—¿Y...? —dije.

Entonces caí en la cuenta de que podía usar esa misma frase para conocer a cualquiera en cualquier fiesta. Para evitar momentos incómodos, añades enseguida alguna pregunta inofensiva como «¿Dónde conociste a la anfitriona?» o «¿Vives por la zona?». Y ya tienes el contacto en marcha como si los hubieran presentado.

Claro que habrá otros meticulosos pululando por la fiesta. Algunos, después de escudriñarte, decidirán que eres una de las personas especiales con las que quieren hablar. La técnica que explico a continuación es una maniobra con la que les resultará más fácil abordarte y confirmar que habían elegido bien.

74

CÓMO ATRAER A LA GENTE SUBLIMINALMENTE EN UN ENCUENTRO

¿Te has fijado alguna vez en lo cómodo que te sientes al entrar en ciertos sitios? Las sillas están dispuestas de un modo que es como si te dijeran: «Pasa y siéntate». Por el contrario, en otros lugares tienes que hacer un recorrido tortuoso entre mesas y aparadores para llegar, por fin, a una silla vacía.

Del mismo modo, algunas personas disponen su cuerpo, los brazos, las piernas... como diciendo: «Hola, acércate a hablar conmigo», mientras que el mobiliario de otros grita: «¡Ni se te ocurra acercarte! Si lo haces, allá tú». Las personas tímidas, sin darse cuenta, con su modo de cruzar los brazos, te piden que te alejes. Dan señales de inseguridad, aferrándose a una bolsa o a la copa.

Los estudios realizados demuestran que quienes van a fiestas se sienten más cómodos abordando a otros que presentan un cuerpo sin obstáculos, con los brazos sin cruzar y sueltos a los lados, las piernas algo separadas y una ligera sonrisa en los labios. Cualquier objeto que se interponga entre la multitud y tú es una barrera, aunque sea la bolsa. Se acercan más personas a quien lleva una mochila o una bolsa cruzada que a quien sujeta una de mano. La bolsa cruzada le cuelga por la espalda y deja vía libre para hablar con ella.

EL CLÁSICO RECURSO DE MOSTRAR LAS MUÑECAS

Esta es la joya de la corona. Junto con la cara, las muñecas y las palmas de las manos son la parte más expresiva del cuerpo. Unas palmas mirando hacia arriba hablan mucho de buenos sentimientos.

Las muñecas y las palmas de las manos del papa están hacia arriba cuando insta a sus fieles: «Acérquense a mí, hermanos míos»; las del ladrón también, cuando dice: «¡Me rindo, no disparen!»; el inocente las levanta también cuando asegura: «No sé quién se llevó el dinero». Unas manos vulnerables con las palmas abiertas indican: «No tengo nada que ocultar».

También indican aceptación. Cuando estés escuchando a un compañero de trabajo al que quieras transmitir aceptación, procura colocar las muñecas y las palmas de las manos hacia arriba. Aunque tengas la barbilla apoyada en una mano, gira la muñeca hacia fuera. Mientras hables con alguien, presta atención a las manos. Asegúrate de no señalar a nadie directamente con los nudillos. Deja que disfruten de la piel suave y tierna de las muñecas y las palmas, que propone: «Acércate», y no de la piel más rugosa de los nudillos, que dice: «Lárgate».

¿Tienes en mente el romance? Si eres mujer, deja que tus manos hablen por ti. Las mujeres volvemos instintivamente las muñecas y las palmas hacia arriba cuando un hombre nos gusta. (De hecho, este gesto clásico los excita sexualmente).

DESPEJA EL CAMINO A QUIENES TE ENCUENTRAN ESPECIAL

En la jungla, los felinos pequeños y asustados se agazapan detrás de las rocas y los leños para que otros animales más grandes no los detecten. En la jungla social, las personas tímidas hacen lo mismo: buscan instintivamente los rincones y se sientan en sitios donde no se ven.

Técnica 74
MANOS DE «ACÉRCATE»

Sé un imán humano, no un repelente. Cuando estés de pie en una reunión, dispón tu cuerpo en una posición abierta, sobre todo los brazos y las manos. Las personas gravitamos instintivamente hacia las manos abiertas y las muñecas visibles, colocadas de forma seductora en una posición de «Acércate», y nos apartamos de los nudillos, que nos transmiten: «Lárgate o te llevas un puñetazo». Usa las muñecas y las palmas de las manos para decir: «No tengo nada que ocultar», «Te acepto y acepto lo que dices» o «Te encuentro atractivo».

Igual que los linces y los leones caminan con seguridad hacia el centro de ese claro en la jungla, los grandes felinos humanos, en la jungla social, se plantan, seguros de sí mismos, en el claro para que los demás los vean. Como haría un político, sitúate cerca del umbral de una puerta, porque todo el mundo tendrá que pasar por tu lado en algún momento de la velada.

A continuación te presento una técnica que usan todos los políticos. De hecho, algunos analistas políticos han atribuido la elección tanto de John Kennedy como de Bill Clinton al dominio de lo que yo llamo «el seguimiento».

75

CÓMO HACERLOS SENTIR COMO ESTRELLAS DE CINE

En los años cuarenta, las películas eran distintas. Antes de que llegara el cine experimental, el *cinéma vérité* y la *nouvelle vague*, las películas tenían argumento. Los estadounidenses nos subíamos a nuestros Buick, con una cola de zorro sujeta a la antena de la radio y unas botitas de bebé colgadas del retrovisor interior, e íbamos al cine a ver cómo se desplegaba una historia ante nosotros.

De forma casi invariable, el héroe y la heroína de la gran pantalla se conocían, se enamoraban, superaban obstáculos casi imposibles, se casaban y (supuestamente) vivían felices para siempre. El argumento variaba poco, pero había un protagonista y, a veces, una protagonista, y luego estaba el resto del mundo. Los personajes secundarios podían vivir o morir sin gran trascendencia, pero hasta el más pequeño de los detalles de la vida de la estrella resultaba significativo.

Pues puede que el cine haya cambiado, pero la naturaleza humana no. Todos nos sentimos como la estrella de una peli de los cuarenta, donde hasta el suceso más insignificante de su existencia es trascendental: «Estoy YO, y luego el resto del mundo».

Lo que esa persona desayunó, los zapatos que decidió ponerse y si se tomó la molestia de pasarse el hilo dental pueden ser de mayor importancia para esa persona en concreto que la caída de gobiernos lejanos o el aumento mundial de las temperaturas.

Las parejas a veces comparten las minucias conyugales:

«¿Qué desayunaste hoy, cariño?».
«No te habrás puesto "esos" zapatos, ¿verdad?».
«¿Te acordaste de pasarte el hilo dental?».

Para generar una complicidad interesante, los grandes triunfadores procuran recordar detalles pequeños de la vida de los contactos importantes. Obviamente, no fingen interés en lo que han desayunado ni en si se han acordado de pasarse el hilo dental o no, pero, para conseguir que alguien se sienta como una gran estrella, recuerdan detalles que sus contactos sí les han comentado.

Sigue su ejemplo. Si un posible cliente te cuenta que desayunó cereal de arroz inflado, menciónalo más adelante; si, mientras platicas con tu jefa, te dice que un día se había puesto unos zapatos incomodísimos para ir a trabajar, busca un modo de aludir a eso; si tu cliente te dice que se pasa el hilo dental con fruición, elogia su disciplina en una ocasión posterior. Será como decirle a esa persona que es una estrella memorable en la galaxia de personas a las que has conocido. Se llama «hacer un seguimiento». Cuando haces el seguimiento de los pequeños detalles de la vida de otras personas, estas se sienten como estrellas de una película de los cuarenta, y esos sucesos menores de su vida se convierten en inquietudes mayores de la tuya.

NO LO DEJES TODO AL AZAR

Los políticos dan muchísima importancia al seguimiento. Guardan en su escritorio, en la computadora o en su cerebro una pequeña caja negra con la última preocupación, la emoción más reciente o el último suceso comentado con cada persona de su vida. Llevan el seguimiento de dónde estaba esa persona, lo que dijo y lo que ha estado haciendo desde la última conversación. Luego, las primeras palabras de la siguiente llamada telefónica o reunión con ella se refieren a esa información:

> «Hola, Joe. ¿Qué tal tu viaje a Jamaica?».
>
> «Hola, Sam. ¿Consiguió tu peque entrar en el equipo de basquetbol?».
>
> «Hola, Sally. ¿Ya tuviste noticias de tu cliente?».
>
> «Me alegra saber de ti, Bob. Eso quiere decir que sobreviviste al restaurante chino al que ibas la última vez que hablamos».

Cuando evocas el último acontecimiento, relevante o insignificante, de la vida de alguien, confirmas lo que ya sabían: que son la persona más importante de tu vida.

Una de las formas más poderosas de seguimiento es acordarse de los aniversarios de los logros personales de otros. ¿Hoy hace un año que a tu jefa la ascendieron al puesto que ocupa ahora o que tu cliente salió a la bolsa? Mucho más memorable que una felicitación de cumpleaños es la de conmemoración de un aniversario.

Otra es recordar las pasiones particulares de los demás. Hace varios años, escribía regularmente para una revista. Mi editora de entonces, Carrie, estaba obsesionada con su nuevo gatito, Cookie. Hace poco, me crucé con Carrie en un congreso de escritores. Nada más empezar a hablar con ella, le dije: «Cookie se habrá puesto enorme ya, ¿cómo está?». La sonrisa de asombro de Carrie fue mi recompensa: «¡Leil! —exclamó—, no me puedo creer que te acuerdes de Cookie. Sí, está genial y...». Carrie siguió otros diez minutos hablando de Cookie, el gato ya adulto.

Técnica 75
HACER UN SEGUIMIENTO

Como si fueras un controlador aéreo, haz el seguimiento de los detalles más insignificantes de la vida de tus interlocutores. Menciónalos en sus conversaciones como si fueran noticias importantísimas. Eso genera una poderosa sensación de complicidad.

Cuando evocas el último acontecimiento de la vida de alguien, ya sea relevante o insignificante, confirmas la convicción profunda de que esa persona es un protagonista de los de antes, en torno al cual gira el mundo, y a los seres humanos nos gusta que nos reconozcan el estrellato.

Una semana después, recibí una llamada de Carrie preguntándome si quería hacer un reportaje destacado para su revista. ¿Pensó en mí porque, gracias a la técnica del seguimiento, le pregunté por Cookie? No lo sé, pero sospecho que sí. He visto funcionar esa técnica en demasiadas personas para dar por sentado que las recompensas son casuales.

¿Y cómo hacen los políticos para recordar tantísimos datos de tantísima gente? Con la técnica que explico a continuación.

76

CÓMO ASOMBRARLOS CON LO QUE RECUERDAS DE ELLOS

Hace varios años asistí a un acto político de recaudación de fondos en un estado del Medio Oeste. Hubo un invitado que me fascinó: tan pronto lo veía platicando animadamente con varias personas como solo, garabateando cosas en una tarjeta que llevaba en la mano; luego volvía a hablar con alguien y, de nuevo, se quedaba solo garabateando en la tarjeta. Repitió ese patrón durante más de una hora. Me tenía intrigadísima. ¿Quién era aquel tipo?

En cierto momento de la velada, yo estaba sola junto a la mesa de los refrigerios y se me acercó con una amplia sonrisa, me estrechó la mano afectuoso y se presentó: «Hola, soy Fulano de Tal». Me preguntó qué estaba bebiendo. Le contesté que vino blanco y empezamos a hablar de nuestras preferencias. Mencioné que mi blanco favorito era el de Sancerre. Mientras hablábamos, tuve que morderme la lengua para no preguntarle de qué trataba el asunto de las anotaciones febriles.

Unos minutos después, vi a una amiga al otro lado de la sala y me excusé. Me pidió mi tarjeta de visita y, cuando ya me iba, me giré para mirarlo. ¡Lo sabía! Ahí estaba, garabateando en mi tarjeta. Me lo puso en charola de plata. Di media vuelta, me acerqué a él y le dije, tratando de sonar jocosa: «Oye, yo no te di mis medidas, ¿qué es lo que apuntas?».

Respondió a la broma de mal gusto con una carcajada sincera, y me contestó: «¡Me atrapaste!». Le dio la vuelta a mi tarjeta y vi una palabra escrita en ella: «Sancerre». Luego, para aliviar mi paranoia, se sacó de la bolsa todas las tarjetas de visita que llevaba para enseñarme lo que había garabateado en el reverso. Di por supuesto que era la forma que tenía Joe de recordar a las personas. Hasta unos meses después, no vi cómo funcionaba realmente el método.

Una mañana, al mirar el buzón, me encontré una postal personal de Joe. Me contaba que iba a postularse a senador del estado, y en la parte inferior de la tarjeta había escrito: «¿Has bebido algún buen Sancerre últimamente?». Con eso me conquistó, tanto que, de haber vivido en su estado, un detalle como aquel podría haber influido en mi voto.

Técnica 76
EL DOSIER DE TARJETAS DE VISITA

En cuanto termines de hablar con alguien en una fiesta, saca la pluma y, en el reverso de la tarjeta, anota algo que te recuerde la conversación: su restaurante, su deporte, su película o su bebida favorita, a quién admira, donde se crio, qué premios le dieron en la preparatoria o quizá un chiste que te contara.

En su siguiente conversación, menciona ese restaurante, ese deporte, esa película, esa bebida, esa localidad natal o ese premio de la preparatoria, o revive la risa que te produjo aquel chiste tan bueno. (Todo esto, claro, puedes hacerlo con los contactos de tu celular, pero no querrás que crean que te dedicas a chatear y que los ignoras...).

Puede que no le impresione mucho ni te pregunte: «¿Cómo te acordaste?», pero te recordará a ti. Por muy importante que sea el VIP, sentirá una afinidad especial con la persona que haga referencia a algo distinto de sus típicos logros ya conocidos.

Los políticos no paran de venderse. (Si alguna vez te has preguntado por qué a Estados Unidos lo llaman «la tierra de las oportunidades», aguza el oído en año electoral). Pero, claro, para saber qué prometer a la gente, los políticos usan la técnica que te enseño en el siguiente capítulo, a la que llamo «venta a ojo».

77

CÓMO HACER LA VENTA A OJO

El porcentaje de ventas que consigue Jimmi, un buen amigo, es increíble. Ni siquiera su jefe sabe cómo lo hace. Pero yo sí, porque me lo contó.

Según Jimmi, las técnicas de ventas que ha aprendido a lo largo de los años (venta por beneficios, venta colaborativa, venta según tipos de personalidad, propuesta con valor añadido, estrategia antirrechazo, venta SPIN) palidecen al lado de lo que él llama la «venta a ojo».

La venta a ojo no consiste en memorizar una veintena de formas de cerrar un trato ni en debatir con el cliente para superar las objeciones. Jimmi dice que se trata simplemente de tener los ojos abiertos, observar las reacciones del cliente y ajustar el discurso de venta según lo que le vaya diciendo su lenguaje corporal.

Mientras presenta el producto, Jimmi se centra más en si el cliente parece inquieto, nervioso o incómodo que en lo que dice. Analiza los movimientos involuntarios de la cabeza y las manos, la rotación del cuerpo, las expresiones faciales y hasta las fluctuaciones oculares. Jimmi asegura que, cuando el cliente no dice una palabra, aunque esté intentando poner cara de póker, es imposible que no se comunique. Quizá no exprese con palabras lo que piensa de tu presentación, pero te lo está diciendo de todas formas. Según él, saber lo que activa y desactiva a un cliente y lo que lo deja en estado neutral de un momento a otro puede determinar el resultado final de la venta.

CÓMO AVERIGUA JIMMI QUIÉN MANDA

Lo que vende Jimmi son equipos de iluminación caros. A menudo tiene que hacer presentaciones de ventas a grupos de diez, veinte o más personas. «El primer desafío de la venta a ojo es descubrir quién toma de verdad las decisiones», dice Jimmi, y él afronta ese desafío de una forma poco ortodoxa (y no necesariamente aconsejable). Justo después de «Buenas tardes, damas y caballeros», dice algo que confunde un poco. ¿Por qué? Porque el grupo, sorprendido, no sabe cómo reaccionar, y entonces todos giran la cabeza como veletas en un día de viento hacia... ¿adivinas quién? ¡Pues hacia el jefe, el peso pesado, el director! De esa forma, ya tiene identificado al responsable de tomar las decisiones y puede continuar realizando la venta a ojo a esa persona.

QUÉ HACER CUANDO YA TIENES LA PISTA

«Algunas señales son obvias —dice Jimmi—. La gente se encoge de hombros cuando siente indiferencia, tamborilea con los dedos cuando está impaciente o se afloja el cuello de la camisa cuando está incómoda, pero hay cientos de gestos más de los que yo estoy pendiente.

»Por ejemplo, me fijo en el ángulo exacto de la cabeza de mi posible cliente. Si me mira de frente y, sobre todo, si ladea la cabeza un poquito, significa que está interesado, en cuyo caso sigo hablando. Pero si gira un poco la cabeza, mal asunto. Eso lo tomo como una señal para cambiar de tema y, quizá, hablar de una ventaja distinta de mi producto».

Jimmi no solo ajusta lo que dice a las reacciones de los clientes, sino que, además, toma medidas concretas para cambiar la postura corporal de su posible cliente si le parece que no está siendo receptivo. «Para que la mente se abra, primero debe abrirse el cuerpo —asegura—. Por ejemplo, si el cliente tiene los brazos cruzados, dale algo que tenga que mirar para que se vea obligado a descruzarlos». Jimmi siempre lleva un maletín de objetos con los que romper las barreras: fotos de su mujer y sus hijos que enseñar a los posibles clientes casados, instantáneas de su terrier Skye para los que tengan perro, un reloj antiquísimo para los amantes de las antigüedades y una computadora portátil compacta que enseñar a los fanáticos de la tecnología. «Con conseguir que alarguen el brazo para tomar algo, ya los hago abrirse lo suficiente para llegarles a la cabeza».

Además, Jimmi adapta la duración de la presentación según las reacciones encubiertas de sus clientes. Cuando el cliente agarra algún objeto, Jimmi lo interpreta como una señal de que debe hablar más despacio o simplemente guardar silencio. Que el cliente agarre un clip o acaricie una carpeta que tiene en la mesa es señal de «Lo estoy pensando».

Como es lógico, Jimmi anda siempre alerta a cualquier señal que indique que la venta fraguará, como que el cliente tome el contrato, que toque la pluma o que voltee las palmas de las manos hacia arriba. En ese momento, Jimmi va directo al grano.

Otro indicio de que la venta prosperará es que el posible cliente empiece a asentir como un muñeco. Para sus adentros están gritando: «¡Sí, voy a comprar!». Los vendedores sin experiencia siguen hablando hasta que terminan la presentación que prepararon. Muchos hablan tanto que ellos mismos frustran la venta. Por el contrario, cuando el cliente mueve la cabeza de un lado a otro, diga lo que diga, es un no rotundo.

SE PUEDEN HACER MÁS COSAS A OJO

Sin decir una palabra, tus amigos o tus seres queridos también te muestran sus deseos. Cuando mi amiga Deborah y Tony se comprometieron, todos, salvo ella, vimos que aquel matrimonio no saldría bien. Unos meses antes de la boda, le dije: «Deb, ¿estás segura de que Tony es el hombre de tu vida?». «Uy, sí —me contestó, moviendo la cabeza de izquierda a derecha y de arriba abajo—. Lo quiero mucho». No llegaron a casarse. Su cuerpo estaba viendo lo que su mente no quería ver.

Como los políticos, imagina que las conversaciones que tienes cuando socializas son presentaciones de ventas. Aunque no tengas producto, quieres venderles tus ideas. Si tu interlocutor gira la cabeza mientras le hablas, no te centres en lo grosero que está siendo. Igual que un buen profesional de las ventas, pregúntate: «¿Cómo cambio de tema para recuperar a esta persona?». Si empieza a girar el cuerpo entero, usa la treta infalible de la pregunta personal. Pregúntale por su tema favorito: «George, ¿cuánto dices que pesaba ese pez que pescaste la semana pasada?», o llámalo por su nombre y hazle una pregunta personal: «Archibald, ¿cómo decías que se llamaba tu equipo de futbol de la escuela?».

Solo hemos visto unas cuantas reacciones. Con las pistas que puede darnos el lenguaje corporal, podría llenarse un libro. De hecho, existen unos cuantos. En las notas encontrarás algunos de mis favoritos.[20, 21, 22, 23, 24, 25] Lee cosas sobre el lenguaje corporal del otro y sintoniza su canal visual siempre que intentes venderle algo, conseguir su voto o convencerlo de que eres el mejor candidato para el puesto de trabajo o el papel de compañero de vida.

Técnica 77
VENTA A OJO

El cuerpo humano es una emisora que retransmite las veinticuatro horas mensajes como «Me entusiasmas», «Me aburres», «Me encanta ese aspecto de tu producto», «Eso que me dices me deja frío»...

Pon las cámaras ocultas de tus ojos a captar todas las señales que emitan tus clientes y tus amigos, y luego planifica tu presentación o tu ritmo en consonancia.

¿No sería maravilloso tener el mismo éxito que Jimmi y que nuestros interlocutores aceptaran todo lo que decimos? Pues es posible: basta con tener los ojos bien abiertos.

UN REPASO RÁPIDO

Pues eso es todo. Acuérdate de comer antes de ir a la fiesta (o comes o socializas) para tener las manos libres y poder hacer contactos. Cuando llegues, detente en el umbral de la puerta, escanea la sala y toma nota mental de lo que hay. Mientras lo haces, no dejes que te elijan: hazlo tú y decide quiénes serán tus clientes potenciales esa velada. Y, cuando pulules por ahí, relájate e invita a que se te acerquen.

Por supuesto, no has olvidado las técnicas para conocer a gente de los capítulos anteriores. Si ves a alguien con quien quieras platicar, averigua de qué puedes hablar, y, si no encuentras nada, pregunta a los anfitriones quién es tal o cual persona. Si no están a la vista, quédate cerca de tu blanco y recurre a la técnica de la escucha casual.

Cuando platiques con alguien a quien ya conozcas, usa el seguimiento para ganarte su voto o su corazón, y todas las técnicas de la segunda parte para asegurarte de que la conversación interesa a la persona a la que acabas de conocer. Por último, emplea la venta a ojo para acertar con todas las conversaciones. Y, cuando te despidas, no te olvides de anotar material para el próximo contacto en tu dosier de tarjetas de visita.

Si lo haces todo bien, te sentirás de maravilla. Sigue usando estas técnicas que emplean los políticos para cautivar a la sala, y todas las fiestas a las que vayas serán un éxito. Además, si sigues los consejos del libro, nadie te parecerá irrelevante.

Ya puedes pasar al apartado avanzado de *Cómo hablar con cualquiera*. Puede que algunas de las técnicas que vienen a continuación te desconcierten un poco. Presta especial atención a esas porque eso significa que en alguna parte, en algún momento, podría desconcertarte algo mucho más doloroso, como el golpe que te des al chocar contra el techo de cristal o el hecho de que la venta, la amistad o la historia de amor que te proponías se vayan al caño. Quizá nunca sepas, salvo que lo leas aquí, que fue un error de comunicación.

PARTE IX

CÓMO ROMPER EL TECHO DE CRISTAL MÁS TRAICIONERO DE TODOS

A VECES, LAS PERSONAS SON COMO TIGRES

Cuando era niña, mi madre me llevaba todas las semanas a la National Geographic Society a ver una película. La de los tigres aún invade mis pesadillas tantos años después. Allí sentada, en la sala a oscuras, vi a una madre dar a luz a tres cachorritos minúsculos. Uno de ellos nacía con una patita destrozada, y vi cómo los otros cachorros lo discriminaban y, delante de las cámaras, lo torturaban hasta matarlo. Recuerdo que lloré y pensé que los cachorros sanos eran como algunos niños de mi escuela, que a veces podían ser muy crueles.

Mi mejor amiga de primaria, Stella, era una niña bonita por dentro y por fuera, pero tenía un trastorno del lenguaje, un labio leporino, y muchos niños de nuestra clase se reían de ella a sus espaldas y la excluían de sus juegos.

Los niños no han cambiado mucho. Cuando doy conferencias en universidades y a grupos de jóvenes, el debate a menudo se orienta hacia la popularidad. Todo el mundo quiere gustar. A veces, los alumnos me cuentan de alguna chica que tiene un defecto físico sin importancia, no sé, un leve estrabismo o un tic nervioso, y algunos niños se ríen y se burlan de ella, o de algún chico que, como cojea, nadie lo elige para su equipo de beisbol porque, aunque corra tanto como los demás, a algunos de sus compañeros no les gusta tener cerca a «un tullido».

Pasan los años y esos niños se convierten en adultos, y la cosa sigue bastante igual. Por suerte, los adultos no somos tan crueles con las discapacidades físicas, pero podemos ser despiadados con las sociales. Las discapacidades sociales son insidiosas, porque muchas veces no las reconocemos en nosotros mismos. Puede que no percibamos nuestras limitaciones sociales ni nuestras deficiencias verbales, pero no nos cuesta nada verlas en los demás.

¿Cuántas veces ha hecho algún compañero de trabajo un comentario torpe e insensible? ¿Cuántas has rechazado a alguien por tomar una decisión desafortunada? ¿Crees que sabía lo que hacía? Pues claro que no. No tenía ni idea de que se estaba pasando de la raya y te estaba ofendiendo. Probablemente nadie le haya hablado nunca de las sutilezas que comentaremos en este último apartado de *Cómo hablar con cualquiera*.

Todos hemos oído mencionar el techo de cristal que algunas empresas imponen a las mujeres y a las minorías. Rara vez se habla del otro techo de cristal. Este es aún más traicionero porque no se puede legislar contra él y solo los grandes comunicadores lo detectan. Y, aun así, es un escudo duro como una piedra. Muchos individuos brillantes chocan de cabeza contra ese grueso cristal cuando intentan subir el siguiente peldaño de la escalera para llegar a la cima, donde están los grandes. Los que consiguen atravesarlo son los que se atienen a las normas tácitas que comento a continuación.

Estudia cada una de las siguientes técnicas. Si alguna te parece demasiado obvia, puedes darte una palmadita en la espalda, porque significará que ya eres un tigre en ese ámbito. Presta atención a esos aspectos delicados de la comunicación con los que te sorprendas diciendo: «Es chiste, ¿no? ¿Qué tiene de malo eso?».

¡Cuidado! Porque puede que algún día, en alguna parte, incurras en esa falta de tacto. Luego, cuando un triunfador responda con frialdad a tu propuesta, no te devuelva una llamada telefónica, no te conceda el ascenso, no te invite a su fiesta o no acepte una cita tuya, no sabrás qué pasó. Lee con atención cada una de las siguientes técnicas para asegurarte de que no estás cometiendo esos errores sutiles que permiten a los grandes triunfadores destrozarte e impedirte conseguir lo que quieres en la vida.

78

CÓMO GANARTE SU AFECTO OBVIANDO SUS ERRORES

Otra reacción singular me abrió los ojos a una diferencia más entre grandes triunfadores y pequeños perdedores. Hace varios años estaba haciendo un proyecto para un cliente y tuve el placer de que me llevaran a almorzar los cuatro peces gordos de la firma. Querían que me familiarizara con los problemas de comunicación que estaba experimentando la empresa.

Fuimos a un restaurante concurridísimo del centro en hora punta. Todas las mesas estaban repletas de una gran variedad de criaturas corporativas. Altos directivos y cargos intermedios comían trajeados, con corbata y camisa de cuello inglés, mientras que el personal menor iba vestido con camisa azul y pantalón o falda lisos. El restaurante era un hervidero de conversación y buen ambiente.

Durante el inicio de la comida, discutimos a fondo los desafíos de la empresa. El director financiero, el señor Wilson, nos hablaba del panorama financiero cuando de pronto, ¡PUM!, a metro y medio de distancia a un mesero se le cayó la bandeja. Se rompieron las copas, la cubertería se estrelló con gran estrépito contra el suelo de mármol y una papa asada caliente rodó por debajo de nuestra mesa, directa a los pies de Wilson.

Prácticamente el restaurante entero se volteó a mirar al mesero humillado. Se oyeron múltiples «¡Dios mío!», «¡Qué torpe!», «¡Uf, ten más cuidado!», «Este no durará mucho aquí, ya verás» y diversas risitas burlonas.

Aquello, sin embargo, no distrajo a Wilson, que continuó con su monólogo. Ni uno solo de los peces gordos de la mesa parpadeó siquiera. Fue como si no hubiera pasado nada. El restaurante fue calmándose a nuestro alrededor mientras continuábamos con nuestras deliberaciones. (Unos minutos más tarde, la papa asada salió disparada de debajo de la mesa, y yo me pregunté si Wilson habría jugado al futbol en su juventud).

Durante el café, la directora de marketing, Dawson, nos comentó la expansión que tenía prevista la empresa. De repente, con uno de los gestos que hizo con el brazo, volcó su taza. Yo estuve a punto de exclamar: «¡Ay, vaya!», pero me mordí la lengua. Antes de que me diera tiempo a agarrar la servilleta para echar una mano, Dawson ya estaba empapando el charquito con la suya, sin renunciar a una sola sílaba de su soliloquio. Ninguno de sus serenos compañeros de mesa pareció reparar siquiera en la taza volcada.

En aquel instante, entendí que los triunfadores no se fijan en los errores, que jamás dicen: «¡Qué torpe!», ni: «¡Ups!», ni siquiera: «¡Uy, vaya!»; hacen caso omiso de las meteduras de pata de sus compañeros y sencillamente no ven las caídas, los tropiezos, las torpezas y las regadas de sus colegas. Y así fue como nació la técnica de «hacer la vista gorda».

DÉJAME QUE LO SUFRA EN SILENCIO

Tengo un amigo que cada vez que estornudo me dice: «Vaya, ¿estás resfriado?»; cada vez que tropiezo con el borde: «¡Cuidado!»; cada vez que me ve después de un día largo de trabajo: «¿Estás cansada?». Cierto, es una nimiedad al lado de cualquier otra torpeza de más calibre, y el pobre quizá piensa que está siendo muy empático conmigo, pero ¡por Dios!, resfriarse, no ver el borde o tener cara de cansada no son cosas precisamente agradables, ¡déjame que lo sufra en silencio!

Si estás cenando con un amigo y tira la copa sin querer, no le des importancia. Vuélvete sordo a sus estornudos, sus toses o sus hipos. Por muy bienintencionados que sean tu «¡salud!», tu «¡ups!» o tu sonrisa de complicidad, a nadie le gusta que le recuerden su propia fragilidad humana.

«Eso está genial para pequeños deslices —dirás—, pero ¿qué hay que hacer en circunstancias extremas?». Supongamos que una riada de refresco inunda la mesa, va directa hacia ti y, cuando te llegue al regazo, te será imposible obviarla. Coloca estratégicamente la servilleta para detener la corriente y sigue hablando. Procura que no se te vaya ni una sílaba de la frase que habías empezado antes de que subiera la marea. En ese momento, es posible que tu interlocutor empiece a mascullar disculpas incoherentes. Haz un pequeño paréntesis en el discurso para decirle: «No pasa nada», y sigue hablando. Esas son las pequeñas arenas en las que se levantan los castillos de los grandes triunfadores.

Técnica 78
HACER LA VISTA GORDA

Los comunicadores geniales permiten a sus amigos, compañeros, conocidos y seres queridos disfrutar del agradable mito de estar por encima de los deslices corrientes y las funciones biológicas embarazosas. Sencillamente no reparan en los pequeños tropiezos, deslices, torpezas o meteduras de pata de sus colegas. De forma deliberada, pasan por alto los gestos incómodos y cualquier indicio de fragilidad humana en sus semejantes. Los grandes triunfadores nunca se espantan de los lapsus de los demás.

Si a los seres humanos nos fastidia que nos recuerden esos momentos en los que no brillamos, hay otro suceso casi igual de frustrante: cuando el que habla está brillando y, de pronto, el foco alumbra un asunto más urgente, y, con el jaleo, quien estaba hablando pasa a un segundo plano.

Los grandes comunicadores devuelven el protagonismo al orador mohíno con la técnica que explico a continuación.

79

CÓMO ROBARLES EL CORAZÓN CUANDO LES FALLA LA LENGUA

En el antiguo Japón, si le salvabas la vida a alguien, esa persona se imponía la tarea de servirte el resto de su vida. Hoy, si rescatas el relato de alguien, una molécula de ese instinto ancestral aún corre por las venas del beneficiario.

Pasa constantemente. En un grupo, alguien está contando algo y, ¡ZAS!, en lo mejor del relato hay una interrupción: se une alguien al grupo, se acerca uno de los meseros con una bandeja de quesos y galletitas saladas o empieza a llorar un bebé. De repente, la atención de todo el mundo se centra en el recién llegado, las botanas de la charola o la «adorable» criaturita, y nadie se acuerda ya de que quien hablaba no ha terminado.

O, sentados todos en el salón, alguien cuenta un chiste y, cuando está a punto de llegar la gracia, al pequeño Johnny se le cae el plato o suena el teléfono. Con el relajo del pequeño, todo el mundo habla de su torpeza; con la llamada, el nuevo tema de conversación es la boda inminente o la cirugía de quien llamaba. Nadie se acuerda de que lo mejor del chiste está por contarse, salvo quien lo estaba contando, claro. (Si eres tú quien obsequiaba a los demás con ese chiste en un restaurante, ¿te has fijado en que el mesero siempre llega para anotar la orden justo cuando estás a punto de rematar el chiste?).

La mayoría de esas personas son demasiado tímidas para continuar con la chanza o la anécdota tras la interrupción, diciendo: «Pues eso, que...», y al final, pasan el resto de la velada sintiéndose fatal por no haber podido terminar. Y aquí es donde entras tú, rescatando a esa persona con una técnica a la que llamo «tender una lengua amiga».

Verás la gratitud en los ojos del afectado cuando su anécdota reflote, despliegue velas y zarpe de nuevo hacia el centro de la atención. La cara de esa persona y el reconocimiento del detalle por parte del resto del grupo suelen ser recompensa más que suficiente. Será una suerte aún mayor si la anécdota que reflotes es la de alguien que te puede contratar, ascender, comprarte algo o darle cualquier otro empujón a tu vida. Los grandes triunfadores tienen memoria de elefante: cuando les haces un favor como prestarles «una lengua amiga», te compensan después.

Técnica 79
TENDER UNA LENGUA AMIGA

Cuando la intervención de alguien se vea interrumpida, deja que la interrupción siga su curso: que todo el mundo tenga tiempo de hacerle ojitos al pequeño, pedir lo que se vaya a cenar o recoger los platos rotos. Luego, cuando el grupo se reorganice, dile sin más a la víctima de la anécdota *interruptus*: «Termina de contarnos eso, anda», o, mejor aún, recuérdale en dónde iba y di: «¿Y qué pasó después de que...?» (lo que corresponda en cada caso).

Harvey Mackay, el mayor experto del mundo en hacer contactos profesionales, que pasó de vender sobres a convertirse en CEO de su propia empresa y uno de los ponentes más solicitados de Estados Unidos para charlas motivacionales y de negocios, nos enseña que el mundo se mueve a fuerza de favores. ¡Y qué razón tiene! Las tres técnicas siguientes revelan matices ocultos de ese equilibrio de poder esencial.

80

CÓMO HACERLES SABER QUÉ ES «LO QUE GANAN» ELLOS

Los grandes triunfadores saben que todo el mundo sintoniza la misma emisora: la QGYCE («Qué Gano Yo Con Eso»). Siempre que alguien dice algo, la reacción instintiva de quien escucha es: «¿Y qué gano yo con eso?». Los profesionales de las ventas han elevado ese interrogante constante a la categoría de sigla: QGYCE. Le prestan tanta atención a ese principio que nunca empiezan la presentación con las características del producto o el servicio, sino resaltando las ventajas que ofrece al comprador.

Salvo en las negociaciones delicadas, por razones tácticas, los grandes triunfadores plantan en la mesa tanto el «qué gano yo con eso» como el «qué ganas tú con eso» (QGTCE). Es algo tan primordial que, si alguien camufla uno de los dos, esa persona queda relegada al estatus de pequeño perdedor.

Una vez invité a comer a un conocido. Esperaba poder hacerle a Sam, director de una asociación de marketing, una consulta sobre mi negocio de ponencias. Le comenté mis intenciones y le pregunté, en broma, si me cedía una hora de su valioso tiempo a cambio de una comida en un buen restaurante. Era mi forma de decirle: «Mira, Sam, sé que en realidad tú no te llevas nada más que una comida deliciosa y el placer dudoso de mi compañía» (o sea, que le estaba revelando el QGTCE). Para que la reunión le resultara aún más conveniente, le pedí que eligiera la fecha y el mejor restaurante de su barrio.

Llegó el día y yo recorrí un trayecto de cuarenta y cinco minutos hasta el restaurante de su elección. Al entrar, me sorprendió ver a un surtido de personas dispuestas alrededor de la mesa más grande del local, con Sam, sonriente, en la cabecera. Era obvio que, en aquel entorno, yo no podría hacerle ninguna consulta. Por desgracia, Sam me detectó junto al guardarropa. No tenía escapatoria.

Hasta que llegamos al café, no caí en la cuenta de por qué Sam había reunido a aquel grupo. Quería que cada una de aquellas personas me regalara una presentación sobre su área de especialización dentro de la empresa. El muy listo no me había revelado su QGYCE.

Si Sam hubiera sido franco y profesional, me habría dicho por teléfono: «Leil, voy a reunir, en una comida con cuentas separadas, a un grupo de ponentes que podrían ser útiles para mi empresa. Por supuesto, procuraré resolver las dudas que me plantees sobre tu negocio, pero seremos diez, ¿te apuntas? ¿O quedamos otro día los dos solos?».

Yo habría hablado encantada gratuitamente para el grupo de Sam si me lo hubiera planteado directamente. En cambio, por no revelarme el QGYCE, salimos perdiendo los dos: yo perdí medio día y él, por hacerme trampa, perdió la posibilidad de que hablara para aquel grupo.

NO LES NIEGUES EL PLACER DE AYUDARTE

Los grandes triunfadores también ponen las cartas sobre la mesa cuando piden a alguien un favor. A muchos individuos bienintencionados les da vergüenza confesar lo importante que es el favor para ellos y lo piden como si careciera de importancia, cuando no es así.

Stefan, un amigo, me preguntó una vez si conocía a algún grupo musical que su empresa pudiera contratar para el evento corporativo anual.

—No, lo siento, la verdad es que no —le contesté.

Pero Stefan no lo dejó ahí, e insistió:

—Leil, ¿tú no trabajaste con grupos musicales cuando estabas en lo de los cruceros?

—Sí, pero ya no tengo contacto con ellos —le dije. Pensé que eso era todo, pero Stefan no. Insistió aún más y terminó haciéndome sentir perpleja e irritada—. Stefan, ¿quién es el responsable de encontrar un grupo musical? —acabé preguntándole.

—Yo —me contestó, avergonzado.

—¿En serio, Stefan? ¿Y por qué no me dijiste que era responsabilidad tuya? En ese caso, deja que lo investigue, a ver si puedo encontrar uno bueno.

Estaba dispuesta a hacerle un favor a mi amigo, pero él, por no decirme lo importante que era, se arriesgó a que no lo ayudara. Incluso bajó uno o dos puestos en la escala de aprecio de su amiga por no revelar el QGYCE.

Cuando pidas un favor a alguien, hazle saber lo importante que es para ti. Así quedarás como una persona honrada, y la alegría de poder ayudarte suele ser recompensa más que suficiente. ¡No le niegues ese placer!

Técnica 80
DESENTIERRA EL QGYCE (O QGTCE) OCULTO

Siempre que propongas una reunión o pidas un favor, da a conocer las ventajas correspondientes. Pon de manifiesto qué ganas tú y qué gana la otra persona, aunque el beneficio sea nulo. Si luego se descubriera que hay gato encerrado, quedarías como un tramposo.

Los favores, tanto si los pides como si los haces, son un tejido que solo se sostiene si se teje con exquisita sensibilidad. Exploremos más formas de coser este delicado paño para que tus relaciones no se rasguen.

81

CÓMO CONSEGUIR QUE QUIERAN HACERTE FAVORES

Susan Evans, una clienta, dirige una inmobiliaria enorme. Una vez que estábamos en su despacho, comentando un proyecto futuro, irrumpió de pronto su secretaria.

—Perdone, señorita Evans, pero la llama por teléfono su cuñado Harry.

—Ah, sí, pásamelo —contestó Susan, sonriente.

Mi clienta, disculpándose por la interrupción, contestó el teléfono. Yo salí del despacho un momento para darle un poco de intimidad. Cuando volví, Susan, que estaba a punto de colgar, decía: «Claro, dile que me llame». Me contó que la había llamado su cuñado, cuyo primo, un chico joven que trabajaba en una gasolinera, estaba interesado en hacer carrera en el mundo inmobiliario. «Me llamará, a ver si puedo echarle una mano». Era obvio que estaba dispuesta a hacerle un favor a su cuñado. Proseguimos con la conversación por donde la habíamos dejado.

Tan solo cuatro minutos después, volvió a irrumpir la secretaria.

—Señorita Evans, la llama un tal Sonny Laker. Dice que es el primo de Harry, su cuñado, y que le dijeron que llamara.

Le noté en la cara que se estaba diciendo: «¡Dios mío, el ansioso de mi cuñado no perdió ni un segundo!, ¿eh?». A las dos nos quedó claro lo que había pasado: Harry, superentusiasmado, había llamado enseguida a su primo Sonny para anunciarle el gran titular: ¡que Evans lo iba a recibir en su despacho! Y el otro había pensado que, si llamaba de inmediato a la señorita Evans, dejaba claro que aquella entrevista era lo más importante de su vida, por lo demás sosa y deprimente.

Fuera así o no, una cosa era evidente, que el primito no estaba al tanto de una norma tácita entre los grandes triunfadores: cuando alguien acceda a hacerte un favor, no saltes enseguida; dale un poco de tiempo para que disfrute de esa decisión antes de tener que cumplir con lo prometido.

Tanto el cuñado como el posible futuro empleado la regaron con Evans por precipitarse. Con el fin de asegurarse de que el joven no llamaba demasiado rápido a su cuñada, la magnate del mundo inmobiliario, Harry tendría que haber esperado un día para darle la buena noticia a su primo. Además, el joven Sonny tendría que haberle preguntado a su primo Harry qué horarios tenía Evans. A veces llamar enseguida es ventajoso, pero no cuando alguien te está haciendo un favor.

Técnica 81
QUE DISFRUTE DEL FAVOR

Siempre que un amigo acceda a hacerte un favor, antes de ponerlo a trabajar, dale un poco de tiempo para que saboree las mieles de su generosidad. ¿Cuánto? Por lo menos, veinticuatro horas.

Quizá piensas que Evans fue injusta por juzgar a Sonny solo porque no le permitió disfrutar de ese momento. La cosa va más allá. Lo que Evans pensó en realidad fue: «Si este niño es tan insensible a la importancia de hacer cada cosa a su tiempo cuando se trata de conseguir un empleo, ¿qué sensibilidad tendrá a la hora de negociar una venta de una casa?». La llamada impaciente de un agente a un propietario podría significar para la empresa la pérdida de miles de dólares en comisiones.

Los grandes triunfadores tienen una visión sobrenatural del futuro: ven cada una de tus regadas comunicativas como una mancha en tu radiografía, y eso ensombrece el diagnóstico de tus triunfos en la vida.

Veamos otra línea finísima entre quien hace el favor y quien lo recibe que no hay que cruzar jamás, salvo que quieras que la relación se vaya al caño.

82

CÓMO PEDIR FAVORES (¡Y QUE TE LOS HAGAN!)

Una vez le pregunté a una amiga que trabaja en una destacada agencia de talentos de Los Ángeles si sabía de algún famoso con quien yo pudiera contactar para un proyecto en el que estaba trabajando. Tania miró a su agenda telefónica y me encontró justo los nombres que necesitaba. A las dos nos quedó claro que le debía un gran favor.

Cuando le di las gracias profusamente por teléfono, me dijo:

—De seguro encuentras una forma de devolverme el favor.

—Pues claro que sí —le contesté—. No hace falta ni decirlo.

Claro que no hacía falta decirlo: me estaba recordando que no me había hecho el favor por amistad, sino porque esperaba algo a cambio.

Dos días después, Tania me llamó para decirme que vendría a Nueva York unos meses después, y me preguntaba con antelación si podría alojarla. Lógicamente, por supuesto podía, pero que se cobrara el favor tan descaradamente y tan pronto no me pareció una buena jugada. Cuando alguien te saca de un apuro, no lo olvidas. De hecho, buscas, de forma consciente, el modo de devolvérselo. Aunque Tania me hubiera llamado años después, me habría acordado de que le debía una. La verdad, me alegró que la ocasión se presentara tan pronto y poder quedar en paz. Sin embargo, habría preferido que no pusiera de manifiesto que se trataba de un trueque, porque eso había ensuciado lo que tendría que haber sido un intercambio desinteresado entre las dos, y esa mancha siempre cae sobre el que la provoca.

Cuando le hagas un favor a alguien y quede claro que te deben una, espera unas semanas, que no parezca un toma y daca. Deja que quien ha acudido a ti en busca de ayuda disfrute un poco de la agradable sensación de que lo has hecho sin pensar en lo que obtendrás a cambio. Sabe de sobra que no es así, y tú también lo sabes, pero solo los pequeños perdedores lo dejan patente.

Técnica 82
TOMA Y (ESPERA...) DACA

Cuando alguien te haga un favor y quede claro que te debe una, espera un tiempo razonable para cobrártelo. Deja que esa persona piense que lo has hecho por amistad, aunque no sea así. No reclames algo a cambio demasiado pronto.

Las tres técnicas siguientes también se refieren al tiempo, pero no en los favores, sino en las discusiones importantes.

83

CÓMO SABER QUÉ NO DECIR EN UNA FIESTA

Antiguamente, cuando la policía andaba a la caza de un ladrón, este buscaba desesperadamente una iglesia en la que refugiarse. El delincuente sabía que, si conseguía llegar a un altar, los policías, frustrados, no podrían detenerlo hasta que saliera.

Cuando, en el bosque, una manada de lobos va tras una liebre, los ojos aterrados de esta buscan un tronco hueco. Sabe que los lobos no podrán devorarla hasta que salga.

También en la jungla humana los grandes felinos tienen sus refugios, que, aunque tácitos, son tan seguros como el altar del siglo X o el tronco hueco. En momentos y lugares claramente definidos, hasta el más duro de los tigres sabe que no debe atacar. Yo los llamo «los refugios».

Mi amiga Kirstin, presidenta de una agencia publicitaria, me invita todos los años a la fiesta de Navidad de su empresa. En una de esas fiestas, todos rebosábamos espíritu navideño y cordialidad, y el champán corría sin limitaciones. Un fiestón por todo lo alto.

Fue transcurriendo la velada y el espumoso siguió corriendo, el nivel de decibelios de los asistentes a la fiesta siguió subiendo, tanto, de hecho, que Kirstin me dijo que iba a escaparse por la puerta de atrás, y se ofreció a acercarme a casa en coche.

Cuando íbamos camino de la salida, oímos una voz achispada entre la multitud:

—¡Eeeh, Girrrstiiin, Girrrstiiin...! —Una empleada de mensajería, imbuida de un exceso de espíritu navideño, se acercó a su jefa dando tumbos y le dijo—: Oye, gue... gue..., qué biestón orgadizaste, incgueíble... Bero, oye, digo yo, si la bidá de lo gue ha gostado se hubieda invedtido en guardería bara las siede, ¡siede, güéndalas!, badres gon chamacos en edad presgolar gue trabajan aguí...

Kirstin, que es una gran comunicadora, le tomó las manos a Jane y le sonrió.

—Jane —le dijo—, está claro que se te dan bien las matemáticas. En efecto, con solo la mitad de lo que ha costado esta fiesta se podría costear un servicio así. Lo hablamos en horas de trabajo.

Y nos fuimos volando.

Camino de mi casa, soltó un largo suspiro y me dijo:

—Uf, qué ganas tenía de salir de ahí.

—¿No lo estabas pasando bien, Kirstin? —le pregunté.

—Sí, sí, claro —contestó—, pero nunca sabes lo que va a pasar. Como ese comentario que me hizo Jane...

Entonces me contó que la dirección de la empresa ya se había reunido varias veces para tratar la implantación de un servicio de guardería para los empleados. De hecho, ya estaba en marcha un plan para reconvertir una zona de almacenaje en desuso en una preciosa guardería. Le pregunté a Kirstin, inocentemente, por qué no se lo había mencionado a Jane: «No era el momento ni el lugar». Kirstin había gestionado la situación de la fiesta de la forma en que lo habría hecho cualquier triunfador: sin enfrentamientos verbales inmediatos (y con posible condena al silencio después).

Jane, lamentablemente, había incumplido la primera norma tácita de «los refugios»: las fiestas son para divertirse. ¿Reprendió Kirstin a Jane? ¿La castigó por su conducta inapropiada? No de inmediato, claro, pero seguramente Jane notaría las repercusiones unos meses después, cuando llegara el momento de los ascensos; solo que, para entonces, la pobre ni sabría por qué a ella no le correspondía uno.

¿Sería por haberse tomado unas copas de más una vez? Probablemente Jane pensaría que sí. Pero se equivocaría. Lo que pasa es que un pez gordo no puede arriesgarse a que un empleado beba más de la cuenta en otra fiesta navideña y, en vez de enfrentarse a su jefa, le dé por encarar a un cliente importante.

Técnica 83
LAS FIESTAS SON PARA DIVERTIRSE

En la jungla humana hay tres refugios sagrados en los que hasta el más duro de los tigres sabe que no debe atacar. El primero es el de las fiestas.

Las fiestas son lugares para la conversación informal y la convivencia pacífica, no para los enfrentamientos. Los grandes triunfadores, aunque estén al lado de su enemigo en la mesa del bufet, sonríen y asienten con la cabeza. Los temas importantes los dejan para escenarios más apropiados.

Pasemos al segundo refugio en el que los grandes felinos pueden escapar de las garras de otros felinos mayores y, con suerte, de los rugidos de felinos menores.

CÓMO SABER QUÉ NO DECIR EN UNA CENA

¿Alguna vez te has preguntado por qué las comidas de empresa entre jefes se hacen interminables y a veces se alargan hasta bien entrada la tarde? ¿Sospechas que es porque les gusta estar tranquilamente sentados, bebiendo y adulándose los unos a los otros a expensas de la cuenta de la empresa? Puede que haya algo de eso, pero la razón principal es que una comida es un refugio aún más sagrado que una fiesta. Los peces gordos son conscientes de que, ya sea un almuerzo, una comida o una cena de negocios, el momento de compartir mesa y mantel no es el adecuado para hablar de aspectos desagradables de su trabajo. A fin de cuentas, una negociación dura puede quitar el apetito.

Si prestamos atención a la típica comida de empresa entre peces gordos, oímos el tintineo de las copas de las que beben mientras platican cordialmente. Hablan de golf, del tiempo y hacen observaciones generales sobre el estado del negocio. Durante el primer plato, el discurso se orienta hacia la comida, las artes, la actualidad y otros temas inofensivos.

¿Una pérdida de tiempo?, podría preguntarse uno. ¡En absoluto! El pez gordo está estudiando atentamente los movimientos del otro, calculando sus aptitudes, sus conocimientos, sus destrezas. Como el visor de la NFL que ve los entrenos del futbol universitario, está decidiendo quién tiene lo que hay que tener. Los peces gordos saben que la forma en que se maneja una persona en un evento social es un indicador de su poderío empresarial. Mientras sonríen y se ríen de sus chistes mutuamente, están emitiendo juicios críticos mentales.

Por fin llega el café, y en ese momento uno de los peces gordos aborda con delicadeza el motivo de la reunión. Como es lógico, lo hace con supuesta reticencia, procurando disimular el alivio que siente de poder entrar en materia. «Lástima que haya que enturbiar esta sobremesa tan agradable con asuntos mundanos como ganar dinero», suelta.

Después de ese teatro necesario, ya se puede hablar de negocios, pero no de negocios sucios. Un pez gordo puede proponer nuevas ideas con el café, debatir propuestas con el postre, sugerir ideas con los licores, explorar las ventajas de una fusión, una adquisición o una asociación mientras llega la cuenta, pero, si surge algún desacuerdo, malentendido o controversia, quedará relegado a otra mesa, la de reuniones.

Técnica 84
LA COMIDA ES PARA COMER

El refugio más respetado por los peces gordos es la comida. Cuando se comparte mesa, no se habla de cosas desagradables. Mientras comen, los peces gordos sugieren soluciones, hablan de las ventajas de algún negocio, de sus sueños, deseos y proyectos, y hasta se asocian y generan nuevas propuestas. Pero jamás hablan de asuntos difíciles.

Esa convención probablemente surgió de la decisión prudente de no causarse una indigestión los unos a los otros. Una negociación dura deja mal sabor de boca y podría arruinar el disfrute de un delicioso entrecot.

Esa misma norma se aplica, por cierto, a la jungla social. Si una de las partes de una amistad o una relación amorosa tiene algún problema del que quiera hablar, que se lo guarde para después de los postres, porque, aunque no solucione el problema, por lo menos disfrutará del riquísimo suflé de chocolate.

Exploremos el tercer y último refugio.

85

CÓMO SABER QUÉ NO DECIR EN UN ENCUENTRO CASUAL

William, que vende dispositivos electrónicos, lleva semanas intentando contactar con un pez gordo por teléfono para ver si su empresa le compra su línea de productos. El pez gordo aún está estudiando los artilugios de Willie y tiene previsto devolverle la llamada. Sin embargo, a estas alturas de nuestra historia, el teléfono de nuestro héroe aún no ha sonado.

Y, casualmente, una tarde Willie se encuentra de pronto plantado detrás del pez gordo en cuestión en la fila del supermercado. «¡Qué suerte!», se dice Willie. «¡Ay, Dios! —piensa el pez gordo, en cambio—. Espero que no venga a darme lata a estas horas con lo de sus productos».

Los que respetan un refugio sabrán que esta anécdota puede tener dos finales muy distintos. Al Willie que aprovecha para sacar a colación el tema de sus artilugios con cara de «Ajá, de esta no te escapas» el pez gordo ya no lo llama, aunque sus artilugios le gustaran más que los de otros, porque el acorralamiento en el supermercado le dolerá lo suficiente para castigar al pequeño perdedor. En cambio, el Willie que se limita a decir: «Hola, me alegro de verte» sin mencionar siquiera los artilugios demuestra que también es un triunfador. A ese de seguro lo llamará el pez gordo, y es posible que al día siguiente, porque lo aliviará la elegancia de Willie y se la agradecerá.

Técnica 85
LOS ENCUENTROS CASUALES SON PARA PLATICAR

Si le estás vendiendo algo a alguien, lo están negociando o mantienen una comunicación sensible, NO aproveches un encuentro casual para sacar el tema. Mantén la melodía de ese encuentro agradable y ligera si no quieres que se convierta en tu última actuación para ese pez gordo que te interesa.

Crea siempre refugios para los demás si quieres que te eleven al estatus de triunfador. Puede que luego almuercen contigo, vayan a fiestas contigo, te saluden efusivos por los pasillos y cierren los tratos mucho más rápido que en horas de trabajo. ¿Quién sabe? Si quieres, hasta quizá te veas socializando con la flor y nata. Un triunfador sabe hacer que resulte seguro para la otra persona aceptar una invitación a jugar al golf, a pasar un fin de semana en la casa de campo o a relajarse en la piscina, porque saben que no habrá tiburones en el agua ni cuchillas escondidas en el coctel de camarones.

86

CÓMO PREPARARLOS PARA QUE TE ESCUCHEN

Una noche, hace varios años, en una calle de Nueva York, sorprendí a un tipo intentando forzar la puerta de un coche. Le grité que parara. En vez de contentarse con huir, el corpulento ladrón decidió tomar represalias y, al pasar por mi lado a toda velocidad, me dio un empujón que me tiró al suelo y me abrí el cráneo con el borde.

Mareada, entré dando tumbos en la sala de urgencias de un hospital cercano. Mientras sostenía una bolsa de hielo contra mi palpitante cabeza, la enfermera de la recepción me acribilló a preguntas: dirección, teléfono, identificación, seguro médico, número de la póliza..., y así *ad nauseam*. Fue como si me dijera: «¡Al diablo la fractura de cráneo! Me cuentas luego. Dime el número de póliza».

Pero ¡no me agobies con esas minucias! Lo que yo quiero es contarle a alguien, a quien sea, lo que me pasó. Pues solo al final de aquel interrogatorio despiadado y sádico, por fin me preguntó: «Bueno, ¿qué le pasó?».

Más adelante le conté mis penurias a una amiga, Sue, que es enfermera de admisión de urgencias en otro hospital. «Entiendo —me dijo—. Me cuesta creer que hagan esos formularios donde el paciente no te puede contar lo que le pasó hasta el final». Me dijo que, en urgencias, conseguir datos cruciales de personas que se habían roto algún hueso o habían sufrido quemaduras le resultaba complicadísimo..., hasta que decidió darle la vuelta al formulario. Primero le preguntaba al paciente qué le había pasado, este se lo contaba y ella escuchaba compasiva. «Y así les cuesta mucho menos darme los datos que necesito», me dijo.

Un buen jefe entiende esa necesidad humana de hablar. Robert, un amigo que tiene una fábrica pequeña, dice que, siempre que uno de sus empleados se queja de un problema, intenta no presionarlo primero para que le dé detalles. Lo deja hablar, deja que despotrique de ese cliente cascarrabias o de ese compañero apático. «Luego, cuando ya se quedó a gusto —dice Robert—, es más fácil saber lo que pasa».

CUANDO TIENES INFORMACIÓN IMPORTANTE QUE TRANSMITIR

Hasta el más joven de los mecánicos sabe que no se puede echar más gasolina en un depósito que ya está lleno. Si te pasas, el líquido rebosa y cae al suelo. Del mismo modo, el cerebro de tu interlocutor ya está lleno de sus propios pensamientos, preocupaciones y alegrías. Si le metes los tuyos, los contaminas y aquello termina rebosando. Si quieres que tus ideas increíbles entren en ese depósito sin contaminarse, deja que se vacíe primero.

Técnica 86
VACÍALES EL DEPÓSITO

Si necesitas información, deja que tu interlocutor se desahogue primero. Espera pacientemente a que caiga hasta la última gota y el depósito se vacíe del todo. Es la única forma de asegurarse de que ya no hay ruido interno y tu interlocutor puede empezar a recibir tus ideas.

Siempre que hables con alguien de asuntos con carga emocional, antes de intervenir, deja que la persona se desahogue. Cuenta hasta diez si hace falta. Se te hará eterno, pero dejar que el individuo nervioso termine con lo suyo es la única forma de que te oiga cuando le hables.

«TE VOY A FASTIDIAR PARA QUE DESPUÉS DISFRUTES SIENDO CLIENTE MÍO»

Las personas que dirigen negocios de venta a distancia u online podrían tomar nota de esta técnica. Una de las razones por las que me gusta hacer pedidos a L. L. Bean, una tienda online de ropa y equipo deportivo, es que me dejan hacer consultas sobre el aparato o la prenda que me interesa antes de comprarla. Me permiten indagar sobre la calidad, los colores disponibles, qué tal queda, qué tacto tiene y cómo funciona. Luego, cuando ya estoy toda alborotada con mis cuatro chismes de la talla treinta y ocho, color rojo y verde fosforito, suaves e inodoros, tienen la delicadeza de pedirme el número de la tarjeta de crédito.

En otra empresa, primero me habrían pedido el número de la tarjeta, la fecha de caducidad y el código de seguridad. Eso le quita toda la gracia a la experiencia y, a veces, hasta se te van las ganas de comprar.

Un gran comunicador hace algo más que dejarte parlotear: usa la técnica que expongo a continuación mientras das rienda suelta a tu verborrea.

87

CÓMO LOGRAR QUE SE LES PASE EL ENOJO (CON UN MÁXIMO DE TRES FRASES)

«Emo» es una palabra que inventó Helen Gurley Brown, la gran dama de la revista *Cosmopolitan*. Traducido es «¡Ponle más emoción!». Una vez, *Cosmopolitan* me pidió que escribiera un artículo sobre cuestiones delicadas de la comunicación (más concretamente, que aconsejara a las jóvenes sobre cómo despertar la pasión en sus novios). Entrevisté a muchos psicólogos, expertos en comunicación y sexólogos. La revista me devolvió el borrador con un montón de «más emo» garabateados en cada página.

Llamé a mi editora y le pregunté qué significaba. Me contestó que era la forma en que Helen me pedía que me olvidara de los datos de sexólogos y supuestos expertos, que hablara de lo que siente una joven cuando le parece que su novio no es lo bastante apasionado, lo que siente el novio confrontado y lo que siente la pareja cuando comenta la situación. A Helen Gurley Brown, triunfadora indudable, le gustaba tenerlo todo y sabía cómo conseguirlo, y ella tenía claro que, cuando la ocasión se presta, hay que rechazar lo racional y empatizar con las emociones, o sea, untarse de «emo».

«¡AY, POBRE, LA VERGÜENZA QUE DEBIÓ DE PASAR!»

L. L. Bean me ha untado entera de emo recientemente. Hace varios meses, mi amigo Phil quería comprarse unos pantalones y me pidió consejo. Me lo llevé a mi vestidor para enseñarle la calidad de las prendas de L. L. Bean. Lo convencí y pidió un par de pantalones de vestir azul marino.

Se los puso por primera vez en una cita importante con una novia reciente en un restaurante elegante. Mientras seguían al jefe de sala al reservado que él había pedido, a su acompañante se le cayó la bolsita al suelo, y Phil se agachó enseguida a recogerla. Raaaaaassssss. Rajados por la costura central.

La mayoría de los clientes que tenían el trasero de Phil en primer plano tuvieron la cortesía de mirar a otro lado. Algunos rieron con disimulo. Phil, intentando juntar con la mano las dos piezas del pantalón, retrocedió al reservado. El tacto frío de la tapicería en el trasero le recordó su humillación toda la velada.

Cuando Phil me puso al tanto de sus tribulaciones, me enfurecí con L. L. Bean y llamé enseguida al servicio de atención al cliente. La operadora con la que hablé se mostró muy empática cuando le conté la odisea de Phil, pero yo seguía furibunda. Me escuchó con paciencia y hasta me pidió detalles del desastre. En cuanto terminé de narrarle el triste —y largo— suceso, la mujer me dijo:

—Ay, qué horror. Su amigo debió de sentirse fatal.

—Pues sí —confirmé.

—¡La vergüenza que debió de pasar! —me dijo.

—Muchísima —contesté, sorprendida de lo bien que había captado la situación.

—Y usted, cuando se lo contó, se sentiría fatal también, y más después de haberle recomendado encarecidamente nuestros productos.

—Sus productos suelen ser excelentes —dije.

—Siento mucho que le hayamos ocasionado ese mal rato —respondió.

—No, no es culpa suya —la interrumpí, de pronto serena—. Debió de ser un defecto de esa pieza en concreto...

Técnica 87
HAZTE ECO DE LA EMO

Los datos hablan, las emociones gritan. Cuando necesites que una persona te dé datos de una situación emotiva, permítele expresar sus emociones. Toma nota de los datos, pero empatiza muchísimo con las emociones. Contagiarse de la emoción suele ser la única forma de poner freno a la tormenta emocional.

La historia es larga, pero permíteme que interrumpa la explicación de esta técnica. La astuta operadora de atención al cliente no solo me vació el depósito y me tranquilizó haciéndose eco de mi emo, sino que me deshizo por completo con la siguiente técnica.

88

CÓMO CONSEGUIR CAERLES BIEN (INCLUSO DESPUÉS DE METER LA PATA)

Al día siguiente, UPS me llevó a casa no solo unos pantalones nuevos, sino también una disculpa manuscrita y una tarjeta de regalo de un importe considerable. ¿Volvería a comprar en esa tienda online? Por supuesto. ¿Recomendaría sus pantalones a otras personas? Por supuesto. Un personal de atención al cliente competente acepta con agrado sus errores porque sabe que eso le da a su empresa la ocasión de lucirse. Siempre que metas la pata y alguien sufra las consecuencias, asegúrate de que salga ganando, y mucho. Yo lo llamo la técnica de «Yo la riego, tú ganas».

Una vez, en el despacho de una clienta importante, tropecé con una alfombra y me caí de bruces, y de paso me llevé por delante un jarrón que tenía en el escritorio. No me rompí la nariz, pero el jarrón se hizo añicos. Dos tubos de pegamento y unos cuantos «¿Dónde diablos va este trozo?» después, el jarrón estaba de vuelta en el escritorio, y las dos coincidimos en que había quedado bastante bien. Aun así, al día siguiente le mandé un mensajero con un jarrón precioso, diez veces más valioso que el otro reconstruido, y una docena de rosas dentro.

Cada vez que hablamos, mi clienta me dice que siempre que mira el jarrón nuevo, sonríe. (Mejor obsequio que una pluma con tu nombre grabado, ¿no?) La próxima vez que vaya a su despacho, puede que mi clienta esconda las cosas de valor que se puedan romper, pero, gracias a mi «Yo la riego, tú ganas», habrá una próxima vez.

Técnica 88
YO LA RIEGO, TÚ GANAS

Siempre que metas la pata, asegúrate de que tu víctima sale ganando. No basta con enmendar el error. Pregúntate: «¿Qué podría hacer yo para que esta pobre persona esté encantada de que yo la haya regado?». Luego hazlo, ¡enseguida! De ese modo, tu error será su ganancia.

Ahora supón que la metedura de pata no es tuya, sino de la otra persona. ¿Qué puedes hacer para que su regada sea tu ganancia? Sigue leyendo.

89

CÓMO ATRAPAR A UNA RATA Y HACERLO CON ELEGANCIA

En Japón, algunos ciudadanos prefieren la muerte a quedar mal; en Estados Unidos pasa lo mismo, con una pequeña variante: que el estadounidense sueña con la muerte de quien lo hizo quedar mal.

¿Para qué crearse enemigos? Salvo que sea tu obligación atrapar a tramposos o mentirosos, déjalos que se salgan con la suya. Después, sácalos de inmediato de tu vida y de la de las personas que están bajo tu responsabilidad. Aun cuando el caso quede cerrado, una vez que tengas presa a la rata traidora, dale una escapatoria.

El mejor ejemplo que he oído de semejante detalle para con el prójimo me lo proporcionó una de mis clientas. La habían invitado a un *brunch* en casa de un miembro de la alta sociedad, una mujer conocida como «lady Stephanie». El hogar de lady Stephanie estaba repleto de una exquisita colección de valiosísimos huevos Fabergé que todos los invitados admiraban.

Según me contó mi clienta, al terminar el elegante *brunch* con champán, salía ella por la puerta hablando con varios invitados cuando, de pronto, lady Stephanie se acercó a una mujer que se iba a la vez que mi clienta. «¡Cuánto me alegra que admire mi colección de Fabergé! —le dijo, metiendo con delicadeza la mano en la bolsa del abrigo de visón de la invitada y sacando de él uno de los preciados huevos—. Deduzco que quería verlo a la luz del sol... Venga conmigo y admirémoslo juntas. Produce unos destellos maravillosos».

La ladrona vestida de visón tragó saliva y miró furtivamente a su alrededor para ver quién había sido testigo de su delicada captura. Mi clienta y todos los invitados que estaban en el vestíbulo habían visto lo sucedido, pero, imitando a lady Stephanie, fingieron que el gesto había sido bienintencionado.

Lady Stephanie y la invitada de dedos largos continuaron con la farsa y «admiraron el huevo a la luz del día». Luego, lady Stephanie, con el huevo de Fabergé completamente a salvo entre sus dedos de exquisita manicura, entró resuelta en su casa para dejar el tesoro en el lugar que le correspondía. La ladrona frustrada se metió, muerta de vergüenza, en su coche y jamás volvió a ninguno de los codiciados eventos de lady Stephanie. La anfitriona dejó ir a la ladrona frustrada con algunas fibras de su ego aún intactas.

¿Por qué salió lady Stephanie mejor parada? Porque todos los que fueron testigos del robo frustrado, u oyeron hablar de él después, renovaron su respeto por lady Stephanie. Que atrapara a la ladrona sin dañar su orgullo contribuyó a que lady Stephanie mantuviera su reputación de superanfitriona.

¿Por qué los grandes triunfadores perdonan a la gente conflictiva sus malos actos? Porque, igual que una madre que encara a un hijo travieso para corregirlo, confrontar a un impresentable es una forma de decirle: «Me importa». En cambio, manteniendo la boca cerrada (y la puerta para siempre), le estás diciendo: «Estás tan por debajo de mí que ni siquiera voy a malgastar saliva contigo».

«*MEA CULPA!*»

Los grandes triunfadores perdonan las pequeñas flaquezas de aquellas personas cuya amistad desean mantener culpándose a sí mismos. Si un amigo se pierde y llega una hora tarde a tu casa, dile: «Es que te di muy mal las indicaciones». ¿Que te rompe el *bowl* de Limoges? «No tendría que haberlo dejado en una posición tan inestable». Se trata de la típica rutina del *mea culpa* con la que te haces querer por todo el mundo, en particular cuando se dan cuenta de que no es culpa tuya.

Técnica 89
HAZ LA VISTA GORDA

Cuando atrapes a alguien mintiendo, hurtando, exagerando, distorsionando o engañando, no encares directamente al indeseable. Salvo que sea responsabilidad tuya dar caza o corregir al culpable, o estés salvando a otras víctimas inocentes al hacerlo, deja que el transgresor escape de tu trampa con la presa engañosa de una pieza. Luego toma la resolución de no volver a acordarte del asunto nunca más.

Los residentes en Toronto (Canadá) tienen fama, bien merecida, de ser elegantes. Lo demostraron el año pasado en una farmacia del centro de Toronto. Un comprador intentó salir de la tienda por el arco de seguridad con un objeto robado en la bolsa. En vez de una alarma estridente de las que destrozan los oídos a todos los clientes, como en las ciudades estadounidenses, sonó una campanita deliciosa y se oyó por megafonía una voz melodiosa diciendo: «Disculpe, se nos olvidó desactivar el sistema de control de inventario. Agradecemos su paciencia mientras espera a que un representante del servicio de atención al cliente acuda en su ayuda». ¿No es esa una forma más agradable de decir: «¡Alto ahí, ratero! Espera, que vamos a atraparte»?

Pasemos ahora a la siguiente técnica para evitar que la gente meta la pata, y contribuir a que te den lo mejor de sí mismos.

90

CÓMO CONSEGUIR LO QUE QUIERAS DEL PERSONAL DE SERVICIO

Las cartas halagadoras se conocen como «la píldora dorada» porque doran la píldora al destinatario. Y no están mal, pero mejor aún están las que se envían al jefe hablando bien de un compañero.

Una vez necesitaba fotocopiar muchísimas páginas, tantas que el adjunto al gerente de la papelería Staples no pensaba que pudiera estar terminado para finales de semana. Aun así, a regañadientes, me dijo un «Lo voy a intentar». Entusiasmada y esperanzada de que pudiera conseguirlo, le dije: «¡Qué maravilla! ¿Cómo se llama tu jefe? Tu supervisor tendría que recibir una felicitación por haberte contratado, porque de verdad haces un esfuerzo por satisfacer al cliente». Para mi sorpresa, no solo terminó el trabajo dos días antes de lo previsto, sino que, además, cada vez que entro en Staples me tiende la alfombra roja.

«Mmm, qué curioso», me dije. Una carta de recomendación prematura por un servicio aún no prestado podría ser una táctica inteligente. Decidí comprobarlo con unos cuantos pesos pesados de mi lista de asesores.

Un conocido, Tim, destacado agente de viajes, es el típico tipo resolutivo. Consigue a sus amigos todo lo que le piden en un santiamén. Es esa persona a la que llamas cuando no hay forma de comprar determinadas entradas para el teatro, o la compañía aérea te dice que el hotel está completo y no quedan plazas para el vuelo.

Cuando le conté lo que me había pasado con la anécdota de las fotocopias, rio y me dijo: «¡Pues, claro, Leil, ¿no lo sabías? El envío de una carta halagadora al jefe de alguien, o la promesa de hacerlo, es una gran póliza de seguros. Es como una cláusula por escrito de que recibirás un trato exquisito en el futuro».

Ahora ya tengo un modelo de carta en la computadora. Dice lo siguiente:

> Estimado [nombre del supervisor]:
>
> Como sé lo importante que es el servicio al cliente para una empresa como la suya, le envío este elogio de [nombre del empleado], que es un ejemplo de [puesto del empleado] que presta un servicio excepcional al cliente. [Nombre de la tienda o empresa] continúa contando con la confianza de mi empresa gracias, en gran parte, al servicio prestado por [nombre del empleado].
>
> Muy agradecida,
> [Firma]

He mandado esta carta a supervisores de estacionamientos, propietarios de compañías de seguros y gerentes de montones de tiendas en las que compro habitualmente, y estoy convencida de que, por eso, nunca tengo que preocuparme de si tendré plaza cuando el estacionamiento está lleno, ni de si el agente de seguros me devolverá la llamada enseguida, ni de si me atenderán de maravilla cuando ande buscando algo en una tienda.

Pero ¡ojo! No preguntes solo: «¿Cómo se llama tu supervisor?», porque eso puede poner a un empleado como un flan. Procura acompañar la pregunta de un elogio, algo tipo: «¡Guau, eres genial! ¿Cómo se llama tu supervisor? Me gustaría escribirle una carta de recomendación». ¡Y luego escríbela! Para ese empleado, serás siempre un VIP.

Técnica 90
UNA RECOMENDACIÓN AL JEFE

¿Hay algún empleado, contador, pasante de un bufete, sastre, mecánico, jefe de sala, masajista, profesor de tus hijos o cualquier otro trabajador del que quieras una atención especial en el futuro? Pues la forma infalible de conseguir importarles lo suficiente para que te presten el mejor servicio posible es enviar a su jefe una carta elogiando su trabajo.

Con la siguiente técnica, aprenderás a destacar como un VIP cuando estés en grupo.

91

CÓMO SER LÍDER, NO SEGUIDOR, EN UN GRUPO GRANDE

Durante la era McCarthy, los espías del Gobierno se infiltraban en los mítines políticos clandestinos para decidir quién era «un peligro para la seguridad nacional». Los agentes estaban entrenados para vigilar los aplausos. Tomaban fotografías a los que aplaudían primero, a los que gritaban «¡Bravo!» más alto y a los que sonreían más rato al final de un discurso políticamente incendiario, y luego los investigaban. A esos los llamaban «los peligrosos». A los infiltrados les parecía que quienes reaccionaban primero eran los más seguros de sí mismos, con el poder necesario para persuadir a los otros y el carisma preciso para dirigir multitudes.

En contextos menos políticos, se aplica el mismo principio. Las personas que reaccionan primero a una presentación o un evento, sin mirar alrededor para ver cómo reaccionan los demás, son hombres y mujeres con madera de líderes.

LOS MEJORES APLAUDEN PRIMERO

Estás sentado en un auditorio con cientos de empleados más, escuchando al presidente de la empresa presentar un nuevo concepto. Despatarrado anónimamente entre los asistentes, piensas que tu expresión es invisible para la persona que se encuentra en el estrado. ¡Pues no! Como ponente que soy, te aseguro que los que nos dedicamos a esto vemos hasta la última sonrisa, el último ceño fruncido, cada chispa en cada ojo, y cada destello de extraordinaria inteligencia humana.

También el presidente de la empresa, mientras hace su presentación, explora ansioso su jungla corporativa y, en los rostros que lo miran, ve qué empleados simpatizan con lo que dice y cuáles no. También sabe quién, en medio de ese océano de rostros que flotan delante de él, tiene potencial para ser un pez gordo como él. ¿Cómo?

Porque los peces gordos, aunque no estén de acuerdo con el que habla, respaldan al ponente del estrado. ¿Por qué? Porque saben lo que es estar ahí arriba. Saben que, independientemente de la envergadura del felino que presida la sala, cuando este pronuncia un discurso, le preocupa la aceptación de su público.

Técnica 91
DIRIGE A LOS OYENTES

Por muy prominente que sea el pez gordo que está subido en el estrado, agazapado en su interior hay un gatito asustado al que le agobia la aceptación del público.

Un triunfador reconoce a otro cuando lo ve dirigir a sus oyentes hacia una reacción positiva. Sé el primero en aplaudir o recomendar públicamente a esas personas con las que coincides (o de las que buscas un favor).

Cuando el pez gordo de la empresa suelta su última frase, cuidadosamente pensada para hacer que el público se ponga en pie o que los empleados muestren su conformidad, ¿crees que no se percata de quién da comienzo al goteo, o la cascada, de aceptación? ¡Claro que sí! Aunque agache la cabeza a modo de reverencia, con la perspicacia de un espía de McCarthy, percibe perfectamente quién originó el aplauso, cuánto tiempo ha transcurrido desde que pronunciara las dos últimas palabras y con qué entusiasmo se produjo. Ser el primero en aplaudir, en ponerte en pie y, si es apropiado, en gritar «¡Bravo!» te concede estatus de gran felino para el tigre que estaba hablando.

Sé el primero en aplaudir por muy poca gente que haya, por muy informal que sea la exposición. No esperes a ver cómo reaccionan los demás. Aunque se trate de un grupo pequeño de tres o cuatro personas, sé el primero en empatizar con las ideas del ponente, el primero en mascullar «buena idea». Eso demuestra que eres una persona que confía en su instinto.

92

CÓMO DAR LOS PASOS CORRECTOS

Un aficionado al futbol sabe siempre cómo va el marcador, en cada minuto, en cada segundo. Hasta el grandulón que se toma una cerveza tras otra medio adormilado delante de la televisión un domingo de futbol lo sabe. Dale un toque en la panza y, en un suspiro, te dirá quién gana, quién pierde y por cuánto.

Los grandes fichajes del juego de la vida son como ese grandulón. Aunque te parezca que están adormilados, siempre saben cómo va el marcador entre ellos y todas las personas de su entorno, amigos y familiares incluidos. Saben quién gana, quién pierde y por cuántos puntos.

Cuando se reúnen dos empresarios japoneses, queda claro cuál de los dos está por encima del otro. Se puede deducir por los milímetros a los que les queda la nariz del suelo cuando se inclinan (la del de menor categoría queda más cerca del suelo).

En Estados Unidos no tenemos reverencias perfectamente coreografiadas con las que mostrar la jerarquía de una relación, pero los que forman parte de las grandes ligas empresariales saben quién es el pez gordo y quién no en cada momento (la cosa puede cambiar de un día para otro).

El pez pequeño debe hacer una reverencia mayor, mostrar deferencia; debe ofrecerse a acudir al despacho del pez gordo, pagar la cuenta del restaurante si corresponde y ser respetuoso con el tiempo del pez gordo. Si el pez pequeño no muestra la deferencia apropiada, nadie agacha la cabeza ante él; simplemente pierde la oportunidad de nadar en las grandes ligas.

Eso fue lo que le pasó a mi amiga Laura, la que se inventó el licuado saludable (te hablé de ella en el capítulo de la «reproducción inmediata»). Cuando vimos su caso, había echado a perder su oportunidad de contactar con Fred, el magnate de los supermercados, acribillándolo a preguntas sobre su dirección de correo, quejándose de que la pluma no funcionaba, haciéndole esperar mientras buscaba otro, anotando mal los números una y otra vez.

No te conté lo peor. Después de que Fred tuviera el detalle de invitarla a que le enviara unas muestras de su licuado saludable, ella le lanzó otra bomba al preguntarle qué mensajería solía usar. Él debió de contestar que FedEx, porque luego oí a Laura decirle: «Es que mi licuado debe ir refrigerado, ¿FedEx tiene camiones refrigerados?».

En aquel momento supe que acababa de pegarse un tiro en su propio pie. No debía haber presionado al mandamás de los supermercados con detalles insignificantes sobre el envío. De hecho, Laura tendría que haber estado tan agradecida que debería haberle llevado personalmente la bebida al día siguiente, haciéndola rodar con la punta de la nariz hasta la puerta del supermercado si hacía falta. Estaba claro que Laura no era consciente del gran marcador aéreo de ese día: Fred: todo – Laura: nada.

Los grandes triunfadores, antes de poner la pluma en el papel, los dedos en el teclado o la mano en la de otra persona para estrechársela, hacen un cálculo rápido. Se preguntan: «¿Quién se beneficiará más de esta relación? ¿Qué ha hecho cada uno de nosotros últimamente que requiera la deferencia del otro?» y «¿Qué puedo hacer para igualar el marcador?».

TAMBIÉN LOS AMIGOS LLEVAN LA CUENTA

El gran marcador aéreo no es solo para empresarios. Si los miembros de la familia y los amigos miran atentamente por encima de la cabeza de sus seres queridos, lo verán. E igual que las mareas, sube y baja todos los días. Cuando la riegas, tienes que igualar el marcador haciendo un esfuerzo con la persona con la que la regaste. Para mantener viva la llama del amor, permanece siempre pendiente del marcador aéreo.

Hace varios meses conocí en un congreso a Charles, un tipo muy agradable. Empezamos a hablar de nuestras comidas favoritas: la suya eran los linguini caseros con salsa de pesto. Charles me gustaba y hago un pesto riquísimo. La curiosa coincidencia me envalentonó y lo invité a cenar a mi casa. «Genial», me dijo. Quedamos el martes siguiente a las siete y media de la tarde.

El martes, a primera hora de la tarde, empecé a prepararme para la gran cita. El reloj de la pared monitoreaba mis progresos: a las cinco, fui corriendo a la tienda por piñones; a las seis, estaba de vuelta en casa, machacando albahaca y ajo; a las siete, estaba doblando las servilletas, poniendo la mesa, sacando velas nuevas... Uf, se me hacía tarde. Me cambié de ropa y me arreglé un poco. Dan las siete y media y estoy lista del todo. El pesto y yo aguardamos su llegada.

Dan las ocho y mi amigo no aparece. Bueno, me dije, voy a abrir el vino para que respire un poco. Pasa otra hora y ni rastro de Charles. Dan nueve. Empiezo a sospechar. Está claro que Charles no vendrá. Me plantó.

Al día siguiente, Charles me llama con una disculpa poco sentida y una excusa poco sentida: que se le descompuso el coche. «Vaya, lo siento», le digo (aunque me daban ganas de responderle: «¿Te abdujeron los extraterrestres y te llevaron a otro planeta donde no había teléfonos desde los que pudieras llamarme?», pero me resistí al sarcasmo). Aun así, parecía arrepentido, y yo estaba a punto de olvidar el asunto... hasta que me hizo la siguiente pregunta.

Obviamente, no tenía ni idea de cómo había bajado en el marcador aéreo, porque, en vez de invitarme a cenar linguini en un buen restaurante italiano para compensar el plantón, me dijo: «¿Quedamos otra vez en tu casa?».

Ni hablar, Charlie.

Técnica 92
EL GRAN MARCADOR AÉREO

Entre dos personas cualesquiera siempre hay un marcador suspendido sobre su cabeza. Los números fluctúan constantemente, pero siempre se cumple una norma: el jugador con menor puntuación debe tener detalles con el otro. La sanción por no estar pendiente de ese marcador es la expulsión del juego, de forma permanente.

TU DESTINO

En *Cómo hablar con cualquiera* hemos conocido a muchas personas. He cambiado algunos nombres, pero todas ellas son reales. Hace poco decidí localizar a algunas de las personas con las que me he ido cruzando a lo largo de los años, para saber cómo les va.

Laura, mi antigua amiga, la que soñaba con vender millones de licuados, pero hizo caso omiso del marcador aéreo del magnate de los supermercados, ha vuelto a su trabajo de antes. Sam, el que me irritó no contándome que quería que hablara para su empresa, ya no tiene empresa. Sonny, el primo del cuñado que acosó con una llamada precipitada, sigue en la gasolinera. Tania, la que se empeñaba en cobrarse los favores de inmediato, ya no tiene aquel empleo espectacular en una agencia de talentos. La pobre Jane, la empleada de mensajería que encaró a su jefe en la fiesta de Navidad de hace cinco años, sigue envolviendo paquetes. Y Dan, el que grababa aquellos mensajes tan largos en su contestador de su teléfono, ahora tiene el número oculto, y eso no es buena señal para quien aspira a ser ponente.

En cambio, a Barry, el que le preguntaba a todo aquel a quien llamaba de qué color es su tiempo, la Asociación Nacional de Presentadores de Programas de Tertulia lo ha nombrado presentador del año. Joe, el que anotaba datos de todo el mundo en su dosier de tarjetas de visita, ahora es senador estatal. A Jimmi, el experto en venta a ojo, le dedicaron un reportaje hace poco en la revista *Success*. Steve, aquel cuyo personal siempre respondía al teléfono: «¡Vaya, si eres tú!», fuera quien fuese, es ahora uno de los ponentes más solicitados del circuito de la televisión por cable. Tim, aquel tipo tan resolutivo que conseguía lo que quería de los trabajadores de todos los sectores escribiendo cartas de recomendación a sus jefes, es ahora el dueño de una agencia de viajes. Y Gloria, mi estilista, la que hacía aquellos currículums resumidos tan maravillosos, acaba de abrir un establecimiento en plena Quinta Avenida neoyorquina.

¿Insinúo con esto que porque los primeros me irritaron (a mí y a muchas personas más) han quedado relegados a una existencia insignificante y que los segundos, que me hicieron sonreír, alcanzarán grandes logros? Claro que no. Los momentos aislados de su vida que hemos examinado aquí no eran más que una de las muchas medidas que tomaban a diario.

Pero piensa una cosa: si hubieras sido tú la persona a la que Laura, Sam, Sonny Tania, Jane o Dan irritaban, y te llamaran, ¿te gustaría ponerte a su disposición? Probablemente no. El recuerdo de sus malas artes sin duda perduraría. En cambio, si tuvieras noticias de Barry, Joe, Jimmi, Steve, Tim o Gloria, te inundarían los recuerdos felices de su relación, y harías lo que fuera por ellos.

Multiplica tu reacción por miles. Como decía en la introducción de este libro, nadie llega a la cumbre solo. Con los años, el buen hacer de esos grandes triunfadores ha ido cautivando el corazón y conquistando la mente de cientos de personas que han contribuido a impulsarlos, peldaño a peldaño, hasta lo más alto de la escalera que hubieran escogido.

¿Cómo logra uno ir por la vida con ese buen hacer instintivo en vez de a trompicones? La respuesta me quedó clarísima un día de nieve del último invierno. Subía yo torpemente con mis esquís de fondo por una pista exquisitamente cuidada cuando vi que se acercaba otro esquiador, muy ágil. No me hizo falta fijarme en la altura de su zancada ni en su vistoso braceo diagonal para saber que le estaba obstaculizando el paso a un profesional.

Mientras reunía la energía necesaria para arrastrar las doloridas piernas y salir de la pista, de forma que el esquiador avezado pudiera sobrepasarme a toda velocidad, él se apartó hábilmente y me dejó la pista a mí. Al pasar por mi lado, frenó un poquitín, sonrió, saludó con la cabeza y me dijo: «¡Buenos días! Hace una mañana preciosa para esquiar, ¿verdad?».

Agradecí la deferencia (¡y la insinuación de que éramos iguales en la nieve!). Supe enseguida que no era de los que piensan: «¡Cuidado, ahí voy yo!», sino de los de «Aaah, estás ahí. Espera, te dejo sitio».

Como ya sugerí al principio de este libro, la diferencia en el éxito vital de esos dos tipos de persona es incalculable.

¿Por qué tuvo el esquiador avezado ese detalle tan bonito? ¿Su actitud es innata? No, se trata de una reacción deliberada y nacida de la práctica. La práctica es, además, el manantial de toda comunicación fluida. La excelencia no es un acto único y solitario, sino el resultado de muchos años de dar pequeños pasos, pasos diminutos, como los noventa y dos truquitos que hemos explorado en *Cómo hablar con cualquiera*. Esos pasos forjarán tu destino.

Recuerda: la repetición hace el hábito.

El hábito forja el carácter.

El carácter es tu destino.

¡Que tu destino sea el éxito!

NOTAS

1. Paul Ekman, *Telling Lies: Clues to Deceit in the Marketplace, Politics, and Marriage*, Nueva York, W. W. Norton Co., Inc., 1985.

2. Sha Cheng *et al.*, «Effects of Personality Type on Stress Response», *Acta-Psychologica-Sinica* 22(2): 197-204, 1990.

3. Dale Carnegie, *Cómo ganar amigos e influir sobre las personas*, Barcelona, Elipse, 2023.

4. Daniel Goleman, «Brain's Design Emerges as a Key to Emotions», citando al doctor Joseph LeDoux, psicólogo del Centro de Neurociencia de la Universidad de Nueva York, *New York Times*, 15 de agosto de 1989.

5. Joan Kellerman *et al.*, «Looking and Loving: The Effects of Mutual Gaze on Feelings of Romantic Love»; estudio llevado a cabo en el Agoraphobia Treatment & Research Center of New England, *Journal of Research in Personality* 23(2): 145-161, 1989.

6. Michael Argyle, *Psicología del comportamiento interpersonal*, Madrid, Alianza, 1994.

7. A. Rodney Wellens, «Heart-Rate Changes in Response to Shifts in Interpersonal Gaze from Liked and Disliked Others», *Perceptual and Motor Skills* 64(2): 595-598, 1987.

8. Ídem.

9. Zig Ziglar, profesor de motivación y autor de los superventas *See You at the Top*, *Secrets of Closing the Sale*, *Over the Top* y *Something to Smile About*.

10. Rebecca C. Curtis y Kim Miller, «Believing Another Likes or Dislikes You: Behaviors Making the Beliefs Come True». *Journal of Personality and Social Psychology* 51(2): 284-290, 1986.

11. S. I. Hayakawa, S. I., *Language in Thought and Action*, Nueva York, Harcourt Brace Jovanovich, 1941.

12. E. Aronson *et al.*, «The Effect of a Pratfall on Increasing Interpersonal Attractiveness», *Psychonomic Science* 4: 227-228, 1966.

13. Los estudios llevados a cabo por la Carnegie Foundation for the Advancement of Teaching y el Carnegie Institute of Technology en los años treinta del siglo xx demuestran que un 85 % del éxito financiero de una persona, incluso en áreas técnicas como la ingeniería, se debe a sus aptitudes para la comunicación.

14. La Census Bureau of Hiring, Training and Management Practices estadounidense llevó a cabo un sondeo entre tres mil empresas de todo el país según el cual las cualidades preferidas en los candidatos a un empleo eran, por orden de importancia: la actitud, las dotes comunicativas, la experiencia laboral previa, las recomendaciones de la empresa para la que estaban trabajando, las de empresas para las que hubieran trabajado anteriormente, las credenciales dentro del sector, los años de formación académica, las calificaciones obtenidas en las pruebas de la entrevista, las notas académicas, la reputación del solicitante en su centro de estudios y las recomendaciones de sus profesores.

15. Debra G. Walsh y Jay Hewitt, «Giving Men the Come-On: Effect of Eye Contact and Smiling in a Bar Environment», *Perceptual and Motor Skills* 61(3, primera parte): 873-874, 1985.

16. Lilly Walters, *What to Say When You're Dying on the Platform*, Nueva York, McGraw-Hill, 1995.

17. Roger Axtell, *Do's and Taboos Around the World*, Nueva York, John Wiley & Sons, Inc., 1994.

18. Mary Bosrock, serie *Put Your Best Foot Forward*, Mineápolis, International Education Systems, 1997.

19. Gladson Nwanna, serie *Do's and Don'ts Around the World*, Baltimore, World Travel Institute, 1998.

20. Julius Fast, *El lenguaje del cuerpo*, Barcelona, Kairós, 1971.

21. Julius Fast, *Subtext: Making Body Language Work in the Workplace*, Nueva York, Viking, 1991.

22. David Lewis, *El lenguaje secreto del éxito*, Barcelona, Martínez Roca, 1991.

23. Gerard Nierenberg y Henry Caliero, *Cómo leer a una persona como un libro*, Barcelona, Ediciones I, 2012.

24. Allan Pease, *Signals: How to Use Body Language for Power, Success and Love*, Nueva York, Bantam Books, 1981.

25. Thomas Sannito y Peter J. McGovern, *Courtroom Psychology for Trial Lawyers*, Nueva York, John Wiley & Sons, Inc., 1985.